Die drei Säulen der Partnerschaft

Was Partnerschaften stabil, ebenbürtig und glücklich macht

Der Autor:

Dr. Wolf Ollrog, Jg. 1943, verheiratet, zwei Kinder, evangelischer Pfarrer. Arbeitete als Gemeindepfarrer, Studentenpfarrer, Schulpfarrer und Hochschuldozent. Therapeutisch und beraterisch tätig seit 1980. Ausbildungen in Bondingpsychotherapie, Transaktionsanalyse und Systemischem Aufstellen. Arbeit in freier Praxis.

Schwerpunkte: Bonding-Intensiv-Workshops, Workshops für Paare, Aufstellungsworkshops; Lebensbegleitende Supervisionsgruppen, Einzel- und Paarberatung.

Veröffentlichungen (u.a.): „Nie gesagte Worte" in: Deutschland und seine Weltkriege: Schicksale in drei Generationen und ihre Bewältigung (2012); „Aus der Traum. 101 bewährte Vorschläge, wie man seine Partnerschaft vor die Wand fahren kann" (2013); „Ein Quantum Leben. Woher wir die Kraft zum Leben nehmen" (2014).

Wolf Ollrog

Die drei Säulen der Partnerschaft

Was Partnerschaften stabil, ebenbürtig und glücklich macht

SANTIAGO VERLAG

Bibliografische Information der Deutschen Bibliothek:
Die Deutsche Bibliothek verzeichnet diese Publikation in der Deutschen Nationalbibliografie; detaillierte bibliografische Daten
sind im Internet über <http://dnb.ddb.de> abrufbar.

© 2015 Wolf Ollrog 64367 Mühltal-Trautheim
Für diese Buchausgabe:
© 2015 SANTIAGO VERLAG Joachim Duderstadt e.K.
Asperheide 88 D 47574 Goch
Tel. 02827 5843
Fax: 02827 5842
EMail: mail@ santiagoverlag.de
www.santiagoverlag.de

Umschlaggestaltung: welldesign Sarah Well, 47574 Goch
Umschlagbild © mariesacha - Fotolia.com

Gesamtherstellung: buchwerft Breitschuh & Kock, Kiel
Printed in Germany EEC

1. Auflage 2015
Alle Rechte vorbehalten
ISBN 978-3-937212-65-4

© Copyright Vermerk: Alle Rechte vorbehalten. Vervielfältigungen, gleich welcher Art, nur mit schriftlicher Genehmigung des Verlags.

Inhalt:

Einleitung: Beziehung – unser zentrales Lebensthema		9
1	**Die erste Säule: Sicherheit**	**23**
1.1	Die Hintertür	27
1.2	Das Ja zum anderen	37
1.3	Bindung und Liebe	47
1.4	Bindungsängste	59
2	**Die zweite Säule: Eigenständigkeit und Gleichrangigkeit**	**87**
2.1	Gleichheiten und Ungleichheiten	95
2.2	Die Abwertung des Partners	105
2.3	Das Ja zu sich selbst	113
2.4	Die Eltern-Kind-Falle	133
2.5	Die erwachsene Partnerschaft	157
3	**Die dritte Säule: Austausch**	**165**
3.1	Der Austausch	169
3.2	Die gemeinsame Schnittmenge	185
3.3	Das Streiten	195
3.4	Das Miteinander-Reden	225
3.5	Die körperliche Berührung	259
3.6	Gewohnheiten und Alltagsrituale	295
Schluss: Die ganz normale Partnerschaft		329

Anhang
(1)	Die drei Säulen der Partnerschaft – Zusage für Partner	339
(2)	Checkliste für die Partnerschaft	341
(3)	Regeln für das Zwiegespräch	353

Vorwort

Diesem Buch liegt ein gleichnamiger Vortrag zugrunde, den ich beim Pfingsttreffen des „Förderkreis für Ganzheitsmedizin" im Mai 2013 in Bad Herrenalb hielt. Das dort Vorgetragene habe ich hier erheblich erweitert und vertieft.

Es ist ein Buch, das aus der Praxis entstand und für die Praxis geschrieben ist, ein Niederschlag aus über dreißig Jahren Paarberatung. In diesen Jahren habe ich vielen Paaren gegenüber gesessen, zugehört und gelernt. Meine eigene Partnerschaft blieb davon nicht unberührt.

Das Buch wendet sich an Paare, die im alltäglichen Dschungel der Partnerschaft nach gangbaren Wegen suchen, die manchmal sich selbst, manchmal den anderen und manchmal auch ganz allgemein die Orientierung verloren, aber die Hoffnung zueinander noch nicht aufgegeben haben. Es ist ein Mutmach-Buch und ein Mitmach-Buch. Ich bemühe mich um eine verständliche, alltägliche Sprache, wie ich sie auch sonst spreche, und vermeide, soweit es geht, Fachausdrücke. Auch auf eine explizite Auseinandersetzung mit der Fachliteratur sowie Anmerkungen habe ich mit wenigen Ausnahmen im Interesse der Lesbarkeit verzichtet.

Während ich in meinem Buch *„Aus der Traum – 101 bewährte Vorschläge, wie man seine Partnerschaft vor* *die Wand fahren kann*" (Santiago Verlag, Goch, ISBN 978-3-937212-59-3) die heiter-grimmige Seite des täglichen Scheiterns in der Partnerschaft unter die Lupe genommen und sozusagen die Negativ-Folie des Partnerschafts-Alltags nachgezeichnet habe, geht es mir hier darum, seine positive, gelingende Seite zu beschreiben. Ich schaue mir an, was eine Partnerschaft haltbar, ausgewogen und fröhlich machen kann.

Partnerschaft kann bisweilen ziemlich anstrengend sein, zugleich einfach und kompliziert, beflügelnd und nervenzehrend. Mit einer Portion Humor, also der Fähigkeit, einen Schritt zurückzutreten und sich selbst freundlich zuzusehen, gelingt sie leichter. Deshalb habe ich zu Beginn der einzelnen Kapitel und hier und da in den Text ein paar jüdische Witze eingestreut. Was mich für sie einnimmt, ist vor allem, dass sie die Welt von unten betrachten, aus der Perspektive derer, die meist nicht viel zu melden haben, denen nicht alles gelingt, die sich irgendwie durchs Leben schlagen. Der Witz macht das schwer Erträgliche erträglicher, ist sich der eigenen Brüchigkeit bewusst. Er macht unser Zusammenleben menschlicher[1].

---

[1] Die Texte sind größtenteils dem Buch „Der jüdische Witz. Soziologie und Sammlung", hg. von Salcia Landmann, urspr. München 1963, hier: Patmos Verlag Ostfildern, 17. Aufl. 2013 (zitiert: SL und Seitenzahl) entnommen. Ich erzähle sie bisweilen in leicht anderer Form.

Einleitung:
Beziehung – unser zentrales Lebensthema

> *Der Hauptmann tritt vor seine Truppe: „Soldaten! Jetzt geht es Mann gegen Mann!" Da tritt der Infanterist Ruben Kohn vor: „Herr Hauptmann, bitte sehr, zeigen Sie mir meinen Mann! Vielleicht kann ich finden einen Weg und mich gütlich mit ihm verständigen!"* (nach SL, 307)

„Ich kann ohne dich nicht leben!" – so schmalzen sich die Verliebten in den Nachmittags-Telenovelas an. So abgedroschen solche Klischeegefühle sind – auf eine gewisse Weise treffen sie ins Schwarze.

Der Mensch ist ein Herdenwesen. Für das Leben als Einzelgänger ist er nicht gemacht. Ohne die anderen sind wir nicht überlebensfähig. Manchmal, zugegeben, brauchen wir nichts so sehr wie Abstand oder Ruhe, im Streit etwa oder um uns selbst wiederzufinden. Aber lange hält das meist nicht vor. Dann zieht es uns wieder hin. Ein Leben ohne die anderen – das geht nicht.

Menschliches Leben gibt es nur in Beziehung. Aufeinander bezogen sein, das heißt Leben in zwischenmenschlichen Zusammenhängen, ist die Bedingung unseres Daseins. Immer befinden wir uns in Beziehungen.

Selbst der menschenscheueste Eigenbrötler, selbst wer sich ganz in sich und seine vier Wände zurückzieht, braucht zum Überleben gewisse Kontakte zu anderen Menschen.

Es gäbe uns nicht ohne die anderen. Beziehung hat uns hervorgebracht, indem sich unsere Eltern zusammentaten, Beziehung bleibt der Motor unseres Lebens. In symbiotischer Verbindung zu unserer Mutter treten wir ins Dasein, erleben die ersten Monate und meist auch die ersten Jahre unseres Lebens. Eine enge Verbindung zu anderen Menschen ist die Bedingung, dass wir aufwachsen und uns entwickeln können. Wir brauchen sie genauso dringend wie Essen und Trinken. Beziehung ist unsere innere Nahrung. Ohne Beziehung verkümmern und sterben wir. Das haben berühmt-berüchtigte Versuche an Waisenkindern und Menschenaffen, denen man zwar Nahrung gab, aber jede mitmenschliche bzw. artgenössische Begegnung vorenthielt, auf eindrückliche Weise bestätigt.

In den ersten Lebensjahren wird uns dieser Zusammenhang in der Regel im Rahmen der Familie vorgegeben. Das Kind muss „nur" dafür sorgen, dass ihm die Menschen, von denen es abhängt, gewogen bleiben, dass es ihre Erwartungen erfüllt, dass es nicht aus dem Nest fällt. Das ist allerdings eine hochkomplexe Aufgabe, die seine ganze Kraft und Aufmerksamkeit in Anspruch nimmt. In diesen Anfangsjahren des Lebens bilden und festigen sich in ihm die Wege, wie es in Verbindung gehen und bleiben kann. Sie prägen einen Menschen für sein Leben. Das geschieht im Vollzug, ohne dass das Kind schon die Fähigkeit hätte, darüber zu reflektieren.

Je älter einer wird, in desto stärkerem Maße liegt es an ihm selbst, wie er seine Beziehung zu anderen gestaltet. Teils wähle ich mir die Menschen, mit denen ich mich zusammentue, selber aus, etwa meine Freunde oder Freundinnen. Ich bestimme selbst mit, wie weit ich mich einlassen will und auf wen ich mich verlassen kann. Teils muss ich mich aber auch mit Menschen arrangieren, die schon da sind, denen ich hier und da begegne – etwa Mitbewohner, Nachbarn, Arbeitskollegen, Vereinskumpel, Fremde beim Einkaufen, in der Straßenbahn und so fort.

Mit vielen Menschen trete ich in Beziehung, ob ich will oder nicht, gestalte den Kontakt auf meine Weise und positioniere mich. Ich tue es manchmal sehr bewusst und manchmal vielleicht auch, ohne dass ich es merke. Aber ich bin sozusagen zur Kommunikation verdammt. Es gilt der alte Satz von Paul Watzlawick: Ich kann nicht *nicht* kommunizieren. Auch wenn ich weglaufe, wenn ich mich einer Begegnung entziehe, gestalte ich die Beziehung mit. Und es kann, wie jeder weiß, auch das Nicht-Begegnen durchaus eine große Wirkung haben.

Mein ganzes Leben wird beherrscht von Begegnungen. Sie bestimmen in hohem Maße über mein Wohlbefinden. Mag sein, dass viele Begegnungen nur an mir vorbeirauschen. Begegnungen im Supermarkt, im Zugabteil, auf dem Fußballplatz können zwar manchmal eine große Bedeutung bekommen; normalerweise lassen sie mich aber kalt. Je häufiger ich aber mit anderen zu tun habe und je näher mir ein anderer kommt, desto gravierender wird, wie wir zueinander stehen. Insbesondere wenn es um den eigenen Partner, die eigene Partnerin geht, ist das die Frage Nummer eins: „Wie stehen wir zueinander?"

Beziehungen prägen unser Leben. Auch eine auf den ersten Blick nebenrangige Beziehung – etwa die zu einem Nachbarn oder einer Kollegin – kann sich zu einem Problemfeld auswachsen, das uns völlig aus dem Lot bringt. Jede Beziehung, die den Charakter der Dauerhaftigkeit besitzt oder der ich nicht ausweichen kann, macht mir zu schaffen.

Aber Beziehungen gelingen keineswegs immer. Viele Menschen leiden unter verbiesterten und verbitterten Kontakten, etwa mit ihren Eltern. Oder sie haben sich mit ihren Geschwistern verfeindet oder mit Verwandten oder mit unerträglichen Nachbarn. Oder mit der ganzen Welt. Manche leiden an zerbrochenen Freundschaften. Und sehr viele an gescheiterten Partnerschaften.

Kaum ein Mensch, der nicht Geschichten dazu erzählen könnte. Wie oft gelingen uns unsere Beziehungen nicht! Und es sind gerade diese unstimmigen, unbefriedigenden Beziehungen, die uns nicht loslassen und die unser Leben oft nachhaltig belasten.

Deshalb ist es eine tagtägliche, zentrale und höchst folgenreiche Frage für unser Leben: *„Wie gelingen uns unsere Beziehungen?"*

Ich bin überzeugt, dass, aufs Ganze gesehen, keine Lebensfrage, im Guten wie im Schlechten, uns so bestimmt und umtreibt wie diese: „Wie kriege ich meine Beziehung und meine Beziehungen hin?" Das macht mich glücklich. Das macht mich krank.

Mehr als äußere Ereignisse, mehr als berufliche Arbeit und Erfolg, mehr als öffentliche Anerkennung oder Nichtachtung, mehr als private Interessen und Liebhabereien, entscheiden Beziehungen über unser inneres Wohlbefinden. Dazu passen wir uns an, verbiegen uns, nehmen große Strapazen auf uns – als Kinder sowieso und als Erwachsene immer noch. Immer möchten wir zusammengehören. Wenn einer mit seinem Leben nicht zurande kommt, lohnt es sich immer zu fragen: „Was ist mit deinen Beziehungen?"

Das ist die Kernfrage, wenn wir dem Schoß der Familie entwachsen: Wie finde ich jemanden, mit dem ich zusammenleben kann? Dafür treiben wir den größten Aufwand. Immer neu versuchen wir es mit der Partnerschaft, selbst nach mehreren Fehlversuchen. Obgleich an den Rändern der Gesellschaft auch andere Formen des Zusammenlebens praktiziert werden (und immer wurden), etwa in Wohngruppen, Kommunen oder Klöstern, und obwohl sich in den vergangenen Jahrzehnten die Lebenskultur verändert hat und es immer mehr Single-Haushalte gibt, ist das Zusammenleben als Paar für die meisten Menschen weiterhin das erstrebenswerte Hauptziel ihrer Beziehungsgestaltung. Das zeigen nach wie vor alle Umfragen. Selbst Beziehungs-Katastrophen löschen den Wunsch nach einer engen Beziehung in uns nicht aus. Beziehungslos zu sein empfinden die meisten Menschen als unrund und inkomplett, als großen Mangel, als Makel und persönliche Unfähigkeit.

Dieser zentralen Lebensfrage, wie uns unsere Beziehungen gelingen, wird in den langen Lernjahren in der Schule kaum Beachtung geschenkt. Nur bei gelegentlichen Streitschlichtungen oder auf Klassenfahrten wird sie manchmal zum Thema. Ich empfinde das als fatales Defizit, im Grunde als Skandal. Unsere Gesellschaft bildet uns aus zu gut funktionierenden Arbeitnehmern; aber die meist viel wichtigere Frage, wie wir unsere Beziehungen hinbekommen und ob wir glücklich werden – das ist allein unser Privatproblem.

Der Einzelne bastelt sich etwas zurecht und nennt es Lebenserfahrung. Er schaut sich hier dies ab und dort anderes, wobei uns allerdings selten ein tieferer Einblick in den intimen Bereich anderer Beziehungen gelingt. Der naheliegende Blick auf die eigenen Eltern ist oft auch nicht besonders weiterführend, um es freundlich zu formulieren. Jeder muss auf seine Weise das Rad neu erfinden. Aber was er erfindet, läuft oft alles andere als rund. Das eiert, knirscht und fährt sich fest.

Partnerschaften, die uns Vorbild sein könnten, sind eher rar gesät. Beziehungen, die glücklich machen, sind offenbar Glücksfälle. Das Umgekehrte ist uns meist vertrauter: Partnerschaften, die mit großen Gefühlen starteten und dann auseinander gehen; Freundschaften, die uns teuer waren und dann zerbrechen; Nachbarn, die sich mochten und sich verfeindet haben; Geschwister, die zu-sammen aufwuchsen und dann kein Wort mehr miteinander reden, und so fort. Das sind oft bittere Erfahrungen. Am bittersten sind misslingende Partnerschaften.

Die Frage nach glücklichen Beziehungen stellt sich am dringendsten im Blick auf unsere *Partnerschaft*. In der Partnerschaft geht uns das Thema am heftigsten unter die Haut. An die Partnerschaft heften wir die größten Erwartungen. Nirgendwo wird das Thema „gelingende oder nicht gelingende Beziehung" so oft, so intensiv, so verbissen und so folgenreich ausgefochten wie in der Partnerschaft. Das ist das Thema dieses Buchs: *Was lässt eine Paarbeziehung gelingen?*

Dabei geht es mir speziell um solche Paarbeziehungen, die *auf Dauer* angelegt sind und verlässlich sein wollen. Es geht mir um Beziehungen, die wir üblicherweise *Partnerschaften* nennen. Eine Mehrheit von ihnen, wenn auch inzwischen eine schrumpfende, wird traditionell als Ehe geführt. Allerdings, ob als Ehe oder nichteheliche Gemeinschaft, ob gleichgeschlechtlich oder gegengeschlechtlich, tut wenig zur Sache. Soweit sich Paare auf Dauer zusammentun, haben sie diese gemeinsame Perspektive: Sie wollen auch zusammenbleiben. Sie wollen sich aufeinander verlassen können. Sie möchten miteinander alt werden. Deshalb gelten nach meiner

Beobachtung für sie die gleichen Einsichten und Regeln wie für traditionelle Partnerschaften.

Laut den neuesten Zahlen des Statistischen Bundesamtes wird heute knapp jede zweite Ehe in Deutschland irgendwann geschieden. In der Stadt ist die Rate höher als auf dem Land. Die Zahlen sind über die Jahre kontinuierlich gestiegen. Und dabei ist jene immer größer werdende Gruppe von Menschen gar nicht erfasst, die nicht mehr heiratet. Über sie gibt es nur Schätzungen; aber geschätzt ist unter ihnen die Trennungsrate noch deutlich höher.

Die da auseinandergingen, waren fast alle mal mit anderen Wünschen gestartet. Scheiternde Beziehungen sind Alltag. Und auch wenn Menschen weiter zusammenleben, heißt das durchaus nicht, dass sie in glücklichen Beziehungen leben. Ganz im Gegenteil. Viele leben zwar noch unter einem Dach, haben sich aber nicht mehr viel zu sagen.

Dass Paare sich heute wesentlich leichter trennen können als früher, dass Menschen aus allen Gesellschaftsschichten und Lebensfeldern davon betroffen sind, auch etwa religiös verwurzelte, für die das früher ganz undenkbar gewesen wäre, beklagen manche als Verfall fester Lebensstrukturen. Andere begrüßen und erfahren es als Akt der Befreiung und – insbesondere für Frauen – als große Errungenschaft.

Fakt ist: Das Thema macht heute vor niemandem mehr Halt. Mag auch die immer noch vorhandene negative moralische Bewertung der Trennung manche

Paare, die eigentlich längst in zerrütteten Verhältnissen leben, vor dem letzten Schritt zurückhalten – es kann auch sie treffen. Jeder kennt Menschen, die sich getrennt haben oder die geschieden sind. Wer heute eine Scheidung hinter sich hat, gilt nicht mehr als Außenseiter. Das entlastet. Aber es ist meist mit vielen Unannehmlichkeiten verbunden und selten das Ende der Geschichte.

Fakt ist nämlich auch: Es ist ein Scheitern. Denn so sehr es manche Menschen als Befreiung, ja Erlösung empfinden, wenn sie sich aus einer Beziehung lösen, die sie als unerträglich erlebten, so sehr werden sie, wenn vielleicht auch nicht sofort, unweigerlich vom Schmerz über die Trennung und vom Verlust der früheren Nähe eingeholt und gebeutelt. Sie sind, so fühlen sie es, sich selbst, ihrem Partner, ihrer Familie, ihren Kindern nicht gerecht geworden, sind ihnen etwas schuldig geblieben. Ihre Beziehung ist gescheitert, hinterlässt Versagensgefühle, Scherben, Narben.

Sich zu trennen ist in aller Regel ein harter, alle Kräfte in Anspruch nehmender Prozess, der sich oft über Jahre hinzieht und alle anderen Aktivitäten beeinträchtigen kann. Er ist in jeder Hinsicht kostenintensiv. Die meisten überlegen es sich dreimal, und oft ist es ein langes Hü und Hott. Geht die Beziehung dann aber doch in die Brüche, stellen sich von selbst Fragen: „Was ist passiert? Warum hat es nicht geklappt? Wie erkläre ich mir uns anderen, warum es nicht gutging? Vielleicht auch: Was habe ich selbst dazu getan, dass es schief lief? Was wollte und was will ich eigentlich? Was wollte mein

Partner bzw. meine Partnerin? Was habe ich nicht früh genug erkannt? Warum habe ich so lange mitgemacht? Wieso habe ich mich überhaupt auf den anderen eingelassen? Warum passiert gerade mir so etwas und warum passiert es mir eventuell immer wieder?"

Manche Menschen scheinen ihre Beziehung hinzubekommen. Sie versichern uns, sie fühlten sich akzeptiert und verstanden, unterstützt und getragen. Einigen von ihnen glauben wir das auch mehr oder weniger. Irgendwie scheinen sie das richtige Maß zwischen Nähe und Distanz gefunden zu haben, sie sind freundlich zueinander und haben keine großen Konflikte. Sie leben, wie es scheint, in einer dauerhaften, glücklichen Partnerschaft. Zweifelnd, aber auch mit ein bisschen Neid, fragen wir uns dann: Wie machen sie das?

Wieso bekommt es der eine besser hin als der andere? Warum schaffen es manche, eine lange, glückliche Beziehung zu leben, und andere kommen auf keinen grünen Zweig? Was machen die einen richtig und die anderen falsch? Oder ist das nur Zufall, blindes Schicksal, ob uns unsere Beziehung gelingt? Wie geht Liebe? Wenn wir das wüssten! Von diesen Fragen handelt dieses Buch. Im Folgenden gehe ich der Frage nach, was Partnerschaften brauchen, damit sie gelingen.

Natürlich sind Paare sehr verschieden, haben sehr individuellen Umgang miteinander und sind nur begrenzt vergleichbar. Was hier funktioniert, liefert dort Grund zum Bruch. Ob uns unsere Partnerschaft glückt oder misslingt, hat zunächst einmal viele individuelle Gründe. So viele Menschen es gibt, so viele Partnerthemen und -probleme gibt es auch.

Trotzdem gehe ich davon aus, dass es – bei aller Individualität und Vielfalt der Beziehungen – *Muster und Grundstrukturen für funktionierende Beziehungen* gibt, die auf bestimmte Weise in allen Partnerschaften Ausdruck finden. Es kann sein, dass eine Partnerschaft von Anfang an illusionäre Züge trägt und dass das Scheitern nur eine Frage der Zeit ist. Teils sind es grundsätzliche Geburtsfehler, etwa unterschiedliche Erwartungen, teils sind es typische Problemkonstellationen, etwa große Ungleichheiten zwischen beiden, teils sind es auch über die Jahre eingespielte Fehlentwicklungen, von denen man schon ahnen kann, dass ein Paar damit in große Schwierigkeiten kommen wird. Von denen soll im Weiteren die Rede sein.

Aber nicht bloß in unserer Paar-Konstellation folgen wir mehr oder weniger förderlichen Mustern; auch jeder Partner (bzw. jede Partnerin) selbst ist, unabhängig von der Partnerschaft, von individuellen *Lebens-Mustern* bestimmt, die sein oder ihr Verhalten prägen und die er oder sie in jede Beziehung mitnimmt. Ich rede von jenen *in unserer Kindheit* eingeübten und eingeschliffenen Verhaltensweisen, mit denen wir auf die Beziehungsbedingungen von damals reagiert haben. Will ich verstehen, was mein Anteil an der Gestalt, der Entwicklung und auch am Scheitern meiner Beziehung war, hilft mir das Zeigen auf meinen Partner nur begrenzt weiter. Die tiefere Antwort finde ich in mir selbst.

Natürlich hat der andere durch sein Verhalten vieles in mir ausgelöst. Aber ich habe mich meinerseits ja auf ihn eingelassen, ich war nicht bloß passiv. Und wie ich mich jeweils verhalten habe, war *meine* Reaktion, hatte mit meinen Möglichkeiten und Bedürfnissen, mit meinem Verhaltensrepertoire zu tun. Deshalb darf ich mich von dem, was mein Partner getan oder gelassen hat, nicht täuschen lassen.

Was sich auf den ersten Blick wie völlig neu und anders anfühlt, entpuppt sich bei nahem Hinsehen als alte Erfahrung in neuem Gewande. Fühle ich genauer hin, werde ich merken, dass mir viele Gefühle, die ich heute mit meinen Beziehungen verbinde, altvertraut sind, dass meine Art, in Beziehung zu treten, für mich typische Züge trägt, dass sich darin bestimmte Muster wiederfinden, die sich ausformten als Reaktion auf das Verhalten jener Menschen, deren Beziehung für mich überlebenswichtig war, also insbesondere auf meine Mutter, zweitens auf meinen Vater, drittens meine Geschwister und andere mir nahestehende Personen meiner frühen Kindheit.

Denn wie wir in Beziehung gehen und wie wir sie gestalten, hat eine lange Geschichte. Sie beginnt nicht erst mit unserer Partnerschaft, sie beginnt ganz am Anfang unseres Lebens. Unsere erste und zugleich grundlegendste Beziehung ist ohne Frage die zu unserer Mutter und im Weiteren zu unserem Vater. Ist sie stimmig und sicher, macht uns das innerlich stabil; ist sie gestört, deformiert oder zerbrochen, fehlt es uns an innerem Stand. In aller Regel hat das lebenslange Auswirkungen. Was am Anfang nicht gelang, wiederholen wir meist in späteren Beziehungen immer wieder; vor allem auch in unserer Partnerschaft. Üblicherweise gestalten wir unsere Beziehungen, ohne groß zu reflektieren, im Sinne jener eingeprägten Verhaltensweisen, die wir von zuhause mitbekommen haben. Wir haben das Gefühl, wir hätten volle Freiheit darüber, wie wir uns verhalten. In Wirklichkeit folgen wir den inneren Einstellungen, die wir mitbringen.

Will ich verstehen, was sich in unserer Partnerschaft abspielt, welche Sehnsüchte und Erwartungen, welche Ängste und Befürchtungen unser Verhalten steuern und warum wir in bestimmten Bereichen immer wieder aneinandergeraten, muss ich mir die Mühe machen und hinschauen, wie jeder von uns geworden ist. Will ich mich selbst und mein Gegenüber in unserem Beziehungsverhalten verstehen, ist der Blick auf unsere Anfänge unerlässlich. Anderenfalls bleiben wir uns ein Rätsel.

Darüber wird im Folgenden immer wieder zu reden sein. Dieses Buch wendet sich an Menschen, die ihre Beziehungen verbessern und dabei genauer hinsehen möchten und verstehen wollen, was schief lief und schief läuft und was sie tun können, dass ihre Beziehung mehr Spaß macht oder wieder flott kommt. Aber es ist kein Rezeptbuch. Denn leider besitzt niemand einen Zaubertrank, der ihm oder ihr das Partnerglück bescheren könnte. Niemand besitzt Geheimrezepte und Wundermedikamente, die man eben mal anwenden und einnehmen könnte, und dann würde alles gut. In der Partnerschaft ist man, wie mit sich selbst, auch wenn wir es uns wünschen, leider nie am Ziel, sondern immer unterwegs. Die gemeinsame Wanderung gelingt mal mehr, mal weniger. Es ist ein 24-Stunden-Dauergeschäft, ein unaufhörliches Sich-Einlassen, Sich-Zumuten, ein Sich-Verständigen und Sich-Abklären. Man muss daran „arbeiten". Nur Sternenkindern fällt die lebenslange, glückliche Beziehung in den Schoß. Emil Normalverbraucher und Lieschen Irgendwer, also du und ich, gelingt ihre Beziehung nur, wenn sie kontinuierlich daran bauen und es immer wieder als Herausforderung verstehen, ihr Miteinander zu gestalten und zu verbessern.

Aber es gibt, davon bin ich überzeugt und darüber möchte ich im Folgenden handeln, einiges, mit dem wir uns das Leben schwer machen und was wir dabei falsch machen und einiges, was wir richtig machen können. Es gibt Rahmenbedingungen, innere Einstellungen und Verhaltensweisen, die unsere Partnerschaft, soll sie halten, erschweren bzw. die sie fördern und beflügeln können.

1 Die erste Säule: Sicherheit

> *„Rabbi, was soll ich tun? Ich möchte heiraten, aber ich kann mich nicht entscheiden. Schmuls Tochter ist reich, aber hässlich. Lewis Tochter ist tugendsam, aber arm. Schlomos Tochter ist hübsch, aber leichtsinnig. Welche soll ich nehmen?"*
> *Der Rabbi: „Du wirst mit keiner zufrieden sein." – „Aber wieso nicht, Rabbi?" – „Weil du dich nicht entscheiden kannst."* (mündl. Trad.)

Wie bekommen wir unsere Beziehungen hin? Was gibt Partnerschaften Halt und erzeugt in uns das Gefühl: „Hier bin ich richtig"? Was macht sie für uns sicher? Was macht sie für uns zu einem Ressourcen-Speicher und nicht zu einem nervenzehrenden Ort dauernder Auseinandersetzungen? Was brauchen wir, damit wir uns fröhlich dem anderen zuwenden und in der Partnerschaft entfalten und entwickeln können? Damit sie uns glücklich macht?

So vielfältig wie die Partnerschaften werden auch die Antworten darauf ausfallen. Doch gibt es Grundbedingungen, die für alle Partnerschaften gelten. Nach meiner Beobachtung steht eine stabile, auf Dauer angelegte, fröhlich machende und entwicklungsoffene Beziehung auf drei tragenden Säulen. Sie bilden das Fundament jeder Partnerschaft.

Eine Partnerschaft braucht

> ➤ *erstens die gegenseitige, grundsätzliche Zustimmung, das Ja zueinander;*
> ➤ *zweitens persönliche Eigenständigkeit, und damit verbunden wechselseitige Wertschätzung und Anerkennung;*
> ➤ *drittens einen lebendigen Austausch miteinander.*

Ich nenne diese Bedingungen die drei Säulen der Partnerschaft. Jede von ihnen ist nach meiner Überzeugung unverzichtbar für die Partnerschaft. Keine von ihnen darf fehlen. Wackelt eine von ihnen, ist sie zu schwach aufgestellt, zum Beispiel, indem einer nicht richtig ja sagt zum anderen oder indem die gegenseitige Anerkennung fehlt oder indem das Paar nicht genug Austausch miteinander hat, wackelt das gesamte Gebäude. Vernachlässigt ein Partner eine der drei Säulen oder meint er, ohne sie auskommen zu können, bekommt das Gebäude der Partnerschaft auf Dauer keinen Stand, ist immer bedroht, umzukippen. Kippeln sogar mehrere Säulen, indem die Partner sie nicht pflegen oder den Aufwand für nötige Reparaturen scheuen, wird es nicht lange dauern, bis das Haus in sich zusammenstürzt.

Steht umgekehrt eine der drei Säulen besonders fest, kann sie die anderen schwächeren Säulen eventuell eine Zeitlang, in manchen Fällen auch sehr lange, mittragen und etwas ausgleichen. Das betrifft besonders die erste Säule. Ist sie unumstößlich, etwa für ein Ehepaar, für das vielleicht aus traditionellen Gründen eine Scheidung nicht infrage kommt, dann bleibt die Beziehung zwar bestehen. Sie hat aber keine Kraft. Sie funktioniert noch, aber wirkt blutleer und mechanisch. Keiner von beiden ist glücklich.

Steht die zweite Säule besonders fest, etwa indem sich ein Paar große Freiheiten lässt oder indem einer vor allem seine Eigenständigkeit betont, verliert die Partnerschaft an Belang und Bindekraft, ist nur wie eine Folie für die Eigendarstellung des einen auf Kosten des anderen. Vielleicht macht es der andere Partner mit, solange er davon profitiert; aber er fühlt sich im Grunde nicht gemeint, bleibt innerlich allein.

Liegt etwa alles Gewicht auf der dritten Säule, dem Austausch, wird die Partnerschaft überfrachtet von den starken Gefühlen und Erwartungen des Augenblicks; aber die beiden überfordern die Gemeinsamkeit, und in Dürre- und Krisenzeiten bricht ihre Partnerschaft zusammen.

Das Säulen-Modell kann dazu dienen, nebensächliche Partnerthemen von hauptsächlichen zu unterscheiden. Es kann Partnern helfen, genauer hinzusehen: „Wo hapert es bei uns? Wackelt eine Säule? Was ist der Grund für die Schieflage unserer Partnerschaft? Warum sind wir - oder warum bin ich nicht glücklich?" Manchmal reiben sich Partner an allen möglichen Problemen wund; aber sie merken nicht, dass etwas Grundlegendes zwischen ihnen aus dem Lot ist oder überhaupt nie richtig ins Lot gebracht wurde. Sie beklagen alle möglichen Schwierigkeiten und Unzulänglichkeiten am anderen, aber sehen nicht, dass der Bauplan ihrer Beziehung gar nicht stimmt. Denn in der Regel steht hinter den vielen kleinen Auseinandersetzungen eine große Thematik, die nicht gelöst ist.

1.1 Die Hintertür

> *Der Schadchen (jüd. Heiratsvermittler): „Herr Doktor, Sie sollten nun wirklich heiraten! – „Nein, es ist mir zu riskant. Nehme ich eine junge Frau, weiß ich nicht, was für eine sie ist; vielleicht entpuppt sie sich als Biest. Nehme ich eine Geschiedene, wär' ich meschugge. Mit der hat's ja schon mal einer nicht ausgehalten. Nehme ich eine Witwe, wer weiß, vielleicht hat sie ihren ersten unter die Erde gebracht. – Wissen Sie was? Am liebsten ist mir eine verheiratete Frau, die ihrem Mann gefällt, die können Sie mir vermitteln." (SL, 459)*

Schön dumm, wer sich keine Hintertür offenhält! Riskante Geschäfte brauchen Auswege, denn sie können scheitern. Hintertüren halten uns Fluchtwege frei. Hast du dich verrannt, kannst du zurück. Wie oft brauchen wir Hintertüren im Leben, Alternativen, weitere Optionen! Das gehört zur Lebensklugheit. Wer mit ganz offenen Karten spielt, nicht noch ein Ass im Ärmel hat, wer gleich alle Trümpfe auf den Tisch legt, kann nicht mehr zulegen. Wer Geschäfte machen will, wer nicht ausgebootet werden will, wer mitbieten will, muss mindestens einen „Plan B" in der Hinterhand haben. Volles Risiko zu gehen ist gefährlich, ist unprofessionell.

Die Hintertür ist, wenn einer mit jemandem etwas auszuhandeln hat oder ein riskantes Unternehmen plant, eine vernünftige Sache – nicht so in der Partnerschaft. In der Partnerschaft ist sie der Anfang vom Ende, ein grundsätzlicher Webfehler, eine Fehlschaltung, die vielerlei weitere Schwierigkeiten nach sich zieht. Sie ist eine sichere Gewähr dafür, dass eine Partnerschaft nicht glücklich wird und schnell an den Rand ihrer Möglichkeiten kommt. Aber sie ist eine große Verlockung.

Partnerschaften, die dauerkriseln, die keine innere Ruhe finden, denen der sichere Halt fehlt, die sozusagen auf Abruf und Abbruch stehen, mangelt es sehr oft daran, dass einer der beiden Partner – oder sogar beide – sich nicht eindeutig zum anderen bekennt, dass also die erste Säule, die Säule der Sicherheit, wackelt. Es fehlt der gemeinsamen Lebensgestaltung die verlässliche Zustimmung, die Klarheit des Jaworts, mit dem sich der eine auf den anderen einlässt und auf das sich der andere seinerseits verlassen kann. Ist nur einer von beiden dazu bereit, oder stellen sich sogar beide unter Vorbehalt, kann die Beziehung keine Standfestigkeit bekommen. Wenn sich zwei zusammentun und einer von beiden (oder sogar beide) hält sich eine Hintertür offen, ist das wie eine Ausstiegsklausel aus der Beziehung.

Natürlich gibt es verständliche Gründe, warum jemand vermeidet, sich festzulegen. Ein Grund kann zum Beispiel sein, dass jemand sich innerlich noch nicht reif genug fühlt für eine feste Bindung, dass er oder sie noch nicht Abschied genommen hat von den betreuten Jahren ihrer oder seiner Kindheit oder den Tobejahren der Jugend. Es gibt viele Menschen, die, wenn sie sich partnerschaftlich zusammentun, eigentlich noch an zu Hause hängen oder lieber noch in einer WG lebten, die noch kindlichen Halt suchen oder jugendlichen Erprobungs-Nachholbedarf haben.

Ein anderer Grund für die Hintertür kann sein, dass jemand Angst bekommt vor der zu großen Aufgabe, vor dem Gefühl, dass er der Verantwortung und den Verpflichtungen nicht gewachsen ist, die da auf ihn oder sie zukommen; vor allem etwa wenn es um Kinder geht. Die Devise solcher Menschen lautet: „Schütze dich vor Zusagen, die du vielleicht nicht einhalten kannst! Lege dich lieber nicht fest! Lass dich nicht festnageln!"

Vielleicht zweifelt einer auch an seiner Partnerfähigkeit, denkt, er (oder sie) könne und möchte nicht für sich garantieren, möchte ehrlich sein und dem anderen nicht mehr ankündigen, als er meint halten zu können. Dieser Zweifel an sich selbst, diese innere Verunsicherung bremst ihn aus, nimmt dem, was er sagt und tut, die Kraft. Er lässt sich dann vielleicht vom anderen Partner nur mitziehen. Eine Sonderform ist, wenn einer sagt: „In diese Welt kann man doch keine Kinder setzen!" Auch dahinter steht in aller Regel ein Selbstzweifel.

Andere lehnen so etwas wie eine Heirat oder ein festes, öffentliches Partnerschaftsversprechen, etwa aus gesellschaftskritischem Protest gegen eine starre bürgerliche Moral, vehement und grundsätzlich ab. Oder, in der gehobeneren Variante: sie finden es „nicht mehr zeitgemäß" und spießbürgerlich, sich ein öffentliches Ja zu sagen. Standesamt und Kirche erscheinen ihnen wie verstaubte Konventionen und eher als Fesseln denn als Stütze. Sie verzichten zugleich auf die traditionellen Begleitmittel der Partnerschaft, insbesondere die Eheschließungsfeier und das ganze verwandtschaftliche und öffentliche Gewese darum. Sie sind überzeugt, dass es ihrer Liebe guttut und sie eher herausfordert, sich nicht hinter eingefahrenen Sicherheiten auszuruhen.

Wieder andere haben vielleicht herbe Enttäuschungen hinter sich und scheuen einen neuen Reinfall. Sie wollen sich eine mögliche weitere Trennung nicht erschweren. Sie fassen die Partnerschaft gewissermaßen nur noch mit spitzen Fingern an. Sie sind misstrauisch ihren eigenen Wahrnehmungen und Gefühlen gegenüber und misstrauisch gegen den Partner. Nur noch mit Vorsicht, nur noch ganz kleinschrittig wagen sie sich zu bewegen. So lassen sie oft den richtigen Zeitpunkt zum Jasagen verstreichen, und dann verläppert sich die Beziehung allmählich.

Bisweilen ist es auch so, dass jemand, weil er ein gebranntes Kind ist und in seiner Vergangenheit nur Unverlässlichkeit erlebt hat, jeder Beziehung misstraut und sich schützt vor neuen Enttäuschungen. Da gab es vielleicht eine klettige oder übergriffige, emotional vereinnahmende Mutter oder eine zu enge Beziehung zum Vater, und dann ist der Mensch, obwohl inzwischen erwachsen, innerlich nicht frei für einen Partner, eine Partnerin.

Vielleicht ist er oder sie immer noch mit der Abwehr des damaligen Zugriffs, Übergriffs oder Missbrauchs beschäftigt. Vielleicht ist er oder sie immer auf der Hut, sich nicht vereinnahmen zu lassen. Natürlich hätte er oder sie eine andere Nähe gebraucht und sucht beim Partner auch heute sehnlich danach. Aber die alten Erfahrungen schießen immer wieder quer. Irgendwann wird es solchen Menschen zu eng. Dann brechen sie aus. Sie halten sich nicht eigentlich eine Hintertür offen, sondern stürzen sozusagen irgendwann aus dem Haus.

Schließlich meinen manche, sie brauchten ein gewisses Maß an Freiheit, sonst ersticke ihre Liebe. Deswegen könnten sie sich nur auf eine „offene Partnerschaft" einlassen – bei aller momentanen, vor allem sexuellen Nähe. Sie sagen: „Ich bin nicht für die Treue geschaffen." Sie möchten sich nicht verpflichten, immer nur von einem einzigen Essen zu kosten. Sie wollen sich die jugendliche Möglichkeit offen halten, mal hier und mal da zu naschen und vielleicht damit den häuslichen Normalgeschmack zu würzen. Manch einer besteht darauf, dass nur so die Liebe die richtige Freiheit hätte und frisch bliebe und dass starre Regeln sie nur abwürgen könnten.

Menschen, die sich eine Hintertür offenhalten, können durchaus in Partnerschaften leben; aber sie stellen ihre Beziehung unter Vorbehalt. Vielleicht sind sie wunderbare Menschen mit Eigenschaften zum Verlieben, mit Witz und Charme und besonderen Fähigkeiten. Doch ihre Partnerschaft bekommt keine Tiefe, keine Verlässlichkeit. Meist haben sie eine Partnerin oder einen Partner, die oder der sich sehr um sie bemüht. Der Partner spürt, dass er da einen flattrigen Vogel gefangen hat und baut ihm goldene Käfige. Aber er spürt: Der Vogel will weg. Im partnerschaftlichen Tagesgeschäft kann das, begeistert von seinem bunten Gefieder, betört von seinem Gezwitscher, eine Weile in den Hintergrund treten. Aber in bestimmten Situationen stellt sich plötzlich heraus: Wir leben eine Illusion. Zurück bleiben bittere Enttäuschungen und beißende Wunden.

Menschen, die sich Hintertüren offenhalten, zeigen sich überall dort bedenklich, wo es darum geht, durch Worte, Gesten, Verhaltensweisen eindeutig zu werden. Sie vermeiden klare Bekenntnisse. Das zeigt sich in vielen kleinen und großen Partner-Situationen. Sie sagen zum Beispiel ungern: „Ich liebe dich", allenfalls: „Ich mag dich." Sie vermeiden Aussagen wie: „Ich bleibe bei dir" oder: „Du bist der (oder die) Richtige für mich!" oder: „Ich will mit dir alt und grau werden!" oder erst recht: „Ich will Kinder haben mit dir!" Sie sagen zum Beispiel: „Im Moment ist doch alles o.k., was hast du denn?" oder wenn sie unter Druck kommen: „Ich brauche noch Zeit, ich bin noch nicht so weit"
oder: „Erst mal sehen, wie ich beruflich weiterkomme"
oder „Erst mal sehen, was mit meiner Mutter wird" – Argumente, bei denen sich nicht absehen lässt, wie lange sie noch gelten.

Sie vermeiden Gespräche über die Zukunft und weitreichendere Pläne und schieben Entscheidungen über eine Eheschließung, über Kinder, über eine gemeinsame Immobilie, schon gar über die Altersversorgung auf die lange Bank. Sie sind, wenn es um die Beziehung geht, redefaul. Sie meiden nicht unbedingt die Nähe, aber sie meiden die Verbindlichkeit.

Sie zeigen sich öffentlich nicht gern zusammen mit dem Partner, halten lieber etwas Abstand. Wenn sie dem Drängen der Partnerin oder des Partners schließlich nachgegeben haben und heiraten, wollen sie es möglichst klein halten. Sie reden nicht von „meiner Frau" (bzw. „meinem Mann"). Sie feiern ihre Verbindung (etwa den Kennenlerntag oder Hochzeitstag) nicht, lehnen Familienfeiern und große Feste ab. Sie umgehen offizielle Einführungen in die Familie des Partners oder halten den Kontakt zu ihr locker. Sie tragen keinen gemeinsamen Ring. Sie führen getrennte Kassen und geben dem anderen keinen Einblick in ihre Finanzen.

So vielfältig die Gründe und Erscheinungsformen des Hintertüröffnens sein können – die Folgen, die Auswirkungen sind gleich. Wer nur mit Vorbehalt in eine Beziehung geht, wer es vermeidet, sich zu binden und festzulegen, versetzt den Partner in einen Wartestand. Er selbst bremst die Zügel, hält die Pferde still und glaubt für sich selbst verständliche und überzeugende Gründe dafür zu haben. Der Partner (oder die Partnerin) allerdings scharrt mit den Hufen. Je vorsichtiger und vorbehaltlicher der eine sich verhält, desto mehr wird der Partner bzw. die Partnerin sich anstrengen, ihn doch noch zum Laufen zu bringen.

Dass sich jemand, der die partnerschaftliche Festlegung meidet, überhaupt in eine Partnerschaft begibt, hat darin seinen Grund, dass er sich eigentlich sehr wohl nach Nähe sehnt. Wie jeder Mensch trägt er die Sehnsucht nach einer sicheren Bindung und Verlässlichkeit in sich. Es ist die Ur-Sehnsucht, die wir aus dem Mutterleib und als Säuglinge mit in die Welt nehmen, die wir brauchen, um innerlich anzukommen.

Aber wenn jemand im Verfolg dieses Grundbedürfnisses nach stimmiger Nähe Brüche und Enttäuschungen erlebt hat, wird er vorbehaltlich. Er sucht zwar weiter die Nähe und Bindung, versucht es immer wieder mit einer Partnerschaft, aber er schützt sich zugleich vor den damit für ihn verbundenen Verletzungen. So lässt er sich nicht richtig ein und inszeniert damit selbst, was er eigentlich nicht will. Er wiederholt immer wieder die alte Erfahrung: „Ich bekomme nicht, was ich suche, wenn ich mich auch noch so sehr bemühe."

Die Wirkungen auf den Partner sind massiv. Die meisten Partner machen es zunächst mit. Meist ist es so, dass nur der eine der beiden sich nicht festlegen möchte, und der andere nimmt es in Kauf. Er gibt sich mit halben Zusagen zufrieden – etwa aus Angst, den Partner sonst ganz zu verlieren.

Mehrheitlich sind es Männer, die sich mit einem klaren Bekenntnis zur Partnerin schwertun. Nicht wenige Frauen lassen sich darauf ein, weil sie heimlich hoffen, ihren Partner nach und nach doch noch einzufangen. Sie spüren es zwar als innere Enttäuschung, dass der andere kein klares Ja zu ihnen sagt, aber sie begreifen es zunächst einmal als Herausforderung: „Das ruckelt sich schon! Ich liebe ihn ja! Den schleife ich schon noch zurecht! Was mein Partner nicht einbringt, gleiche ich eben aus." Im

Überschwang der Verliebtheit scheuen sie keinen Aufwand und sind umso mehr bereit, ihre ganze Energie in die Partnerschaft einzubringen. Manche Frauen arbeiten verbissen daran. Das macht sie blind. Sie übernehmen sich. Indem sie innerlich für die Beziehung mehr tun als der andere, entsteht in ihnen ein gefühltes Gefälle.

Lässt sich zum Beispiel ein Partner nur unter Vorbehalt auf eine Beziehung ein, bedeutet das für seine Partnerin, dass sie sich nur als eine momentane Option empfindet. Sie fühlt sich nicht wertgeschätzt und für wichtig gehalten. Sie hat Angst, ob der Partner sie wirklich will. Die Unklarheit des anderen konfrontiert sie mit der eigenen Unsicherheit. Nicht selten begegnet sie darin einem eigenen Lebensthema, etwa der Erfahrung, dass sie als Kind nicht bekam, was sie brauchte, dass sie um alles kämpfen musste. Vielleicht begegnet sie ihrer alten Angst, verlassen zu werden und fühlt sich nicht geliebt. Das macht sie anfällig dafür, statt die Beziehung zu klären sich umso mehr anzustrengen und mit immer neuem Einsatz um sie zu kämpfen.

Aber mit der Zeit erlahmt jeder Eifer. Auch wenn es vielen schwerfällt, der Wahrheit ins Auge zu sehen, nachdem sie so viel Herzblut investiert hatten. Ihren zu hohen Einsatz bezahlen sie mit tiefen Verunsicherungen. Heimlich bohren in ihnen die Fragen, die sie vielleicht offen nicht auszusprechen wagen: „Will mich mein Partner überhaupt? Will er mich noch? Warum zeigt er mir nicht, dass er mich will? Was mag er nicht an mir, was fehlt ihm, was mache ich falsch, dass er nicht richtig ja zu mir sagt? Bin ich ihm nicht gut genug? Hat er vielleicht noch andere Eisen im Feuer? Hat er vielleicht jemanden anderes gefunden?"

Irgendwann wendet sich dann das Blatt. Die immer um den Partner kämpfen müssen, haben das Gefühl, sie allein trügen die Last der Beziehung. Und der Partner erfährt es als bedrängend. Je länger dieses innere Gerangel anhält, desto mehr wächst in beiden Groll. Das ist die Quelle von vielen Vorwürfen. Viele Paare stecken bis an die Halskrause voller Vorwürfe. Dann fragen sich beide: „Warum tue ich mir das noch an? Wachsen nicht auf anderen Bäumen auch leckere Früchte, die vielleicht weniger aufwändig erreichbar sind?"

Hält sich einer der beiden Partner eine Hintertür offen, also sagt er kein klares Ja, darf er sich nicht wundern, wenn seine Beziehung auf keinen grünen Zweig kommt. Er stellt von Anfang an die Weichen so, dass die Fahrt aufs Abstellgleis führt. Es ist ein Königsweg, eine Beziehung instabil zu machen und im Kern zu verunsichern. Immer schwebt die mögliche Trennung im Raum. Indem sich einer unklar hält, schafft er die Möglichkeit, jederzeit aus der Beziehung auszusteigen. Alles, was die beiden tun und erleben, bleibt gewissermaßen vorläufig. Jedes Problem, und erst recht jede Krise, stellt das ganze Gefüge in Frage. Die Trennungsoption schwebt immer mit im Raum. In solchem Kontext kann sich die Liebe nicht entwickeln.

1.2 Das Ja zum anderen

> *„Rebbe, erkläre uns, was ist der Unterschied zwischen Konsequenz und Inkonsequenz?"*
> *„Der Unterschied", antwortet der Rebbe, „ist ganz klein. Manche sehen ihn gar nicht. Konsequenz ist:* **heute** *so,* **morgen** *so. Inkonsequenz ist: heute* **so***, morgen* **so***."*
> *(nach SL, 823)*

Die erste Säule, die eine stabile Partnerschaft braucht, ist also die Säule der Sicherheit. Sie ist die Zentralsäule. „Sicherheit zuerst" – das haben wir schon mal aus der Politik gehört. Dieser Parole der 60ger Jahre stand ich selbst politisch nicht besonders nah. Aber sie stimmt leider. Allerdings auf andere Weise als man sie damals propagierte und für die Politik instrumentalisierte. Sicherheit in der Partnerschaft wird nicht dadurch gewonnen, dass ich mich gegen den anderen aufrüste. Auch in der Politik halte ich das nicht für zielführend. Sondern dass ich zum anderen Ja sage. Ja sagen stiftet Sicherheit.

Sicherheit in der Beziehung bedeutet, dass ich weiß, woran ich mit dir bin und woran du mit mir bist. Ich brauche, damit es gut geht, diese Klarheit: „Will ich oder will ich nicht?" Und du: „Sagst du ja zu mir oder nicht?" Was mich sicher macht, ist unser gegenseitiges Ja. „Ja, ich will die Beziehung mit dir." Das klingt vielleicht zuerst lapidar und ist doch alles andere als selbstverständlich. Kein Ja-Vielleicht, kein Je-Nachdem, kein Versuchen-wir's-mal. Denn ohne ein eindeutiges Ja wackelt jede Beziehung.

Manche Romantikerinnen neigen dazu, Blütenblätter abzuzählen: „Er liebt mich, er liebt mich nicht…" Das ist ein schönes Spiel, aber kein gutes Modell für die Partnerschaft. Es wird nicht reichen. Ja sagen zum anderen ist eine große Sache. Es fordert meine ganze Person. Denn es ist ein Ja, ohne dass ich weiß, ob es gut geht. Sage ich ja zu dir, lasse ich mich auf etwas Unbestimmtes ein, das ich nicht im Griff habe. Deshalb scheuen viele davor zurück.

Wenn Partner ja zueinander sagen, bedeutet das in vieler Hinsicht, dass sie ein großes Risiko eingehen. „Kann ich mein Versprechen einhalten?" fragen sich viele. „Bin ich der Zukunft gewachsen? Bin ich überhaupt gut genug, bin ich partnerfähig? Kann ich einem anderen ein Ja sagen, wo ich mich doch schon auf mich selbst nicht verlassen kann?" Mancher möchte sich erst selbst finden, möchte vielleicht erst noch irgendwas in seinem Leben hinkriegen. Andere haben Angst, es würde ihnen zu eng in der Beziehung, sie verlören sich. Der andere würde sie zu sehr krallen, auffressen. Sie ziehen deshalb die Halbdistanz vor. Sie leben „ein bisschen" Partnerschaft.

Und es gibt weitere Bedenken. Die beiden ahnen vielleicht, dass nach den tollen Tagen der ersten Zeit auch langweilige kommen. Davon haben die meisten schon mal gehört. Aber meist kommt es noch schlimmer. Je länger eine Beziehung dauert, desto deutlicher treten auch die Unterschiede zwischen beiden hervor, sie merken, dass der andere manchmal völlig anders denkt, fühlt und handelt. Dann fragt sich mancher: „Wie konnte ich mich bloß auf dich einlassen?!" Ältere Paare wissen davon zu erzählen.

Auch in anderer Hinsicht ist Partnerschaft riskant. Die beiden wissen ja nicht, was auf sie zukommt. Vielleicht stehen Ihnen sehr schwere Erfahrungen bevor. Vielleicht wird einer von beiden krank, büßt Fähigkeiten ein, wird mit familiären Aufgaben besonders belastet, muss mit Krankheiten und Behinderungen leben, verliert die Arbeit und das Einkommen. Oder ein schwerer Schicksalsschlag ändert das Leben der beiden. All das wissen sie vorher nicht.

Es gibt viele Bedenken gegen die Partnerschaft. Manche scheuen darum dieses große Wort und suchen weichere Wege. Sie sagen nicht Ja. Aber sie sagen auch nicht Nein. Sie zögern. Sie halten sich im Vagen. Sie leben eine „Schwankel"-Beziehung. Sie halten sich für die Trennung offen. So können viele Jahre verstreichen. Während-dessen dümpelt ihre Beziehung dahin.

Wenn zwei trotzdem ja sagen, dann ist es ein hohes Wagnis. Es ist ein offenes Spiel. Es ist, wie wenn Eltern ja sagen zu einem Kind. Was weiß ich denn, ob es gesund zur Welt kommt? Ob es gesund bleibt und sich gut entwickelt? Aber vorbehaltlich kann man Kinder nicht bekommen. Genauso ist es mit der Partnerschaft. Vorbehaltlich kann auch die Liebe zwischen Partnern nicht gedeihen. Sie braucht das ganze Ja.

Wenn Menschen eine Beziehung nur unter Vorbehalt aufnehmen, begeben sie sich quasi auf Beobachtungsposten. Sie warten ab: „Mal sehen, was kommt. Nur wenn du dich so oder so verhältst, kann ich mit dir leben oder bei dir bleiben. Wenn nicht – na, dann geht's halt nicht."
Vielleicht zweifeln sie, ob sie schon den Richtigen oder die Richtige gefunden haben, ob nicht noch wer Besseres kommt, einer, der nicht nur zweite Wahl ist. Das ist kompliziert. Oder sie stellen Bedingungen, leben in der Angst, es könnte nicht klappen, sie könnten etwas falsch machen. Das verunsichert. Oder sie drohen damit, zu gehen, wenn der andere sich nicht ändert. Das macht Angst. Manche halten den anderen auch hin mit dem selbstzweiflerischen Satz „Ich bin noch nicht so weit". Das lähmt.
Sie fühlen dem anderen den Puls, sie beäugen und bewerten ihre Partnerschaft, sich selbst und den Partner wie einen Kollegen in der Probezeit. Menschen in der Probezeit strengen sich besonders an. Sie wissen, was immer sie tun, steht es unter Beobachtung und Kontrolle. Sie dürfen nichts falsch machen. Das ist anstrengend und ängstigend.

In der Phase des Kennenlernens ist das alles durchaus angemessen. Denn da ist das Ende ja offen. Die noch nicht entschiedene Situation setzt alle Kräfte in

Gang. Wir sind im gegenseitigen Interesse einverstanden, dass wir zunächst eine Zeit brauchen, wo jeder ohne Verpflichtung prüfen kann, ob er sich einlassen will oder nicht. Jeder kann wieder aussteigen.

Aber irgendwann muss die Probezeit zu Ende sein. Sonst zerstört sie die Substanz. Wenn ich nicht weiß, woran ich bin, kann ich mich nicht wirklich einlassen. Nur eine Zeitlang kann ich das ohne Schaden aushalten. Je länger unsre „Probezeit" dauert, desto lauter ruft sie nach Klarheit. Wenn sich dann einer von uns entschieden hat, während der andere zögert, stimmen die Gewichte nicht mehr. Dann entsteht eine Schieflage.

Nach einer Zeit des Kennenlernens und Prüfens braucht die Beziehung Klarheit. Sieht sich ein Paar oft, kommt es schneller an den Zeitpunkt, wo eine Entscheidung ansteht; sieht es sich nur sporadisch, dauert es länger. Nach meiner Erfahrung sollte die Klärungsphase anderthalb Jahre nicht übersteigen. Dann muss jeder von beiden sich entscheiden. Schiebt einer von beiden oder schieben beide die Entscheidung füreinander auf die lange Bank, nimmt die Kraft ihrer Beziehung ab und der Zweifel wächst. Dann dünnt und blutet die Beziehung langsam aus.

Sofern ein Paar sich das Ja nicht sagen mag, indem sich mindestens einer von beiden (oder sogar beide), sei es offen, sei es versteckt, Vorbehalte reserviert, indem er (oder sie) zweifelt, ob er den anderen will, verliert die Partnerschaft ihre Flügel. Wenn einer wartet, wenn er heimlich nach anderen Partnern Ausschau hält, wenn er sich nicht festlegen will, dann trägt die Beziehung den Keim der Trennung in sich. Ein juristischer Partnervertrag (es sei denn, er regelt einvernehmlich komplizierte Erbschaftsfragen) wird auch oft als solch ein Spaltkeim empfunden, weil er den Vorbehalt einkalkuliert. Ebenso empfinden es viele, wenn einer von beiden die Heirat ablehnt. In aller Regel wird es mindestens im Unterbewusstsein vom anderen als Kränkung empfunden, wenn sich ein Partner nicht ganz auf den anderen einlässt. Er spürt: der andere lässt sich den Absprung offen.

Manche warten und warten auf das Ja des anderen. Sie selbst sagen vielleicht ja, aber der andere kann sich dazu nicht durchringen. So verbringen sie Jahr um Jahr im Wartezimmer der Beziehung. Aus der Lähmung fänden sie nur heraus, wenn sie den Mut hätten sich einzugestehen, dass das nicht gesagte Ja sich auswirkt wie ein Nein.

Deshalb gilt der Satz: Schaffe Klarheit! Wenn dir dein Partner kein Ja sagen kann oder will, dann nimm es wie ein Nein. Bist du dir deiner selbst nicht sicher, mach dir klar, dass du nicht jasagen *willst*. Nach einer angemessenen Zeit der Prüfung brauchst du aber eine Entscheidung. Dein Partner (bzw. deine Partnerin) braucht sie, und du selbst brauchst sie auch. Sonst verbringst du dein Leben im Wartesaal, du verläpperst deine Jahre. Für euch beide gilt: Eine bittere Trennung ist weniger bitter als eine halbherzige Beziehung.

Wenn aber einer dem anderen sagt: „Ich will dich", dann ist es für beide das Stärkste und Überzeugendste, was die Beziehung zu bieten hat. Es ist Kraftnahrung. Es ist ein Wundermittel.

Gleiches gilt übrigens für Freundschaften oder andere Beziehungen. Das klare „Ich-möchte-mit-dir-zusammensein" oder: „Ich bin und bleibe dein Freund" ist hundertmal überzeugender und zielführender als das „Mal-sehen-wie's-läuft" und „Bisher-ging's-doch-ganz-gut". Wenn nicht klar ist, was wir voneinander wollen, bekommt unsere Beziehung keinen Stand. Freundschaften, die halten, sind solche, die nicht abhängig sind von Stimmungen. Wir verlieren sie nicht, wenn die Gefühle sich verschieben, wenn wir verletzt sind oder wütend.

Partnerschaften, die halten, wissen: Wir gehören zusammen, auch wenn wir uns gerade gar nicht mögen. Dieses klare Ja ist nach meiner Beobachtung das Fundament jeder funktionierenden Beziehung, es ist die Mittelsäule. Das Ja stellt mich auf sicheren Grund.

So zu reden, klingt für manche vielleicht zu sehr nach Bürgerlichkeit, nach Kirche und Moral. Aber mir selbst geht es dabei überhaupt nicht um Moral, um irgendeine Norm, der alle gerecht werden müssten. Sondern ich beschreibe nur, was jeder selber beobachten kann: Beziehungen brauchen, damit sie sicher sind und sich entwickeln können, ein gegenseitiges Ja. Sonst bekommen sie keinen Stand. Jeder von beiden braucht die Sicherheit, dass der andere ihn und die Beziehung will. Die beiden brauchen Eindeutigkeit: „Ja, ich nehme dich als meinen Mann, als meine Frau, ich will dich und keine andere, keinen anderen".

Fehlt in einer Partnerschaft das gemeinsame Ja, kann keine stabile Basis entstehen, auf der gemeinsame Pläne und Vorhaben mit Langzeitfolgen aufgebaut werden können. Gemeinsame Lebensentscheidungen erfordern klare Bedingungen.

Das gilt umso mehr, wenn es um Kinder geht. Kinder brauchen Eltern, bei denen sie sicher sind. Sie brauchen keine perfekten, fehlerlosen Eltern, die nie ins Straucheln kämen. Aber das verlässliche Ja der Eltern zu ihnen ist für sie lebenswichtig. Und so ist es auch für den Partner. Wir brauchen uns nicht fertig und vollkommen. Aber das eigene Ja und das Ja des anderen sind für uns fundamental. Zweifelt einer das Ja an, gerät die Beziehung ins Straucheln.

Partnerschaften, die ihr Ja an Bedingungen knüpfen, haben keine Kraft. Sie stehen unter Vorbehalt. Das macht sie labil. Stabil werden sie nur, wenn das gegenseitige Ja ohne Einschränkung gilt. Kündigt einer dieses Ja offen auf, ist es mit der Beziehung aus.

Der verbreitetere Weg ist allerdings der indirekte: Jemand verhält sich „bedenklich": „Ich weiß nicht, ich bin noch nicht so weit, ich muss erst mal sehen, ich kann mich nicht entschließen, ich sehe noch Schwierigkeiten" und so fort. Aber behält sich einer seine Zustimmung vor, stellt er bestimmte Bedingungen, beginnt er Einschränkungen zu machen, dann kann darauf keine Partnerschaft gegründet werden. Dann fehlt es am Fundament. Dann ist die Auswirkung für die beiden Partner die gleiche, als würde einer der Partner nein sagen – nur etwas später. Die Unklarheit zieht den Sterbeprozess nur länger hin.

Unklarheiten sind lähmend. Sie verhindern, dass einer seine Kraft in das stecken kann, was vor ihm oder vor ihr liegt. Unklarheiten mögen eine Zeitlang spannend sein, aber je länger sie anhalten, desto mehr rauben sie den Beteiligten die Kräfte. Unklarheiten scheinen jemanden davor zu schützen, dass er sich zu schnell festlegt und möglicherweise verrennt. In Wirklichkeit verhindern sie, dass er den nächsten Schritt tun kann, dass er nach vorne geht, sich dem Leben stellt. Unklarheiten sind wie ein Gehen im Kreise.

Wenn es in einer Beziehung kriselt, lohnt es sich, immer als erstes zu fragen: „Wie steht es bei euch mit der Säule eins? Bekennt ihr euch zueinander?" Jeder muss sich fragen: „Sage ich ja zu dir? Sagst du ja zu mir? Oder steht einer von uns unter Vorbehalt? Oder sogar beide? Hängt über unserem Bett das Damoklesschwert der Trennung? Drohen wir uns mit Trennung?" Wenn ich mir nicht sicher bin, ob ich die Beziehung will, oder ob du die Beziehung willst, untergräbt diese Unsicherheit alles, was wir tun.

Das ist also die erste Säule. Sie muss auch in langen Ehejahren immer wieder renoviert und stabilisiert werden. Wenn sie wackelt, wenn einer sein Ja zum anderen in Frage stellt, bedarf sie einer Neubefestigung und Justierung. Sonst kann das Partnerschaftsgebäude nicht sicher stehen.

Das gegenseitige Ja sichert den Partnern ihren Platz und sagt jedem, woran er ist. Mein Ja sagt dir: „Ich stehe zu dir. Und du kannst dich auf mich verlassen." Dein Ja sagt mir: „Du stehst zu mir. Und ich kann mich auf dich verlassen." Und das bedeutet: Kein „Schaun-mer-mal", kein „Ja-vielleicht" und „Je-nachdem", kein „Erst-mal-muss-aber", kein „Ich-bin-noch-nicht-soweit". Soll eine Partnerschaft stabil sein, geht es nicht billiger.

1.3 Bindung und Liebe

> *Dem frommen Rebbe ist die Frau gestorben. Wie man es von ihm erwartet, hat er bald wiedergeheiratet. Ein Freund besucht ihn und fragt: „Nu, wie geht es mit der neuen Frau?" – Darauf der Rebbe: „Ich will dir ein Gleichnis erzählen. Es is gewesen ein Mann, hat er gehabt zwei Händ'. Hat er verlorn e Hand. Hat er sich machen lassen e naie Hand. Hat er wieder gehabt zwei Händ'. 'S war aber doch nicht **die** Hand."* (SL, 65)

Wenn wir zueinander ja sagen, befriedigen wir ein fundamentales Bedürfnis in uns. Wir wissen dann, wohin wir gehören. Das macht uns sicher. Das macht uns stark. Das Ja, das wir uns gegenseitig sagen, eröffnet uns nicht nur den Raum, den wir brauchen, damit wir uns in einer Beziehung wohlfühlen. Sondern es begründet in uns vor allem die Sicherheit, dazuzugehören, das heißt: einen sicheren Platz zu haben beziehungsweise sicher gebunden zu sein.

Die *sichere Bindung*, der nicht bedingte, nicht in Zweifel stehende Platz, ist – nach essen, trinken, schlafen usw. – das fundamentalste Grundbedürfnis menschlichen Lebens, damit jemand sich entwickeln und sein Leben als sinnvoll und beglückend erfahren kann. Weiß einer nicht, wohin er gehört, oder droht er die Verbindung zu verlieren, hat er innerlich keinen Halt, hat nicht genug Kraft zum Leben. Steht seine Einbindung nur auf Abruf, kann sie ihm diesen Halt nicht geben.

Von der Wiege bis zur Bahre bewegt uns das: „Wie komme und wie bleibe ich in Verbindung?" Es bewegt uns, wenn wir das erste Mal die Augen öffnen. Es ist die zentrale Frage in der Familie, und es bleibt in abgestufter Weise eine permanente Frage in der Schule, auf der Arbeit, unter Freunden und Bekannten und innerhalb der Gruppen, deren Mitglied wir sind. Sie bewegt uns vor allem, sooft wir mit unserem Partner zusammen sind. Jederzeit und überall, wo wir mit anderen Menschen zusammentreffen, schwingt sie mit: „Wo habe ich meinen guten Platz?" Nur vorübergehend können wir darauf verzichten.

Im Kino, bei einer Veranstaltung, im Lokal, in der Warteschlange oder in der Straßenbahn können wir, zufällig nebeneinandersitzend, eine gewisse Fremdheit und Unsicherheit in der Regel problemlos aushalten. Aber keine näher rückende Beziehung hält es lange aus, wenn ungeklärt bleibt, wie wir zueinander stehen. Der Zweifel, ob wir erwünscht sind, wird, je näher wir uns kommen, umso schwerer auszuhalten. In der Partnerschaft wird er zum Beziehungskiller.

Damit wir uns wohlfühlen, uns frei entwickeln können, brauchen wir eine Gewissheit, wo unser Platz ist und ob wir an diesem Platz sicher sind. Mit unserem gegenseitigen Ja versichern wir uns: „Hier bist du richtig!"

Wir gehen über den Tag hinaus und bestätigen uns, wie wir zueinander stehen. Wir bekennen uns zueinander: *Wir sind jetzt nicht mehr nur ich und du, wir sind ein Wir.* Im gemeinsamen Wir finden wir unseren sicheren Platz, unsere sichere Bindung.

Sage ich Ja zu meinem Partner, besitzt dieses Bekenntnis in aller Regel zwei Seiten, eine aktuell-konkrete und eine grundsätzliche. Es findet zunächst darin einen konkreten Ausdruck, dass ich mich dem anderen zuwende, etwas von ihm will, etwas mit ihm vorhabe: „Ich möchte dir nahe sein. Du kannst mir nahe kommen." Zum anderen drückt sich damit etwas darüber Hinausgehendes aus, nämlich die Zusicherung: „Ich bleibe bei dir. Du kannst dich auf mich verlassen." Beides geht oft Hand in Hand, aber es ist keineswegs dasselbe und muss unterschieden werden – obgleich sehr viele Menschen es miteinander verwechseln.

Das kann deutlich werden am Gebrauch des Wortes „Liebe".

Traditionell unterscheidet man im Anschluss an die griechische Philosophie drei Formen der Liebe: die „erotische" Form der Liebe (den „eros"), deren Kennzeichen gegenseitige Leidenschaft und Begehren sind; die Freundes-Liebe (die sogenannte „philia"), die durch partnerschaftliche Sympathie, durch den Austausch von Zuneigung und Zuwendung, durch gegenseitiges Sich-etwas-Gutes-Tun geprägt ist; sowie drittens die Nächsten-, Fernsten- und Feindesliebe (die sogenannte „agape"), deren Kennzeichen es ist, dass sie – oft in Form einer Einbahnstraße – selbstlos das Wohl des anderen fördert.

Alle drei Teilaspekte haben gemeinsam, dass sie Liebe als etwas Aktives beschreiben, das einer in Bezug auf einen anderen in positiver Absicht tut, das ihn zum anderen hin in Bewegung setzt. Liebe ist dabei ein Akt der Zuwendung zum anderen, ein Auf-den-anderen-Zugehen, *tätige Liebe*. Dabei kommt meines Erachtens ein wesentlicher Aspekt der Liebe nicht in den Blick, der speziell für eine dauerhafte Partnerschaft aber der bedeutendste ist: die Bindungsliebe.

Unter *Bindungsliebe* verstehe ich eine gegebene, nicht bedingte, nicht erst hergestellte innere Verbindung. Jeder Mensch kennt sie. Er erfährt sie zunächst durch seine Geburt. Sie wird ihm vorgegeben und mitgegeben, er muss sie nicht erzeugen und entfachen, sondern sie ist bereits da, wenn er auf die Welt kommt. Sie konstituiert seine Zugehörigkeit. Sie ist das, was ein Kind in den Augen der Mutter sieht und erwidert. Sie ist da, eh das Kind irgendetwas tut. Diese Art der Liebe hat m.E. auch für die Partnerschaft eine entscheidende Bedeutung.

Liebe hat üblicherweise diese zwei Seiten. Sie beschreibt das, was uns *zu jemandem hinzieht*. So definieren es die meisten Menschen. Liebe beschreibt aber zugleich das, was uns *mit jemandem verbindet*. Beide Aspekte bezeichnen wir meist mit dem gleichen Wort *„Liebe"*. Damit wird etwas vermischt, was für Partnerschaften aber der Unterscheidung bedarf.

„Ich habe mich in dich verliebt! Ich liebe dich!" sagen wir, und die Sache ist klar. Irgendwann springt ein Funke über. Wenn es mich zum anderen hintreibt, wenn ich nur ihn (oder sie) will, wenn meine Phantasie Flügel bekommt und mein Begehren übermächtig wird: dann weiß ich, jetzt hat's mich gepackt. Jetzt hat die Liebe zugefasst. Dieses Gefühl der Liebe ist meistens der Türöffner füreinander. Mit ihm begründen wir in aller Regel unsere Partnerschaft und bauen darauf auch unsere Beziehung. Jetzt wissen wir, wohin wir wollen und gehören. Auch wenn der liebende Umgang von Paaren im Lauf der Zeit an Tempo verliert und moderater wird, gilt ihnen die Liebe der Anfangszeit auch später meist als die innere Messlatte für ihre Beziehung.

Diese Liebe ist eine, die sich auf den Weg zum anderen macht, eine jeweilige, *aktionelle, tätige Liebe*. In ihrer erotischen Version erleben wir sie vor allem am Anfang als etwas besonders Intensives, für das uns womöglich kein Aufwand zu groß ist. Es ist ein Aufeinander-Zugehen, nicht selten auch etwas den anderen Mitreißendes, das einen überfällt und sozusagen wehrlos macht, etwas Leidenschaftliches, Romantisches, Berauschendes, Begehrliches, Erotisches, Sexuelles. „Ich habe mich verliebt!" – wer so redet, in dem sind üblicherweise die Gefühle losgetreten. Er wird getragen vom Schwall seiner Emotionen. Es ist oftmals eine eifernde, schwärmerische, verlangende Sehnsuchts-Liebe, die Menschen im Blick auf den Partner oder die Partnerin erfasst und ihr Gefühlsleben durchschüttelt, ein Hin und Her zwischen Begehren und Verwehren, zwischen Nähe suchen und Gefunden-Werden, ein Wechselspiel mit hohem Aufregungspotential.

Diese Liebe lebt davon, dass sie immer wieder zwischen einander aufgebaut und neu probiert wird. Sie muss jeweils neu inszeniert werden und kann auch verloren gehen. Diese Liebe ist etwas Jeweiliges, Nicht-Sicheres, sie ist flüchtig, launisch und inkonstant.

Vielleicht läuft es zwischen Paaren nicht immer so romantisch, aber so wird es unzählige Male beschrieben, besungen, verfilmt, und so ist es für viele Menschen wie eine innere Vision. Was macht eine gute Beziehung aus? Dass wir uns lieben! Dass wir uns immer neu gegenseitig Zeichen der Liebe geben. Längst sind Partnerschaften vorrangig keine Versorgungsgemeinschaften mehr, sondern Räume zur Entfaltung individuellen Glücks. Die wohltuende Gestaltung der Zweisamkeit, der Austausch gemeinsamer Interessen und gemeinsamen Erlebens, das Hin und Her des Wollens und Gewollt-Werdens definiert unsere Liebe und Partnerschaft.

Es gibt sicher nur wenige Menschen, die dem widersprechen. Und doch stimmt daran nach meiner Überzeugung etwas Wesentliches nicht. Denn diese aktionelle Liebe, schon gar die romantische Sehnsuchts-Liebe der Anfangszeit, aber ebenso auch die im Lauf der Zeit immer neu entfachte und zu entfachende, kann das Gewicht einer Partnerschaft auf Dauer nicht tragen. Denn auf sie ist kein Verlass. Sie ist anfällig für Stimmungen und Probleme. Sie ist ihrem Wesen nach labil, unbeständig und wechselhaft wie das mitteleuropäische Wetter.

Deshalb macht sie die Partnerschaft nicht stabil. Sie macht Menschen nicht sicher.

Mit der Anfangsleidenschaft ist es unter Umständen schnell vorbei. Und der jeweilige Liebesaustausch unterliegt je nach psychischer Wetterlage großen Schwankungen. Missverständnisse und Streitigkeiten setzen der Liebe zu. Auch persönliche Unzulänglichkeiten und Verfehlungen. Oder einfach nur die alltägliche Routine, sich einspielende Gewohnheiten. Zu schweigen von schweren Schicksalsschlägen, Krankheiten, äußeren und inneren Krisen einer Beziehung.

Deshalb erfasst die aktionelle, tätige Liebe nur einen Teilaspekt der partnerschaftlichen Beziehung – einen oft wunderbaren, sehr beweglichen und aufregenden Teil. Gerät er in den Hintergrund, oder geht er einem Paar womöglich verloren, ist es ohne Frage ein schrilles Alarmzeichen. Aber wollten wir darauf unsere Partnerschaft bauen, würden wir sie überfordern.

Liebe, die uns sicher macht, auf die wir unsere Beziehung und damit unser Leben bauen können, die unsere innere Bindung an den anderen begründet, kann nicht allein vom Austausch der jeweiligen Gefühle getragen werden. Denn die kommen und gehen, sind mal stärker und mal schwächer und verkehren sich bisweilen sogar ins Gegenteil. Was Menschen brauchen, damit sie in Beziehung sein können, womit sie die Verbindung zueinander halten und was ihre Verbindung sichert, ist das grundlegende Bewusstsein: „Wir gehören zusammen."

Dieses innere Wissen nenne ich die *Bindungsliebe*. Bindungsliebe entsteht, wenn wir Ja sagen zum anderen: „Ja. Ich nehme dich, ich will dich, ich stehe zu dir. Wir gehören zusammen. Hier ist dein und mein Platz."

Das ist die erste und zentrale Säule der Partnerschaft. Es ist eine *Liebe, die unsere Bindung herstellt*. Diese Liebe ist deshalb nicht unbedingt (und vor allem nicht dauernd) ein hochfliegendes Hummelbauch-Gefühl, sondern das Wissen um unsere Zusammengehörigkeit.

Bindungsliebe ist dauerhaft. Sie bleibt, auch wenn das Begehren zueinander schwankt und vielleicht im Alter allmählich versiegt. Diese Liebe sagt: „Ich nehme dich wie du bist. Ich halte die Verbindung." Sie beschreibt das Wissen und Wollen, dass wir zueinander gehören, uns brauchen, gerade auch dann, wenn es nicht gut läuft. Wir gehen nicht weg, wenn es schwierig wird. Nur auf diese Weise können wir Konflikte und Krisen überstehen. Wir gehen nicht weg, wenn wir mit der Zeit feststellen, wie anders der andere ist, als wir dachten. Wir gehen nicht weg, wenn Krankheiten, persönliche Probleme, Schicksalsschläge - oder einfach die zunehmenden Beschwerden des Alters uns belasten. Wir bleiben auch in Schwierigkeiten miteinander verbunden.

Eine solche Liebe, die uns verbindet, wird uns, ich habe es schon erwähnt, bereits *mitgegeben*, wenn wir auf die Welt kommen. Das ist eine gute und eine schlechte Nachricht. Die schlechte: Wir werden dazu nicht gefragt. Wir müssen alles nehmen, wie es ist. Die gute ist: Man nimmt uns unsererseits ohne Vorbehalte. Wir gehören dazu, wie wir sind. Die Bindung an die Familie ist eine *Verbindung ohne Bedingung.*

Was für die Geburt gilt, wiederholen wir später mit der Verpartnerung bzw. der Ehe. Mit der Geburt bekomme ich die Zugehörigkeit sozusagen ohne Verdienst und Würdigkeit in die Wiege gelegt. Mit dem bewussten Jawort begründe ich eine Zusammengehörigkeit von gleichem Gewicht und mit gleichen Eigenschaften. Ich bekenne mich als Erwachsener zu einem anderen, so dass der andere weiß: Er kann sich darauf verlassen. Wir gehören zusammen. Auf diese Weise findet das bedingungslose Ja der Familie in der neu begründeten Partnerschaft eine Fortsetzung. Für die meisten Menschen ist es zugleich die Voraussetzung dafür, dass Kinder kommen können und einen sicheren Platz haben.

Sehr viele Menschen stellen mehr oder weniger deutlich Bedingungen an ihren Partner bzw. an ihre Partnerin. Sie kleiden sich in die Form bestimmter Erwartungen – Erwartungen zum Beispiel an große Gefühle, an ein tiefes Verstehen, an erfüllende Gemeinsamkeiten, guten Sex und dergleichen. Sie verhalten sich, als würden sie ihrem Kind sagen: „Du darfst aber nur bei uns bleiben, wenn du brav bist, gute Leistungen bringst, uns keinen Kummer machst und nichts kostest."

Natürlich ist die Realität oft komplizierter. Bedingungslos erscheint uns die Zugehörigkeit zur Familie oft nicht. Und wenn Eltern Kinder bekommen, setzen sie in der Regel durchaus allerlei Erwartungen in sie, bewusste und unbewusste. Gleiches gilt natürlich auch für die Partnerschaft. Allerdings werden wir den Erwartungen, die die die Eltern an uns haben ebenso wie die, die der Partner an uns hat, nur teilweise gerecht, und oft nicht so, wie Eltern oder Partner es sich wünschen. Notwendigerweise entstehen daraus Enttäuschungen und Konflikte. Aber in dem Maße, wie die Elternschaft oder die Partnerschaft an die Bedingung geknüpft ist, der oder die andere müsste sich so verhalten, wie ich es erwarte, kommen sie schnell an ihre Grenze.

Partnerschaften, die halten sollen, brauchen ein unbedingtes Ja. Mit dieser Zusage „Ich stehe zu dir" trete ich – wie ich es auch als Elternteil gar nicht anders tun kann – sozusagen *in Vorleistung*.

Erst sage ich Ja, dann gestalte ich, was kommt. *Erst kommt das Ja, danach raufen wir uns zusammen.* Erst bekennen wir uns zueinander, dann machen wir unsere Erfahrungen miteinander, stellen fest, wie anders wir fühlen und denken und finden einen Weg des Zusammenlebens. Erst sichern wir uns zu, dass wir zusammengehören, dann müssen wir die Bedingungen aushandeln, unter denen sich jeder von uns möglichst wohl fühlt an der Seite des anderen. Zunächst gebe ich meine Liebe, gebe sie freiwillig und ohne doppelten Boden. Und auch mein Partner gibt sie mir freiwillig, ohne Rückversicherung. Beide treten wir dabei in Vorleistung.

Und dann beginnt die lange, gemeinsame Arbeit. Diese Arbeit hält das Paar lebendig. Beide müssen sich permanent neu aufeinander einlassen. Sie können nicht sicher sein, dass sie immer gute Lösungen finden. Sie müssen daran arbeiten, danach suchen. Darüber wird im dritten Kapitel noch ausführlich nachzudenken sein. Haben sie sich ein Ja gesagt, können sie sich nur sicher sein, dass sie selbst nicht wegrennen und dass auch ihr Partner nicht wegrennt. Die gegenseitige Zusage „Ich bleibe" ist ihr stärkster Motivationshelfer. Er schützt sie davor, die Flinte ins Korn zu schmeißen.

Natürlich kann unter bestimmten Bedingungen auch eine Trennung angesagt sein, insbesondere dann, wenn ein Partner definitiv die Beziehung nicht mehr will. Wenn einer von beiden die aktionelle, auf den anderen zu wollende Liebe aufkündigt und dem anderen keinen Zugang mehr zu sich gibt, wird es Zeit, dass auch der andere sich zurückzieht. Dann kann es zwar sein, dass er sich noch an ihn gebunden fühlt, dass seine Bindungsliebe weiter gilt. Insbesondere in den Kindern setzt sie sich meistens weiter fort. Zu ihnen fließt die weiter vorhandene Bindungsliebe. Aber sie erreicht den Partner oft nicht mehr.

Die Bindungsliebe ist zwar nicht abhängig vom anderen; sie ist etwas, das jeder von sich aus dem anderen zusagt und gibt. Aber ob der andere, was ich gebe, auch nimmt, ist damit nicht garantiert. Kündigt der andere die Verbindung auf, dann darf ich mich zwar weiter mit ihm verbunden fühlen. Aber wenn der liebevolle Austausch zwischen uns versiegt, wenn nur noch einer gibt, der andere es aber nicht mehr haben will, wird es Zeit, sich selbst zurückzuziehen. Sonst setze ich mich wieder in den Wartesaal. Das definitive Nein eines der beiden Partner beendet die Beziehung.

Aber dem gehen immer lange Entfremdungsgeschichten voraus. Der Weg auseinander ist meist ein Prozess des nicht mehr Sehens und Gesehenwerdens. Schaue ich hin und sage ja, ändert sich die Lage fundamental. Dann bekommt die Beziehung wieder Leben. Fühle ich mich gewollt und bejaht, wird es mir leicht, ebenfalls zu wollen und zu bleiben. Und dann kann auch die Liebe wieder Fahrt aufnehmen.

1.4 Bindungsängste

> „Moische, ich hab dir ein Problem: Da ist ein See. Auf der einen Seite ist ein Jüngling, der will auf die andere Seite, da ist eine Maische. Zu der will er hin. Er darf aber nicht schwimmen und kann auch nicht um den See herumlaufen. Und fliegen kann er auch nicht. Wie kommt er hinüber?" – „Das muss man klären ... nein, ich finde es nicht heraus!" – „Nu, ganz einfach: Er schwimmt." – „Aber er darf doch nicht schwimmen!" – „Nu – er schwimmt eben doch!" (nach SL, 67)

Nun werden manche vielleicht sagen: „Schön und gut, aber ich schaffe es einfach nicht. Ich bin wohl kein Beziehungsmensch. Irgendwie verrenne ich mich, ich weiß nicht wie. Auf eine mir selbst nicht richtig zugängliche Art kriege ich es immer wieder hin, mich mit Menschen zusammenzutun, mit denen keine feste Beziehung möglich wird – etwa weil sie schon anderwärtig gebunden sind oder weil sie zu weit auseinander wohnen oder weil sie keine Kinder wollen oder weil's ihnen irgendwann zu eng wird oder was weiß ich. Ich würde mich gern binden, aber es klappt einfach nicht."

Und auch das Pendant dazu kommt nicht selten vor: „Ich gerate immer wieder an Partner bzw. Partnerinnen, die mehr von mir wollen, als ich geben kann. Ich lasse mich ein, aber irgendwann wird's mir zu eng, dann nehme ich Reißaus. Am wohlsten fühle ich mich in Beziehungen mit Menschen, die schon in festen Bindungen stecken, die mich nicht unter Druck setzen, die nichts Eindeutiges und Endgültiges von mir wollen."

Keine Frage, nicht wenige Menschen tun sich mit dem Ja zum anderen schwer. Woran liegt es, wenn ein Mensch sich nicht binden kann oder mag, obwohl er es sich wünscht? Ist das krankhaft? Ist das reparabel? Welche Chance hat er, sich zu binden und seinem Partner, seiner Partnerin ein verlässliches Ja zu sagen? Was fördert, was behindert die Fähigkeit, sich zu binden? Wie entsteht unsere Bindungsbereitschaft? Können wir sie beeinflussen, korrigieren?

Manchen Menschen scheint es leicht zu fallen, sich zu binden. Sie steuern zielsicher in die Beziehung. Sie suchen immer die Nähe des anderen. Manchmal können sie es nicht eng genug haben. Andere empfinden Bindung als bedrohlich und verhalten sich, wenn ihnen Beziehungen zu eng werden, wie Glitschfische. Sie lassen sich nicht fassen. Bindungsbereite Menschen werden die Botschaft „Mach klare Sachen!" leicht hören. Menschen mit Bindungsängsten kann sie unter Druck setzen und womöglich hilflos machen.

Wie kommt es dazu? Wenn Menschen sich schwertun, eine feste Bindung einzugehen, kann das unterschiedliche Gründe haben. Oben habe ich eine Reihe von eher vordergründigen Argumenten aufgezählt, die Menschen gerne nennen, wenn sie erklären, warum sie sich jetzt nicht auf einen Partner einlassen wollen. Hinter den momentanen Gründen, warum sie Bindungen scheuen und Nähe vermeiden, stehen aber fast immer grundsätzlichere. Nach meiner Wahrnehmung sind es im Wesentlichen zwei Grundbedingungen, die Menschen hindern, sich auf einen anderen Menschen einzulassen – obwohl sie es eigentlich möchten.

Dass jemand sich schwertut, sich an einen anderen Menschen zu binden, kann zum einen seinen Grund darin haben,

> dass er (noch) an einen anderen Menschen gebunden ist. Zum Beispiel an einen früheren Partner (eine frühere Partnerin). Oder auch an ein Elternteil, manchmal sogar an beide. Oder auch an ein früh gestorbenes Geschwisterkind. Oder jemand ist mit einem anderen Menschen innerlich identifiziert, dessen Schicksal er auf diese Weise wachhält. Es kann auch die Bindung an die frühere Heimat oder eine religiöse Bindung oder noch anderes dahinter stehen. Anders gesagt: *jemand ist systemisch eingebunden und verstrickt.*

> Ein zweiter Grund kann darin liegen, dass jemand früher, vor allem in den ersten Jahren seines Lebens, ungute, angstmachende, misslungene, vielleicht auch traumatische Bindungserlebnisse hatte. Zum Beispiel durch seine Mutter, seinen Vater oder durch andere Menschen, von denen er abhängig

war. Gelegentlich haben auch noch spätere Erlebnisse nachhaltige Auswirkungen. Anders gesagt: *jemand hat belastende Erfahrungen gemacht.*

Für beide Möglichkeiten gilt zunächst einmal der einfache, gemeinsame Satz: Binden kann sich nur, wer frei und nicht anderweitig gebunden ist und wer keine Angst haben muss, seine Freiheit zu verlieren. Tut sich einer schwer, sich zu binden, ist er womöglich anderenorts gehalten oder er befürchtet, gehalten zu werden. Solche Einbindungen müssen keine bewussten Einsichten sein. Oft treten sie nur als innere Widerstände in Erscheinung.

Wie weit Menschen sich auf andere einlassen, unterliegt diversen äußeren und inneren Einflüssen. Dabei gibt es natürlich fließende Übergänge. Oberflächlich kann ein Mensch zwar mit einem Partner, einer Partnerin zusammenleben, kann „funktionieren" und die nötigen partnerschaftlichen Aufgaben erfüllen, also zum Beispiel seiner Arbeit nachgehen oder Kinder bekommen und für sie sorgen; aber innerlich behält er einen Vorbehalt, lässt er sich nicht ein, ist er mit seinen Gefühlen und Sehnsüchten woanders (etwa bei einem früheren Partner, einer anderen Person oder der verlorenen Heimat). Familien-Aufstellungen können das sichtbar machen. Es zeigt sich zum Beispiel darin, dass jemand nicht auf den Partner oder die Kinder bezogen ist, dass er etwa über sie hinweg oder an ihnen vorbeischaut und innerlich nicht für sie erreichbar ist.

Manche lassen sich zwar zunächst auf den Partner oder die Partnerin ein, ziehen sich dann aber zunehmend zurück. Nicht wenige Menschen scheuen von vorn herein jede Art von partnerschaftlicher Bindung und meiden entsprechende Begegnungen.

Die meisten durchschauen es nur wenig, was sie eigentlich abhält, sich auf jemanden einzulassen oder dabeizubleiben. Sie spüren nur ihren inneren Widerstand. Entweder sie ziehen den Schluss: „Der Partner ist nicht der Richtige" und trennen sich. Oder sie zweifeln an sich selbst: „Ich bin nicht bindungsfähig."

Zunächst einmal muss man sich klar machen: Wenn wir uns auf eine Partnerschaft einlassen, ist das nicht die Geburtsstunde unserer Bindungsgeschichte. Wir treten nicht auf eine leere Bühne. Kein Mensch ist „frei", wenn er sich mit einem anderen zusammentut. Vielmehr sind wir, wenn wir uns begegnen, immer schon in ältere Bindungen eingebunden, haben außerdem schon jede Menge Bindungserlebnisse hinter uns. Keiner von uns begegnet dem anderen wie ein leeres Blatt. Unser Lebensskript ist eingebunden in das Buch unserer Herkunft.

Jeder Mensch ist, und zwar von Anfang an, systemisch eingebunden in das Schicksal seiner Herkunft, insbesondere der Eltern, der Geschwister, der Großeltern sowie der gesamten Familie. Manchmal betrifft das auch das Schicksal weiterer Personen, die für die Eltern oder die Familie wichtig waren, etwa frühere Partner der Eltern oder Menschen, denen die Eltern, bisweilen auch Großeltern oder andere Familienangehörige, sich verdanken oder gegenüber denen sie sich schuldig gemacht haben. Das kann, um ein Beispiel zu nennen, etwa sein, wenn eine Familie in der Nazizeit sich an Judendenunziationen beteiligt hat oder von ihrer Entrechtung profitierte, indem sie ihre Wohnung bezog, ihr Geschäft übernahm. Ereignisse der Familie, deren sie sich schämte oder die nicht gut geregelt wurden, können sich wie Mehltau über die nachfolgenden Generationen legen.

Auf vielfältigste Weise haben wir Teil an dem, was vor uns geschah. Unerträgliche Schicksale, Vergewaltigungen, unehrenhafte Schwangerschaften, Inzest, Missbrauch, Suizid, ungesühnte Verbrechen, auch weggegebene Kinder, Abtreibungen, übervorteilte Menschen und viele andere das Leben erschütternde und zeichnende Ereignisse, durch die Menschen sich schuldig machten oder fühlten oder mit deren Bewältigung sie überfordert waren, werden sehr oft verschwiegen und verleugnet – und als Familiengeheimnisse weitergereicht. Familiengeheimnisse binden uns an die Schicksale derer, die vor uns waren.

Systemische Aufstellungen sind ein äußerst geeignetes Mittel, um solche Zusammenhänge aufzudecken. Sie können einem Menschen ein Verständnis dafür geben, wie und warum ihn die Einbindung in Familienthemen hindert, sich zum Beispiel auf seinen Partner oder seine Partnerin innerlich einzulassen. Sie bringen auf oft eindrückliche Weise ans Licht, was einer selbst allenfalls fühlt, aber nicht weiß.

Jene überwiegend unbewussten „Verstrickungen", in die jemand hineingeboren wird, sind Ausdruck der „Bindungen" eines Menschen an die, von denen er herkommt. Es handelt sich in ihnen nicht um zufällige

Komplikationen, in die jemand aus Unachtsamkeit oder Unwissenheit hineingeraten wäre wie in ein Netz, in dem er sich verfing, sondern um vorgegebene Rahmenbedingungen, um einen Ausdruck der inneren Zusammengehörigkeit mit denen, von denen jemand abstammt. Solche Einbindungen sind Ausdruck unserer *Bindungsliebe*, also einer Liebe, die eine tiefe Verbundenheit anzeigt, nicht unbedingt um eine emotional-gefühlsmäßige.

In Liebe sind wir auch mit jenen Menschen verbunden, die – etwa durch den Tod oder durch eine Trennung – gar nicht mehr da sind. Das kann zum Beispiel ein früh zu Tode gekommenes Geschwisterkind sein, das uns innerlich zu sich zieht. Vielleicht wurde der Tod eines solchen Kindes mehr oder weniger übergangen, weil die Familie ihre Trauer nicht bewältigt hat. Umso mehr empfinden wir es etwa wie persönliche Schuld, dass wir leben, während unser Bruder, der früh an einer Krankheit starb, nicht leben durfte. Das kann sich dann wie ein unerklärlicher depressiver Sog oder ein Hang zum Suizid auswirken.

In Liebe sind wir, um ein anderes Beispiel zu wählen, etwa mit einem früheren Familienmitglied verbunden, das in der Familie nicht genug geachtet wird – etwa weil man sich seinetwegen schämte. Oft geht es dabei um Sexualität. Vielleicht hat die Familie versucht, sein oder ihr Schicksal zu vertuschen, und ein Späterer übernimmt die Gefühle des Früheren oder wiederholt in irgendeiner Weise sein Schicksal.

In Liebe (oder seiner Umkehrung: in Hass) sind wir eventuell noch an einen früheren Partner oder eine frühere Partnerin gebunden. Dann geht unser Blick zurück, dann hängt uns die frühere Liebesbindung wie ein Gewicht am Fuß. Dann haben wir „noch einen Koffer in Berlin". Insbesondere wenn der Partner verstarb oder wenn eine frühere Beziehung aus tragischen Gründen ein Ende fand, aber auch, wenn zwei nicht gut auseinandergekommen sind, wenn die Beziehung in Streit und Hass und mit vielen offenen Rechnungen abbrach, lässt sie Menschen nicht leicht los. Dann wird es ihnen schwer, sich einer neuen Verbindung mit Herz und Seele zu öffnen. Ein Teil ihrer Aufmerksamkeit, manchmal ein großer, geht nach hinten.

Solche überwiegend ganz unbewussten Bindungen können unser Leben stark prägen. Für manche Menschen können sie sich wie Hindernisse oder innere Verbote auswirken, sich auf einen anderen Menschen einzulassen. Unerledigte Geschäfte binden uns an die Vergangenheit. Sie geben uns das Gefühl, wir seien einem früheren Menschen – im Positiven wie im Negativen Sinn – etwas schuldig geblieben. Wir müssten noch etwas erfüllen oder gutmachen.

Darin liegt zugleich aber auch *die Lösung aus vorgegebenen Bindungen*. Denn fragt man sich, wie man aus den an uns weitergegebenen inneren Aufträgen und Familiengeheimnissen aussteigen kann, dann geht es immer darum, *die alten Rechnungen* auf eine angemessene Weise *zu begleichen*.

Dazu bedarf es einer Reihe von Schritten, die im Rahmen von Systemischen Aufstellungen durch Gegenüberstellungen der betroffenen Personen (im Setting der Aufstellungsmethode: zunächst ihren Stellvertretern) auch äußerlich sichtbar gemacht werden können.

> Zunächst einmal muss jemand den Mut haben hinzuschauen und das bisher Verschwiegene, Ausgeklammerte, Verdrängte anzusehen. Es muss das ans Licht geholt werden, was Frühere verdunkelt haben, soweit es noch möglich ist.
> Das bedeutet zweitens in aller Regel, dass bestimmte vergessene oder abgewertete oder überbewertete Personen neu ins Blickfeld geraten.
> Es bedeutet, dass ihr Schicksal gesehen wird; dass endlich gewürdigt wird, was jemand tat oder erlebt hat, welche Motive er hatte und welche Wirkungen sein Verhalten hatte. Er wird nicht mehr ausgeklammert, sondern sozusagen zurückgeholt in den Schoß der Familie.
> Drittens muss ausgesprochen werden, was vorher nie gesagt wurde; zum Beispiel: „Es war schlimm für dich. Dir wurde Unrecht getan. Keiner hat zu dir gestanden." Ebenso auch das Umgekehrte: „Es war schlimm für mich. Du hast dich aus dem Staub gemacht. Du hast gelogen. Du hast mir und anderen, die dich brauchten, Gewalt angetan."
> Insbesondere die Konfrontation mit dem geschehenen Unrecht wird aber nur gelingen, wenn jemand weiß, dass er nicht vertrieben wird, dass er die

Bindung zu den anderen nicht verliert, dass er seinen Platz in der Familie behält; zum Beispiel, indem jemand sagt: „Lieber Opa, liebe Tante, liebe Schwester usw., von jetzt an wirst du gesehen, beachtet, mitgezählt, geachtet."

➤ Erst dann kann auch ein lösender Schritt und eine Befreiung aus den alten nichtbewältigten Themen erfolgen, indem der Frühere dem Späteren sagt: „Für mich musst du nichts mehr erledigen. Von mir aus bist du frei!" Oder indem der Spätere vor den Früheren tritt und ihm den inneren Auftrag zurückgibt: „Was du getan hast lasse ich bei dir. Ich bin nur dein Kind, dein Enkel" usw..

Immer geht es um die Rückgabe des inneren Auftrags. Dabei muss man sich immer wieder klarmachen: Alle diese Schritte sind innere Vorgänge. Es geht um die *verinnerlichten* Aufträge und Gebundenheiten. Sie wirken, wirken weiter, auch wenn die, an die wir uns gebunden fühlen, längst nicht mehr leben. Nur ihre Wirkung auf die Nachfolgenden ist real und nicht vergangen.

Familiengeheimnisse aufzudecken, in Respekt vor dem Schicksal vor uns lebender Menschen die bittern Wahrheiten auszusprechen und die heimlichen Aufträge zurückzugeben, es mit unserem Leben wiedergutzumachen, ist meist ein schwieriger, tränenreicher Prozess. Oft wehren wir uns dagegen. Lieber halten wir weiter an der Verstrickung fest als der harten Realität ins Auge zu sehen. Lieber verzichten wir auf unser Glück oder auf die

Freiheit, die wir brauchen, um uns zu binden. Aber nur so kommen wir frei.

Die nötigen Lösungs-Prozesse gelingen oft nur mit therapeutischer Unterstützung. Sie sind hier nur angedeutet. Sind wir etwa in unabgeschlossener Liebe oder ungestilltem Groll und Hass mit einem früheren Partner verbunden, bedarf es umso mehr der Unterstützung durch einen Begleiter; dann müssen wir uns mit dem Nicht-Abgeschlossenen arrangieren und werden zugleich mit dem eigenen Versagen konfrontiert. Wir müssen lernen, uns selbst zu verzeihen. Das ist ein schwerer Gang.

Speziell im Familienstellen können solche lösenden Schritte für einen Betroffenen erfahrbar werden. Es geht um seine inneren Einsichten und Vollzüge. Die äußeren Bedingungen können sich danach neu regeln, müssen es aber nicht. Vielleicht benimmt sich, um ein Beispiel zu wählen, der Ex-Partner oder die Ex-Partnerin weiterhin unkooperativ, ist selber in seine oder ihre Hassgefühle verstrickt. Es geht aber nicht um sie oder ihn. Es geht darum, den eigenen bösen Blick nach hinten aufzugeben und für das eigene Leben flottzukommen.

Hat jemand Probleme, sich zu binden, geht es fast immer darum, die Schnüre zu lösen, die ihn nach hinten ziehen. Von hinten, aus der Vergangenheit, oftmals von den Verstorbenen, kommen die Zugkräfte, die Menschen festhalten und nicht freigeben für neue, selbstgewählte und selbstverantwortete Bindungen. Ihnen gehen keine eigenen Erfahrungen voraus, sondern die ungelösten Lebensprobleme jener Menschen, mit denen wir, oft über Generationen hinweg, verbunden sind.

Bindungshemmnisse und Bindungsängste können aber, wie oben gesagt, auch durch eigene Erlebnisse und Erfahrungen entstehen. Das gilt in ganz besonderem Maße für die Bindungsbedingungen unserer Kindheit. Die bei Weitem häufigste Form einer nichtgelösten *Bindung* ist die *zu den Eltern* (gelegentlich auch zu anderen Personen aus unserer Anfangszeit). Davon ist nun als Zweites zu reden.

Eine unfrei machende Bindung an die Eltern kann aus verschiedenen Gründen entstehen:

> ➤ Sie kann sich bilden, wenn *zu viel Bindung* da ist, indem Eltern ihre Kinder überbetreut haben, indem sie ihnen alles abgenommen oder vorgeschrieben haben und sie nicht freigeben. Oder wenn die Eltern die Vorstellung haben, sie allein wüssten, was für ihre Kinder gut ist, und wenn sie von ihren Kindern erwarten, dass sie ihren Vorstellungen folgen. Dann können Kinder manchmal sehr lange an der Nabelschnur der Eltern hängen.

> ➤ Eng damit verbunden ist die zweite Variante des Gebundenseins. Sie entwickelt sich dann, wenn Eltern sich *auf ihre Kinder stützen*, wenn sie ihre Kinder für ihre eigenen emotionalen Bedürfnisse in

Anspruch nehmen; zum Beispiel als Ersatz für den fehlenden Austausch mit dem Partner. Wenn sie erwarten, dass ihre Kinder für sie da sind und sie jederzeit auf sie zugreifen können, dann sind die Kinder gebunden und verstrickt. Diese Variante ist die häufigste.

> Die dritte, massivste Weise des Gebundenseins ist wiederum eine Verstärkung der zweiten: wenn Eltern ihre Kinder *mit Gewalt für sich einspannen* und ausnutzen, wenn über den emotionalen Missbrauch hinaus auch ein körperlicher, meist sexueller Zugriff stattfindet. Dann werden Kinder für ihr Leben gebrandmarkt. Solche missbräuchlichen Übergriffe passieren öfter als die meisten Menschen wahrhaben wollen. Je nachdem, wie man die Grenze zieht, kann man davon ausgehen, dass zwischen 5 und 15 % aller Kinder (und später Erwachsenen) davon betroffen sind.

> Schließlich können ungute Bindungserfahrungen umgekehrt auch dann entstehen, wenn Kinder *zu wenig Bindung* zu den Eltern besitzen; entweder weil die Eltern oder ein Elternteil gar nicht da waren (zum Beispiel wenn Kinder weggegeben wurden), oder weil die Eltern nicht verfügbar waren (zum Beispiel weil sie gearbeitet haben), oder weil sie krank oder überfordert oder unverlässlich waren usw. Dann sind Kinder immer auf der Suche nach jener Bindung, die sie nicht hatten. Auch diese

verzweifelte Suchbewegung bindet sie. Auch diese Variante ist sehr verbreitet.

Was die ersten drei Gruppen betrifft, werden sie zunächst von einer ebenso üblichen wie problematischen gemeinsamen Überzeugung getragen. Sie lässt sich vereinfacht mit dem Satz formulieren: Kinder gehören ihren Eltern. Die Eltern haben das Bestimmungs- und Verfügungsrecht über sie. Sie geben ihren Kindern, was sie haben, und fordern es später gewissermaßen zurück, indem sie auf die Ressourcen der Kinder zugreifen.

Eine solche Beschlagnahme der Kinder gilt in vielen Familien als Recht der Eltern – in anderen Kulturen noch stärker als bei uns. In vielen Familien und wohl in der überwiegenden Mehrzahl der Situationen geschieht das zunächst einmal als Ausdruck von Liebe und Fürsorge, zum beiderseitigen Wohle. Solange Kinder klein sind, sind sie auf die Eltern angewiesen und passen sich in die elterlichen Vorgaben ein. Im Zuge des Erwachsenwerdens müssen sie sich davon lösen. Aber in dem Maße, wie Eltern erwarten und verlangen, dass ihre Kinder für sie da sind, nehmen sie ihnen den Raum, ihr eigenes Leben zu leben. Sie verhalten sich, als würden ihnen die Kinder gehören.

Das halten viele Menschen für selbstverständlich. Aber es hat auf die Kinder oft eine verheerende Wirkung. Es verstrickt sie in die Geschäfte der Eltern. In krassen Fällen wirkt es sich aus wie ein völliges Gefangensein, wie eine Art Vergewaltigung, und oft *ist* es auch der Nährboden des Missbrauchs und der Gewalt. Aber nicht erst der gewalttätige Zugriff der Eltern raubt den Kindern die Verfügung über ihr eigenes Leben. Die Enteignung beginnt meistens längst vorher damit, dass Eltern ihre Kinder emotional vereinnahmen. Insbesondere, wenn Eltern krank sind, oder wenn sie sich, etwa nach einer Trennung, sehr allein fühlen, oder wenn ein Elternteil sich dem anderen entzieht, weil er seinerseits an jemanden anders gebunden ist, oder wenn Eltern sich als schwach, bedürftig, überfordert zeigen, kann es sein, dass sie sich an ihre Kinder hängen und auf sie stützen. Das muss nicht einmal offen ausgesprochen werden. Die Kinder spüren es. Sie springen für die Eltern ein.

So von den Eltern oder – in der Regel – einem Elternteil beschlagnahmte Kinder haben es schwer, sich an einen Partner zu binden. Ihr innerer Fokus liegt nicht bei ihnen selbst. Er liegt hinter ihnen. Innerlich schauen sie zuerst auf die Eltern. Unbewusst schieben sich die Eltern oder ein Elternteil immer wieder zwischen sie und ihren Partner bzw. ihre Partnerin. Solche Kinder haben das diffuse Gefühl, sie würden, wenn sie sich zu sehr auf ihren Partner einließen, ihre Eltern verraten.

Diese Inanspruchnahme durch die Eltern und das innere Gebundensein der Kinder entwickelt sich sehr oft *gegengeschlechtlich*. Es vollzieht sich in der Regel völlig unbewusst. Das gegengeschlechtliche Kind ersetzt gewissermaßen den nicht mehr erreichbaren Partner der Mutter bzw. die Partnerin des Vaters. Es hat keine Chance, sich vom Elternhaus zu lösen. Fühlt sich ein Mann später noch eingebunden in die Bedürfnisse seiner Mutter, fühlt sich eine Frau ihrem Vater als eine Art Partnerin-Ersatz verpflichtet, dann werden sie, wenn sie sich ihrerseits mit einem Partner, einer Partnerin zusammentun, gewissermaßen ihrem gegengeschlechtlichen Elternteil untreu. Das kann sich nicht nur als Spaßbremse auswirken, es kann jemanden auch hindern, sich überhaupt auf den anderen einzulassen.

Trotzdem ist diese Vorstellung und Praxis weit verbreitet. Viele Kinder wachsen auf mit belasteten Nähe-Erfahrungen. Je nachdem, welches Ausmaß sie hatten, tun sie sich später schwer damit, sich zu binden.
Bindungsprobleme wirken sich auf unterschiedlichste Weise beeinträchtigend auf den partnerschaftlichen Umgang aus, oft in Form von sexuellen Störungen. Das zu durchschauen und Lösungen zu finden bedarf es meist therapeutischer Begleitung.

Sich aus den Verstrickungen mit den Eltern zu lösen, ist nicht einfach. Auch hier kann wieder eine Familienaufstellung Hilfe leisten. Jemand kann zum Beispiel in einer Aufstellung an seinem Stellvertreter, der seine Position im Aufstellungsbild einnimmt, sinnenfällig wahrnehmen, was es mit ihm macht, wenn er sich endlich aus der zu engen Bindung mit dem gegengeschlechtlichen Elternteil löst, wie er aufatmet, wie er sich aufrichtet und sagen kann: „Ich bin nicht mehr für dich (Mama) da. Ich bin nicht der richtige Mann an deiner Seite. Da gehört der Papa hin. Ich bin nicht mehr die richtige Frau an deiner Seite (Papa), da gehört die Mama hin!" „Ich gebe dir alle offenen und heimlichen Aufträge zurück und mute dir zu, dass du dein Leben selbst regelst." Und es ist eindrucksvoll, wenn er oder sie sich dann dem eigenen Partner zuwendet und sagt: "Jetzt sehe ich dich zum ersten Mal richtig!"

Nun gibt es im Blick auf die Eltern nicht nur die zu stark Gebundenen, sondern ebenso auch die oben in der letzten Gruppe genannten gar nicht oder nur wenig oder *nicht sicher Gebundenen*. Solche Menschen haben erfahren und gelernt, dass auf die Eltern (oder einen von ihnen) kein Verlass ist. Vielleicht waren die Eltern nicht da. Oder sie waren nur manchmal da. Oder nur in Eile. Oder nur missgelaunt. Manche lernen schon in den ersten Tagen, dass Eltern nicht kommen, wenn sie schreien, und dass sie auf sich selbst angewiesen sind.

Was sie damals erfuhren, nehmen sie, ohne dass sie es verhindern können, mit in ihre spätere Partnerschaft. Tendenziell suchen sie nach der sicheren Nähe und Bindung – und erwarten zugleich, dass sie sie wieder nicht finden werden. So werden sie oft zu emotionalen Selbstversorgern. Sie lassen den Partner nur begrenzt an sich.

Die bindungsmäßig Zukurzgekommenen sind zwar prinzipiell bindungsbereit. Aber sie trauen dem Partner nicht. Auf eine fatale Weise arrangieren sie ihr Leben oft so, dass sie sich mit Partnern zusammentun, die vor zu viel Bindung flüchten, sodass sie die alte Erfahrung wiederholen: „Ich bekomme nicht, was ich brauche." Sie werden zu Festhaltern und Klammerern, aber je mehr sie halten, desto unerträglicher wird es für den Partner. Je mehr sie den Partner ziehen, desto mehr will der Partner fliehen.

Selten sind sie sich ihrer Bindungsproblematik bewusst. Subjektiv erleben sie sich als besonders bindungsbereit, können oft nicht genug davon kriegen, möchten bisweilen am liebsten mit dem anderen verschmelzen. Anscheinend sind sie unentwegt auf den anderen fokussiert. Aber eigentlich suchen sie in ihm das zu finden, was sie seinerzeit bei den Eltern (oder einem Elternteil) nicht fanden. Immer wieder bricht bei ihnen die alte Angst durch, der Partner, die Partnerin könnte gehen, könnte sie verlassen. Wie es seinerzeit die Eltern taten. Bisweilen verfolgen sie den Partner deswegen mit unerträglicher Eifersucht.

Frühe Bindungserfahrungen, insbesondere mit unseren Eltern, zeichnen uns für unser Leben. Sie bestimmen unsere Gefühlswelt. Sooft wir mit anderen, also auch unserem Partner, unserer Partnerin, zusammen kommen, nehmen wir auch die früheren Bindungs-Erfahrungen mit. Bestimmte Trigger, auslösende Anlässe, können sie sofort aufleben lassen. Prompt stecken wir in alten Gefühlen, Ängsten, Verletzungen. Immer bilden die Nähe-Erfah-rungen, die einer mit den frühen Bindungs-Personen, insbesondere den Eltern, machte, einen latenten Hintergrund für die Gefühlswelt jedes Menschen.

Nicht gelungene, unsichere oder ambivalente Bindungserlebnisse sind eine schwere Hypothek für das partnerschaftliche Verhalten. Sie sind wie wunde Punkte, die uns immer wieder schmerzen, sobald es um Nähe geht. Je massiver die negativen Bindungserfahrungen waren, je weniger Menschen es gab, die einem Kind verlässliche Liebe entgegenbrachten, desto schwerer wird sich später der Erwachsene tun, sich einen stabilen Weg in die Partnerschaft zu bahnen. Oft wiederholt er, was er seinerzeit erlebte, geht mit dem Partner um wie damals mit einem Elternteil. Manchmal spürt der Partner bzw. die Partnerin das: „Du meinst gar nicht mich! Du gehst mit mir um wie mit deiner Mutter, deinem Vater!"

Unsicher gebundene Menschen sind tendenziell misstrauisch und bedenklich. Sie bewegen sich in Partnerfragen meist nur vorsichtig. Sie trauen sich meist nur in Trippelschritten auf den anderen zuzugehen. Läuft eine Beziehung schief, fangen sie schnell an, an sich zu zweifeln. Manchmal stürzen sie sich auch in eine neue Beziehung in der Hoffnung, jetzt könnte alles ganz anders sein. Aber sie haben innerlich oft kein sicheres Maß für das, was stimmt. Deshalb sehen sie zu, dass sie sich einen Fluchtweg offenhalten.

Trotzdem haben auch solche Menschen den Wunsch nach Bindung. Eigentlich möchten sie sich binden, haben eine große Sehnsucht danach, irgendwo sicher zu sein, nicht ausgebeutet zu werden, keine Bedingungen erfüllen zu müssen wie früher. Aber sie tragen kein inneres Bild in sich, wie das eigentlich gehen könnte. Sie suchen die Nähe – und laufen auch immer wieder weg, wenn es ihnen zu eng wird. Sie leben eine Komm-her-geh-weg-Nähebeziehung. Oder umgekehrt: sie wollen die Nähe festhalten und hängen sich an den Partner, laufen ihm nach, dem es dann zu eng wird und der seinerseits wegläuft.

Welche Chancen hat jemand, der selber nicht sicher gebunden ist, eine dauerhafte Partnerschaft einzugehen, also seinerseits sichere Bindungen aufzubauen? Ist er damit überfordert? Was kann er, was kann sie tun, um die Schatten der Vergangenheit loszuwerden?

In weniger gravierenden Fällen, also in der Mehrzahl der Partnerschaften, gelingt es den Menschen zunächst, die alten Verunsicherungen aus der frühen Kindheit mehr oder weniger hinter sich zu lassen und sich auf einen Partner einzulassen. Vielleicht merken auch sie mit der Zeit, dass sie immer mal wieder Ausreißerprobleme haben, dass sie weg wollen; aber ihre Sehnsucht nach Nähe und Gehaltensein und ihr inzwischen aufgehäufter Fundus an Gemeinsamem mit dem Partner sind stark und holen sie oft wieder zurück. Aber wenn sie nicht aufpassen, wenn sie sich ihre Ängste nicht mitteilen, nicht darüber reden, kann es ihre Partnerschaft schnell zerreißen.

Menschen, die sich ihren Bindungsängsten überlassen, die weglaufen, wenn es zu nah wird, haben keine große Chance, etwas zu ändern. Nur aus dem Hinsehen, dem Aussprechen ihrer Gefühle und dem Mut, sich ihnen zu stellen, können sie neue Erfahrungen machen. Dabei durchlaufen sie verschiedene Stufen:

➢ Es beginnt immer damit, dass sie sich bewusst machen, was der Grund für ihre Ängste ist. Ihre Bindungsängste fielen nicht vom Himmel. Sie haben ihre Ursache in konkreten Erfahrungen aus ihrer Anfangszeit. Es hilft ihnen nicht, sie zu verwünschen oder zu verleugnen. Es hilft ihnen allein, anders mit ihnen umzugehen.

➢ Sodann brauchen sie immer wieder die Einsicht: Es ist nicht mehr so wie damals. Heute sind die Bedingungen anders. Heute können sie das Maß der Nähe selbst mitbestimmen. Heute können sie aussprechen, was ihnen damals unsagbar war. Heute können sie sich verständigen. Heute können sie ja sagen und nein sagen. Sie können ihrem Partner, ihrer Partnerin sagen: „Du bist nicht mein Vater! Du bist nicht meine Mutter! Ich bin nicht mehr das abhängige Kind! Ich bin schon groß!"

➢ Immer wieder müssen sie diesen innerlichen Prozess der Lösung aus alten Beziehungsmustern durchlaufen. Das ist meist mit vielen schmerzlichen, ängstlichen, verzweifelten, wütenden Gefühlen verbunden. Immer wieder brauchen sie diese Absatzbewegung, um sich selbst zu finden. Immer wieder müssen sie die mühsame Unterscheidung treffen: ihre Gefühle klammern sich an damals, aber sie leben heute. Immer wieder müssen sie sich auch ihrem Partner, ihrer Partnerin mitteilen und sich an ihrer derzeitigen Partner-Realität orientieren: „Du

läufst nicht weg. Ich laufe nicht weg. Wir können reden. Ich muss keine Angst mehr haben."
Das ist durchaus anstrengend. Denn innere Überzeugungen sind zäh. Ich möchte dazu einen kleinen jüdischen Witz erzählen:

> *Jankev ist von dem Wahn besessen, er sei ein Mäuschen. Nach langem Aufenthalt in der Psychiatrie wird er geheilt entlassen. Er tritt aus dem Tor ins Freie – und zögert. Der begleitende Arzt fragt: „Jankev, warum gehen Sie nicht?" – „Sehen Sie nicht, Herr Doktor, die Katze, die da drüben lauert?" – Der Arzt, beruhigend: „Lieber Freund, Sie wissen doch jetzt, dass sie keine Maus sind!" – „Ich schon, Herr Doktor, und Sie auch. Aber ob es die Katze weiß?" (SL, 821)*

➢ Damit Menschen ihren neuen Einsichten trauen, brauchen sie sodann neue, korrigierende Erfahrungen, vor allem die Erfahrung, dass Beziehungen sicher sein können. Dass sie sich einerseits auf sich selbst, andererseits auf den Partner verlassen können. Aber nur indem sie sich einlassen, können sie diese neue Erfahrung machen: dass es Menschen gibt, denen sie trauen können und auf die Verlass ist. Dass, wenn sie rufen, der Partner nicht weg ist, sondern zuhört.

➢ Dazu wird oftmals eine Therapie nötig sein. Insbesondere im Rahmen der Bonding-Arbeit, die intensive Erfahrungen von Gehaltensein und Nähe ermöglicht, kann jemand neu lernen, seinen Bedürfnissen nach Geborgenheit und Bindung Raum zu geben, er kann lernen, Schritte auf andere zuzugehen und merken, dass er dabei nicht in Gefahr gerät.

Wer in der Partnerschaft nach Hintertüren sucht, wer sich nur unter Vorbehalt auf den Partner einlässt, lebt so, als gälten noch immer die damaligen Bedingungen, als er keine sichere Bindung fand. Als müsste er sich immer noch gegen eine übergriffige oder überfürsorgliche Mutter wehren oder vergeblich nach einem abwesenden Vater Ausschau halten und so fort. Aber es ist vorbei! Der Mensch ist längst erwachsen. Er ist nicht mehr abhängig, sondern kann seine Beziehung selbst gestalten. Er kann nein sagen, wenn es ihm zu eng wird und er kann ja sagen, wann er will. Er kann mit dem Partner reden, wenn es etwas zu klären gibt.

Der erwachsene Mensch kann sich selbst an die Hand nehmen, kann sich bewusst machen, dass die alten Bedingungen vorbei sind, kann sich zureden und auf das Heute sehen: Die Partnerin ist nicht die Mutter, der Partner ist nicht der Vater! Der erwachsene Mensch kann seiner Sehnsucht nach Nähe und Verlässlichkeit selber ein neues Ziel geben.

Denn auch bindungsmeidende Menschen suchen nach verlässlicher Bindung. Es kostet sie mehr als andere, sich auf jemanden anderes einzulassen. Dennoch: Wenn sie eine dauerhafte Beziehung aufnehmen möchten, braucht ihr Partner von ihnen ein Ja und auch sie brauchen das Ja ihres Partners. Sie kommen nicht darum herum, sich ihrer Angst und ihren Vorbehalten zu stellen. Sie kommen um die Angst nicht herum, dass es schiefgehen kann. Sie können das Risiko nicht umgehen.

Es gibt keinen anderen Weg als jeweils neu, im Hier und Jetzt – als Erwachsener – das Heft in die eigene Hand zu nehmen und sich zu trauen. So stark, bedrängend und beengend die alten Erfahrungen auch sein mögen, will einer aus ihren Klauen entkommen und seiner Sehnsucht nach verlässlicher Bindung folgen, muss er den Mut haben, Partnerschaft zu riskieren.

Das wirkt für manche Menschen wie eine nicht zu bewältigende Aufgabe. Aber sie haben einen großen Verbündeten in sich, der sie immer neu in Bewegung setzen kann, eine tiefe Zug- und Gegenkraft, die jeder in sich trägt: die vielleicht weitgehend weggedrängte, aber immer mal wieder nach oben schäumende Sehnsucht nach Nähe. Es ist das möglicherweise verschüttete, aber nicht auszurottende Grundbedürfnis jedes Menschen nach Zusammengehörigkeit und sicherer Bindung. Es sind vielleicht auch beglückende Erlebnisse, die sie irgendwann in der nahen Begegnung mit ihrem Partner, ihrer Partnerin machten, die wunderbare Erfahrung, dass der andere sagt: „Ich will dich!" Deshalb unternehmen sie doch immer wieder Versuche, sich auf einen Partner einzulassen, wenn vielleicht auch zuerst nur halbherzig. Aber sehenden Auges können sie weitere Schritte tun.

Dieses Grundbedürfnis, das jeder seit den Tagen der Schwangerschaft in sich trägt, als er in Mutters Leib sicher geborgen und rundum versorgt wurde, das selbst in den schlimmsten Fällen auch danach wenigstens teilweise erfüllt worden ist, sonst hätte einer nicht überlebt – dieses Grundbedürfnis ist der innere, immer wieder anspringende Motor, den jeder Mensch in sich hat. Es ist die nicht aus dem Leben zu verjagende, vom Leben selbst angetriebene Suche nach Bindung und Nähe. Sie ist ein bärenstarker innerer Verbündeter, sowohl für den eigenen Mut wie für alle therapeutische Arbeit.

Es sind diese eigenen Sehnsüchte, die es einen Menschen unermüdlich wagen lassen, sich auf einen anderen einzulassen. Manchmal kann auch ein Partner den aus dem Gebrauch genommenen Motor wieder zum Laufen bringen. Manchmal ist es das Beispiel anderer, das dazu anregt. Und manchmal bedarf es therapeutischer Unterstützung. Deshalb kann man jemandem zurufen und er selbst kann sich sagen: „Trau dich! Gib deinen Wunsch nach Nähe und nach sicherer Bindung nicht auf!"

Wenn einer nicht Ja sagen will, geht es in aller Regel nur zu einem sehr kleinen Teil um den Zweifel am Partner. Es geht um den Zweifel in sich selbst. Mit seinem „Jetzt-noch-Nicht" schiebt er eine Klarheit vor sich her, um die er nicht herumkommt. Gewiss, gegen diesen Zweifel anzugehen, ist für ihn ein schwerer Schritt in ganz unbekanntes Land. Ein Schritt, der Mut kostet. Aber er kommt nicht um ihn herum.

Manche sagen: „Ich bin mir meiner selbst einfach nicht sicher. Ich weiß nicht, ob ich mich wirklich dauerhaft binden kann. Ich kann dir nicht versprechen, immer bei dir zu bleiben. Ich kann es nur für heute sagen. Ich kann dir allenfalls versprechen, ehrlich und offen mit dir umzugehen. Wenn ich ins Zweifeln komme, ob ich dich verlassen will, bist du die erste Person, die es erfährt."

Das ist fraglos ein respektabler Umgang miteinander, aber sicher macht dieser Vorbehalt die Beziehung nicht. Der ehrliche Umgang miteinander ist zwar auch ein Merkmal des Jas, das Partner sich sagen; aber er reicht nicht aus, um einer Partnerschaft Stabilität zu geben. Wenn einer zum Beispiel dem Partner seinen sexuellen Fehltritt ehrlich offenlegt, ist das ohne Frage eine Bedingung, dass beide sich wieder aufeinander einlassen können. Aber damit es gut weitergehen kann, braucht der Partner die Gewissheit, dass das Fremdgehen vorbei ist. Er braucht das Bekenntnis: „Du bist der (oder die) Richtige für mich. Niemand anderes" – natürlich nicht als Lippen-, sondern als Herzensbekenntnis. Ist nur Offenheit da, aber keine Eindeutigkeit, steht der Partner immer auf Abruf. Er wird sich fragen: „Kann er noch? Will er noch? Wann folgt der nächste Schrägschritt und Ausrutscher? Wann wird er mir sagen, dass er nicht mehr weitermachen möchte?"

Wenn einer sich seiner selbst nicht sicher ist und dem Partner nur seine Unsicherheit anbieten kann, kann er keine sichere Beziehung aufnehmen. Auf Dauer erträgt das keine Beziehung. Es ist zwar möglich, auf dieser Basis eine therapeutische Beziehung zu installieren; aber keine partnerschaftliche. Will ein Partner die Unsicherheit des anderen akzeptieren und fühlt er sich stark, den anderen mit dieser Unsicherheit durchs Leben zu tragen, lebt er eine therapeutische Beziehung. Als Partner kommt er nicht auf seine Kosten. Eine Partnerschaft wird nicht daraus.

Sich auf den Partner einzulassen, ist für beide gleich riskant. Beide müssen weite Wege zurücklegen. Auch wenn es manchmal so aussieht, als falle es dem einen von beiden leichter als dem anderen. Auf den ersten Blick scheint es der einfacher zu haben, sich auf die Partnerschaft einzulassen, der zu wenig sichere Bindung erfuhr und sich danach sehnt, sich zu binden. Er repräsentiert mehr die zentripetalen Kräfte in der Partnerschaft. Er streckt die Hände nach dem anderen aus, klammert sich möglicherweise an den anderen. Wer zu viel Bindung erfuhr, hat demgegenüber mehr den Drang zur Freiheit. Er hat seine Aufmerksamkeit da, aufzupassen, dass es ihm nicht zu eng wird. Er spürt mehr zentrifugale Kräfte in sich.

Sehr oft tun sich die beiden Gegenpole zusammen. Der eine hat mit seiner Angst, gehalten zu werden, zu tun, der andere mit seiner Angst, verlassen zu werden. In Partnerkonflikten werden daraus unendliche Geschichten.

Aber diese Gegenpole sehen sich beide gleichermaßen herausgefordert, ihre Partnerschaft auszutarieren. Die Angst des einen Partners, dass der andere zu viel von ihm will und dass ihm die Luft zum Atmen eng wird, ist genauso angstmachend wie die Bedrohlichkeit für den anderen Partner, dass sein Partner unverlässlich ist und weggeht. Für beide ist die Partnerschaft ein Risiko-Unternehmen, das dauernde Klärungen und Nachjustierungen erfordert. Das Zusammenraufen hört überhaupt nicht auf.

Bei alledem führt kein Weg daran vorbei, sich eindeutig zueinander zu bekennen. Eine „Bindung-light" ist eine Quelle von Enttäuschungen. Aber indem die beiden sich ihrer Bindungsstile und damit ihrer jeweiligen Ängste bewusst sind und bleiben, indem sie darüber reflektieren und sich austauschen, wachsen ihre Chancen, dass ihre Partnerschaft Verlässlichkeit bekommt.

2 Die zweite Säule: Eigenständigkeit und Gleichrangigkeit

Schlomo und sein Bruder Berl treiben eine Kuh zum Viehmarkt, die ihnen je zur Hälfte gehört. Wie so oft härken und hänseln sie sich. Am Wegrand hüpft ein Frosch ins Gras, Berl fängt ihn und sagt: „Schlomo, siehst du diesen Frosch? Wenn du ihn lebendig aufisst, gebe ich dir meinen Anteil an der Kuh."

Das verlockende Geschäft will sich Schlomo nicht entgehen lassen und würgt den Frosch hinunter. Es wird ihm speiübel, und er hat eine Mordswut auf Berl. Da hüpft wieder ein Frosch ins Gras, er fängt ihn und sagt: „Berl, wenn du den aufisst, gehört die halbe Kuh wieder dir!"

Berl hat seinen dummen Handel längst bereut und würgt nun seinerseits den Frosch herunter. Schweigend gehen die beiden weiter. Nach einer Weile sagt Berl: „Schlomo, wozu haben wir eigentlich die Frösch gefressen?" (nach SL, 222)

Das Krötenschlucken ist eine Begleiterscheinung nicht ausgeglichener Beziehungen. Sind zwei nicht im Lot, liegen sie im Streit, versuchen sie sich zu dominieren oder zu übervorteilen, ist also ihr Verhältnis nicht ausgewogen, dann werden sie blind für das, was ihnen gut tut. Sie werden blind für die Einsicht, dass der Vorteil des einen der Bruder des Vorteils des anderen ist, dass nur dann Friede zwischen ihnen herrscht, wenn beide gleichermaßen Gewinn daraus ziehen, wenn sie gleichwertig sind.

Üblicherweise ist das anfangs in einer Beziehung kein Thema. Anfangs herrscht meist Harmonie vor. Es dominiert das gemeinsame „Wir". Die Widersprüche schlummern noch friedlich unter der gemeinsamen Decke.

In diesem Kapitel geht es um die Gleichwertigkeit in der Beziehung. Gleichwertig können sich zwei nur sein, wenn sie ihre Verschiedenheit erkennen und respektieren.

Während die erste Säule der Partnerschaft das gemeinsame „Wir" zum Thema hat, schaut die zweite Säule darauf, *dass das gemeinsame Wir aus „Ich" und „Ich" besteht.* Die zweite Säule stellt die Frage, ob die Beziehung zwischen Zweien ausgeglichen ist. Wenn sich zwei Personen zu einem Paar zusammentun, gehen sie nicht ineinander auf, sondern bleiben zwei Einzelpersonen. Diese Binsenweisheit muss betont werden. Denn für viele Menschen ist das keineswegs selbstverständlich. Viele Paare – wohl mehr Frauen als Männer – möchten, wenn sie sich zusammenfinden, am liebsten mit ihrem Partner eins werden und verschmelzen. Sie sind begeistert von dem, was alles zwischen ihnen gleichklingt. Das betrifft besonders junge Menschen, lässt sich bei älteren, vor allem in der Anfangsphase einer Beziehung, aber auch beobachten.

Hingerissen von der wunderbaren Erfahrung, dass sie jemanden gefunden haben, mit dem sie „auf einer Wellenlänge" funken, betonen viele Paare ihre gemeinsame Pass-Form mit besonderem Stolz: „Wir haben gleich gespürt: Wir sind aus dem gleichen Holz geschnitzt. Da passt alles. Streit gibt es nicht zwischen uns. Wir machen alles gemeinsam. Zwischen uns passt kein Blatt Papier!" Und sie treten dann auch möglichst oft gemeinsam auf, unternehmen so viel es geht miteinander, interessieren sich für das Gleiche, erleben das Gleiche, essen das Gleiche, ziehen sich womöglich das Gleiche an. Manche Paare erlebt man nur zu zweit. Sie betrachten ihre Einigkeit als ihr Kostbarstes.

Das erscheint beneidenswert. Und trotzdem, wenn ein Paar so offensichtlich stets ein Herz und eine Seele ist, muss ich gestehen, beginne ich persönlich mich eher unwohl zu fühlen. Ich frage mich, wie das sein kann, wo doch jeder von beiden seine ganz eigene Geschichte in sich trägt. Ich kenne es nur so, dass das Zusammenleben nicht ohne Interessenkonflikte abgeht.

Kann es sein, frage ich mich, dass sich einer von beiden, oder etwa beide, so zurücknimmt, dass er womöglich seine Eigenständigkeit opfert? Vielleicht haben sie (oder hat einer von ihnen) eine panische Angst vor Konflikten? Vielleicht hat sich auch einer dem anderen völlig angepasst und sein Eigenes weitgehend aufgegeben? Oder vielleicht schummeln sie auch? Vielleicht tragen sie ihre Meinungsverschiedenheiten nur versteckter, indirekter aus? Vielleicht beharken sie sich schon, womöglich heftiger, als sie es wollen, und haben die Vorstellung, das dürfe auf keinen Fall nach außen dringen? Wie auch immer, ich traue dem Frieden nicht.

Partnerschaft, so ist meine Überzeugung, ist das schwierige, manchmal fast unmöglich scheinende Unternehmen, dass zwei in vielerlei Hinsicht verschiedene Menschen auf eine verträgliche Weise miteinander auszukommen versuchen, ohne dass sich dabei einer von ihnen verliert, sondern dass jeder eine eigene Persönlichkeit bleibt. Was das heißt, sich nicht zu verlieren und miteinander auszukommen, und umgekehrt, sein Eigenes zu finden und dazu zu stehen, davon wird in diesem Kapitel zu handeln sein.

Je mehr einer, sei es um „des lieben Friedens willen", sei es, weil er sich selbst nicht wichtig nimmt, von sich aufgibt, desto konturenloser wird er. Umgekehrt: Je mehr einer sein Eigenes findet und zeigt, desto profilierter wird er. Profilierter werden heißt nicht, sich gegen den anderen durchzusetzen. Sondern es heißt, fassbar zu werden für andere, Grenzen zu haben und Grenzen zu setzen. Profilierter werden bedeutet, sich selbst ernst zu nehmen und es sich und dem Partner zuzumuten, etwas schwerer einig zu sein, erst einmal zu prüfen, ob die Bedingungen stimmen. Nicht gleich ja zu sagen und nicht gleich nein zu sagen.

Es gibt typische Jasager, die immer nicken und zustimmen – und erst später merken, dass etwas nicht für sie stimmt. Es gibt typische Neinsager, die immer erst einmal zu kritisieren und zu nörgeln haben – und die sich die Wege zu anderen verbauen. Beides sind Abwehrmaßnahmen. Der eine sagt indirekt: „Ich bin doch ganz lieb, bitte tu mir nichts!" Der andere sagt: „Mich kriegst du nicht! Ich lass mich nicht kommandieren!"

Es geht darum, sich in einer Situation zu positionieren. Das geht nicht ohne klare Jas und Neins. Nur dem, der nein sagen kann, nimmt man sein Ja ab. Nur dem, der ja sagen kann, öffnen sich die Türen. Sich zu positionieren ist die Voraussetzung dafür, dass jemand auch von anderen ernst genommen wird. Dass jemand Partner bzw. Partnerin werden kann.

Die Vorstellung von der harmonischen Partnerschaft, sofern damit gemeint ist, dass ein Paar sich möglichst weit aneinander angleicht, sich möglichst wenig oder gar nicht streitet, halte ich nicht für hilfreich. Sie will etwas glätten, das nicht glattzumachen geht. Das anderenfalls unter der Oberfläche rumort.

Dieses weit verbreitete *Harmonie-Modell* von der Partnerschaft ist aber nicht nur eine Fiktion. Es setzt Paare auch unter großen Druck. Dem können sie oft nur mit Verdrängen, Verleugnen und Verschweigen begegnen. Selbst Paare, die ihr Verhalten realistisch einschätzen, denen bewusst ist, dass sie ohne Auseinandersetzungen nicht auskommen, messen sich mehr, als ihnen gut tut, an dieser allgemein angelegten Harmonie-Latte. Eigentlich, denken auch sie, wäre es erstrebenswert, wenn sie möglichst einer Meinung wären und sich nicht stritten. Auch sie betrachten Streiten als allenfalls gelegentlich notwendiges Übel. Als läge in der harmonischen Beziehung das höchste partnerschaftliche Glück. Aber das ist eine wenig hilfreiche Vorstellung. Es ist eine Falle.

Das „Wir", das uns als Paar ausmacht, ist nicht ein Gesamtmensch, sondern bleibt, wie nah wir uns manchmal auch fühlen, unterschieden in zwei Einzelpersonen, die, je auf ihre Weise, anderes einbringen, die anders geworden sind und auch anders bleiben. Es ist, genau genommen, die Unterschiedlichkeit, die zwei Menschen als Paar zusammenführt. Jeder sucht und findet im anderen etwas, das er sich allein nicht oder nicht so geben kann. Lassen sie sich aufeinander ein, verlieren sie nicht die Eigenschaft, ein eigenständiger Mensch zu sein. Sie verlieren nichts von sich. Sondern sie bekommen etwas vom anderen dazu. Etwas, das sie nicht haben. Etwas Neues.

Genau besehen können wir überhaupt nicht im anderen aufgehen und uns gewissermaßen verlieren.. Nur scheinbar, nur oberflächlich können wir uns aufgeben und so anpassen, dass wir alle Konturen aufgeben. In Wirklichkeit haben wir aber all das immer bei uns, was uns zu dem gemacht hat, wie wir geworden sind. Unterdrücken wir etwas davon, bezahlen wir es mit einer Einbuße von Lebenslust und Lebenskraft und nähren tief in uns Groll.

Jeder von uns, der sich in eine Partnerschaft begibt, bleibt eine eigene Persönlichkeit mit ganz eigener Geschichte. Weil wir die Welt zunächst einmal nur mit den eigenen Augen sehen können, und auch wenn wir meinen, jeder andere müsste sie auch so sehen wie wir, ist das Fakt: Wir sind ungleich.

Was unsere äußeren Merkmale und unsere Lebensgeschichte betrifft, ist das evident. Es gilt aber genauso für unsere innere Ausstattung: Jeder hat seine eigene Wahrnehmung, seine eigenen Bedürfnisse, seine persönlichen Wertsetzungen. So groß auf den ersten Blick die Gemeinsamkeiten auch sein mögen, die zwei Menschen verbindet, und so sehr sie zuerst nur auf das Verbindende schauen – unweigerlich werden sie mit der Zeit erleben, dass jeder von ihnen immer wieder anders fühlt, anders denkt, sich anderes merkt, einen anderen Erfahrungshintergrund besitzt, andere Wünsche besitzt, andere Prioritäten setzt.

Für viele ist das erst einmal wie ein Schock. Sie zucken dann zurück, erschüttert von der neuen Erfahrung einer nicht behebbaren Differenz zwischen ihnen. Dieses Andere, dieses Fremde am anderen ist uns zunächst einmal gar nicht zugänglich. Wir lernen es erst kennen. Wir stoßen darauf wie auf einen Blindgänger im eigenen Garten. Erschreckt und verunsichert merken wir, dass zwischen uns nicht alles passt. *Diese Ungleichheit zwischen uns ist die eigentliche Herausforderung für die Partnerschaft.*

Wir sind verschieden. Wir sind ungleich. So sehr diese Einsicht jenen Paaren ins Stammbuch geschrieben werden muss, die meinen, das größte Glück läge in der Gleichheit, so sehr kann nun ihre Ungleichheit, je nachdem, wie sie damit umgehen, auch ihre Partnerschaft gefährden und zum Sprengstoff werden; etwa indem der eine die Andersartigkeit des anderen als Defizit oder

Fehler abstempelt und verurteilt. Er begreift sie dann nicht als Erweiterung des eigenen Horizonts und der eigenen Möglichkeiten, sondern als Angriff auf seine Sicht der Dinge.

Die Frage ist also: Wie können wir ja sagen zueinander, wie können wir zusammenleben und glücklich miteinander sein, obwohl wir so verschieden sind? Wie verhindern wir, dass unsere Verschiedenheit sich zu etwas Trennendem vertieft? Wie können wir uns miteinander verbinden und gleichzeitig „Ich" und „Ich" bleiben?

Diesen Fragen widmet sich dieses Kapitel. Es geht in ihm um die zweite Säule der Partnerschaft. Ich nenne sie die Säule der Eigenständigkeit und Gleichrangigkeit.

2.1 Gleichheiten und Ungleichheiten

> *„Jankl, pass auf! Wenn du nimmst e Zwei und noch e Zwei, dann hast du vier." Jankl klärt und nickt. Darauf der erste: „Wenn du aber nimmst e Eins und e Drei, dann hast du wieder vier." Jankl klärt lange. Dann nickt er wieder und meint: „Ja, aber es is irgendein Dreh dabei!"* (SL, 786)

Gleich und gleich gesellt sich gern, sagt der Volksmund. Gegenpole ziehen sich an, sagt er auch. Was stimmt? Welches ist der Dreh dabei, damit das Unterschiedliche zusammenpassen kann?

Die folgenden Überlegungen sind von der Überzeugung geleitet, dass eine ebenbürtige, stabile Partnerschaft dieser zwei Dinge bedarf: dass jeder der beiden Partner sich als eigenständig und dass jeder von beiden sich gegenüber dem anderen als gleichrangig erlebt.

Eigenständigkeit und Gleichrangigkeit garantieren uns partnerschaftliche Augenhöhe. Anders gesagt: Wir brauchen, damit sich unsere Beziehung gut entwickeln kann, *bei äußerer Ungleichheit innere Gleichberechtigung*.

Das sagt sich leicht und ist nur selten der Fall. Die zweite Säule steht, vorsichtig und freundlich formuliert, in vielen Partnerschaften nicht besonders fest. Probehalber, liebe Leserin, lieber Leser, können Sie einmal innerlich nachspüren: Fühlen Sie sich in Ihrer Partnerschaft gleichrangig? Haben Sie das Gefühl, eher vor oder eher hinter Ihrem Partner bzw. ihrer Partnerin zu stehen?

Das sind Fragen, die irgendwann in der Beziehung aufkommen; vielleicht nicht immer gleich zu Anfang, aber jedenfalls nach einer Weile: „Fühle ich mich neben dir als eigenständige Person? Habe ich das Gefühl, in der Beziehung genauso wichtig zu sein wie du? Oder hänge ich nur hintendran? Schaue ich zu dir hoch? Fühle ich mich dir gewachsen? Bringe ich mich gleichberechtigt neben dir in die Beziehung ein? – Oder kommt es mir umgekehrt so vor, als müsste ich immer mehr tragen als du und als liefe ich immer vorneweg? Erlebe ich dich als mir gewachsen, als ebenbürtig, oder schaue ich auf dich herab? Fühle ich mich als der bessere, wichtigere Teil und dir überlegen? Habe ich Respekt vor dir? Fühle ich mich von dir geachtet?"

In der Regel werden solche Fragen differenziert zu beantworten sein. Vielleicht fühle ich mich meinem Partner (bzw. meiner Partnerin) in gewissen Bereichen unterlegen, in anderen überlegen. Nicht jede Ungleichheit besitzt gleiches Gewicht.

Aber jedes anhaltende Überlegenheits- oder Unterlegenheitsgefühl stört das Gleichgewicht zwischen uns. Wird es an anderer Stelle nicht ausgeglichen, erzeugt es eine Schieflage. Je mehr die Ungleichheit aber mindestens von einem von uns als *Unter- oder Überlegenheit* erlebt wird, desto mehr setzt sie unserer Beziehung zu. Desto mehr wackelt die Säule zwei und das Haus unserer Partnerschaft.

Denn es gilt nun einmal: Wir sind ungleich. Wir müssen uns als Ungleiche arrangieren. Auch wenn fast jedes Paar zu Anfang das Gleiche und Verbindende betont, auch wenn wir uns gefühlsmäßig noch so sehr an den anderen anpassen. Es ist eine Tatsache: Eigenständigkeit charakterisiert mich als Einzelperson. Jeder Mensch hat seine eigene innere Ausstattung und seine eigene äußere Gestalt. Jeder hat seine Eigenheiten, die ihn charakterisieren. Ich gehe, wenn ich mich mit einem anderen zusammentue, nicht in der Gemeinsamkeit auf. Nicht die Ungleichheit, nicht die Eigenständigkeit ist überraschend, befremdlich oder gefährlich für die Partnerschaft. Sie sind das Gegebene. Sondern die daraus abgeleiteten Überlegenheitsansprüche und Unterlegenheitsgefühle.

Ein Problem wird dann aus unserer Ungleichheit, wenn einer von uns beiden sich mit dem anderen vergleicht. Wenn der einer zum Beispiel meint, er sei der Bessere. Dabei hat er den anderen doch als Partner bzw. Partnerin gewählt. Oder umgekehrt, er sei der Schlechtere, er sei nicht so wichtig, er genüge den Anforderungen des anderen nicht. Er dürfe nicht so sein, wie er ist. Dabei hat ihn der andere doch als Partner bzw. Partnerin gewählt.

Ein Problem entsteht auch dann für ein Paar, wenn einer anfängt sich dem anderen anzugleichen, sein zu wollen wie er oder sie. Wenn er also sein Eigenes hintanstellt, sich an ihm (oder ihr) misst, wenn er sich selbst also kleinmacht und seinen Partner, seine Partnerin groß.

Oder, im umgekehrten Fall, wenn er will, dass der Partner bzw. die Partnerin so wird wie er selbst – dass er oder sie die Welt genauso sieht wie er, kurz, wenn er anfängt, ihn bzw. sie in seinem Sinne ändern und erziehen zu wollen. Das ist die gebräuchliche Variante. Sie ist weitverbreitet und ganz unausrottbar. Jeder weiß, wie ausdauernd solche Versuche in Partnerschaften unternommen werden – und wie konsequent sie scheitern.

Ein Problem wird oft auch noch aus einem weiteren Grund aus der Ungleichheit zwischen den Partnern. Die meisten Menschen fühlen sich durch Ungleichheiten eher in Frage gestellt. Das Andere am anderen, das Fremde, macht ihnen Angst. Es verunsichert sie. Es ist ihnen unvertraut. Sie können es nur begrenzt einschätzen. Sie spüren die Differenz, merken, dass ihre Sicht der Dinge nur eine von mehreren Betrachtungsmöglichkeiten ist. Sie müssen sich der Erkenntnis stellen, dass es keine sichere Wahrheit gibt.

Das ist natürlich schwer auszuhalten. Deshalb ist eine naheliegende Weise, meiner Unsicherheit zu entkommen, dem anderen irgendwie meine Sichtweise aufzudrängen. Aus diesem Grund übt eine Gruppe oder Gemeinschaft oft erheblichen Druck auf Abweichler aus. Man kann es in allen Beziehungen und Bindungen beobachten. Es gilt zuerst für die Partnerschaft und die Familie. Es gilt aber auch für die Freundesgruppe, für die

Mitarbeiterschaft auf der Arbeit, für die Mannschaft im Sport, für die Zugehörigkeit zu einer Volksgemeinschaft. Dann kann das Wir-Gefühl zur Wir-Doktrin werden, wird übermächtig und walzt alle Verschiedenheiten nieder. Nichts schweißt bekanntlich besser zusammen als eine äußerliche Bedrohung, als ein gemeinsamer Gegner. Dann entsteht eventuell ein ungeheurer Anpassungsdruck. Politiker machen sich das zunutze. In Abwehr eines äußeren Angriffs oder Feindes muss jeder gleichgeschaltet mitmachen. Dann gilt nur noch: „Wir gegen sie!"

In der Partnerschaft gilt im Prinzip das gleiche. An die Stelle einer äußerlichen Bedrohung (etwa der Auseinandersetzung mit den Eltern oder einem früheren Partner oder einem Nachbarn usf.) kann dabei allerdings auch ein gemeinsames großes Projekt treten, etwa ein Hausbau, oder gemeinsame Kinder, das alle Aufmerksamkeit bindet. Äußere Belastungen drängen die internen Unterschiede in den Hintergrund. Ist das Haus dann fertig oder sind die Kinder aus dem Gröbsten heraus, ist jemand wieder in der Lage, sich neu als eigenständig zu erleben. Dann treten die vorher überlagerten Differenzen zwischen den beiden wieder zutage und führen nicht selten zur Entfremdung und Trennung.

Oberflächlich, von außen betrachtet, scheint es bei nicht wenigen Paaren so, als sprächen die beiden mit einer Stimme. In Wirklichkeit läuft aber jeder über weite Strecken seine eigenen Wege und nimmt seine Welt in der eigenen Perspektive wahr, interpretiert sie auf seine Weise, je nachdem, wie sich seine Wahrnehmungen und

Überzeugungen aus den Bedingungen seiner Herkunft und seines Aufwachsens gebildet haben und wie sie nun längst individuell zu ihm gehören. Die meisten Wege unseres Lebens laufen wir allein, nicht mit dem Partner bzw. der Partnerin.

Diese Tatsache ist uns nicht immer bewusst. Oft erkennen wir sie nur indirekt und notgedrungen an. Denn sie hat zugleich etwas Hartes und Anstrengendes an sich. Sie wirft uns auf uns selbst zurück. Wir müssen mit uns selbst zurande kommen. Wir können uns nicht hinter oder vor den anderen stellen.

Umgekehrt bedeutet das auch, dass wir damit leben müssen, dass der andere nicht immer dabei ist, dass er seine eigenen Erfahrungen und Erlebnisse macht, dass er seine eigene Welt um sich baut. Kurz: dass mir in meinem Partner, meiner Partnerin tagtäglich ein Mensch begegnet, der oder die anders als ich gelebt hat. Ich muss mich permanent mit dem Andersartigen des anderen auseinandersetzen. Fortwährend konfrontieren wir uns mit unserer Fremdheit und müssen uns zusammenraufen. Zögen wir immer am gleichen Strang oder hätte nur einer von uns das Sagen, wäre es schon irgendwie bequemer.

Weil wir erst einmal nur unsere eigene Wahrnehmung besitzen, müssen wir die des Partners bzw. der Partnerin immer erst in Erfahrung bringen. Nur wie wir *selbst* fühlen und denken, ist uns vertraut. Nur *unsere* Empfindungen betrachten wir ohne Einschränkung als stimmig.

Besonders im Streit pochen wir darauf, dass wir die einzig richtige Einschätzung besitzen. Wir halten unsere Sichtweise nicht bloß für *unsere* Wahrheit, sondern für *die* Wahrheit. Wir tun uns schwer, unserem Partner seine eigene Wahrheit zuzubilligen. Vielmehr gehen wir zunächst einmal davon aus, dass der andere die Welt mit gleichen Augen, mit gleichen Gefühlen wahrnimmt: „Jeder vernünftige Mensch (also einer wie ich) sieht das so (wie ich)!" Gern überträgt jeder seine Perspektive auf alle anderen und reklamiert sie im Partnerstreit: „Alle anderen haben es kapiert, jeder weiß es, nur du nicht!" Selbstverständlich nehmen wir die Wahrnehmungs- und Deutungshoheit für das, was wir mit dem anderen erleben, für uns in Anspruch. Wie unser Partner (bzw. unsere Partnerin) die Welt sieht, ist uns erst einmal fremd. Wir messen ihn oder sie und das Leben überhaupt mit unserer Elle.

Immer sehen wir die Welt, alle anderen Menschen und vor allem unseren Partner bzw. unsere Partnerin durch unsere Brille. So beschreibt es dieser liebenswerte jüdische Witz:

Zur Zeit, als es auf den Jahrmärkten die ersten kleinen Handspiegel zu kaufen gab, kam ein Dorfjude an einen entsprechenden Stand, blickte das erste Mal in den Spiegel und erbebte: „Wie ist das möglich? Das Bild meines verstorbenen Vaters! Und so beweglich, als wäre er noch am Leben!" – Er kauft den kostbaren Spiegel, versteckt ihn daheim sorgfältig unter seinen Sachen und holt ihn hervor, wenn er das Totengebet spricht.

Einmal beobachtet seine Frau ihn von Ferne, wartet, bis er fortgegangen ist, holt sich den geheimnisvollen Gegenstand, schaut hinein und erstarrt: „Weh mir", ruft sie aus, „es ist das bewegte

Zauberbild einer anderen Frau, in die er sich verliebt hat!"
Weinend läuft sie zu ihrem Vater und erzählt ihm ihr Unglück. Ihr Vater, ein Patriarch mit Silberbart, nimmt sich das Gerät, um sich zu überzeugen. „Mein Kind", ruft er aus, „was redest du da? Ich sehe in dem Glase den Messias!" (SL, 204)

Natürlich kann jemand seine Eigenständigkeit in der Partnerschaft auch selber hintanstellen. Er kann sich klein machen, zurücknehmen und anpassen bis zur Selbstaufgabe – insbesondere, wenn der Partner es einfordert. Die Angst, den anderen zu verlieren, ist manchmal größer als die Angst sich selbst zu verlieren. Aber wer so im anderen aufgeht, bezahlt es mit dem Verlust eigenen Werts. Das Eigene, das er in sich unterdrückt und gegenüber dem Partner abwertet, meldet sich dann meist auf andere, versteckte Weise zurück; etwa indem jemand krank wird oder einen tiefen Groll gegen den anderen ansammelt oder auf persönliches Glücklich-Werden verzichtet.

Denn das Eigene in uns, es sei noch einmal gesagt, können wir nicht wirklich verlieren. Wir können es nur – mit erheblichen Nebenwirkungen – unterdrücken. Aber es gehört zu uns. Es ist der Ausdruck unseres persönlichen Gewordenseins. Erst in Huxleys „Schöner neuen Welt", wo Menschen beliebig geklont und künstlich und am Fließband hergestellt werden, verliert der Mensch seine Persönlichkeit.

Selbstverständlich gibt es Abstufungen bei der Frage, wie sehr sich einer an den anderen anpasst und anpassen muss, damit eine Beziehung funktionieren kann. Ohne ein gewisses Maß an Bereitschaft, Eigenes zu verlassen und Fremdes aufzunehmen, entartet die Beziehung zum Kampffeld. Darüber wird noch zu reden sein. Hier geht es zunächst um die Einsicht: Wir bleiben, wenn wir zusammenkommen, zwei eigenständige Persönlichkeiten, ob wir wollen oder nicht. Verleugnen wir das, geht es ebenso zu Lasten des Einzelnen wie der Beziehung.

Dieser Einsicht in unsere bleibende Ungleichheit wird nur ein ausbalanciertes Partnermodell gerecht, in dem beide Partner gleichwertig nebeneinanderstehen; indem sie als eigenständige Personen ihren jeweils vom anderen akzeptierten und gewollten Platz einnehmen.

Gleichberechtigung und Gleichrangigkeit sind deshalb die angemessenen Positionen, wie die beiden sich als Partner begegnen können, so dass sie ihre Eigenständigkeit nicht verlieren. Uns gleichberechtigt und gleichrangig zu begegnen ist nur möglich, wenn wir uns als Partner gegenseitig in unserer jeweiligen Eigenart wertschätzen. Die Partner brauchen, damit ihre Beziehung gedeiht, gleiche Wichtigkeit. Sie müssen sich ebenbürtig fühlen. Sie brauchen Achtung vor dem Anderen des Partners. Nur dann finden sie zu einer *partnerschaftlichen Augenhöhe.*

Aber das sagt sich leicht und ist selten der Fall. Theoretisch unterschreiben es alle: „Natürlich sind wir gleichberechtigt!" Fast niemand lässt sich heute noch nachsagen, er dominiere seine Partnerin oder seinen Partner. Die konkrete Praxis sieht aber weithin ganz anders aus. Sie ist eine Quelle von heimlichen Kränkungen und Verbitterungen, von inneren Rückzügen und äußeren Dauerstreitigkeiten.

Früher sah man das Verhältnis der Partner bekanntermaßen anders; etwa so, dass der Mann das Sagen hat und die Frau ihm folgt. Oder, in der schon ein wenig gemäßigteren Variante: dass der Mann die Familie eher nach außen repräsentiert, die Frau nach innen regiert. Wie automatisiert die alte Gefälle-Struktur noch heute in die Partnerschaften hineinragt, wird für alle sichtbar, wenn die Frau selbstverständlich den Namen des Mannes annimmt. Oder wenn zum Beispiel auf dem Türschild nur der Name des Mannes steht. Und so fort.

Alte Rollenvorstellungen über das Verhältnis der Partner sind in anderen Kulturen durchaus noch Gang und Gäbe. In der unsrigen gelten sie offiziell als mehr oder weniger überholt. Aber in traditionell geführten Ehen klingen sie durchaus noch kräftig nach. Wehmütig schauen vor allem manche Männer den verlorenen Positionen nach. Sind aber auch solche grundsätzlichen Abstufungen zwischen den Partnern heute in jüngeren Partnerschaften weitgehend vergangen, sind die damit verbundenen inneren Ungleichheiten und gegenseitigen Abwertungen in vielen Paaren weiter quicklebendig.

2.2 Die Abwertung des Partners

> *Sagt der Rebbe bissig zu seiner Frau: „Du heißt Guttchen, weil du ein Böschen bist. Du mechtest auch Schönchen heißen, weil du ein Mieschen bist. Du heißt aber Guttchen und nicht Schönchen, weil du noch beeser bist als du mies bist. Und nu geh zum Spiegel und schau, wie mies du bist. Dann weißt du, wie bees du bist!" (SL,68)*

Es gibt viele Gründe, warum zwei Partner nicht auf Augenhöhe stehen. Wenn zum Beispiel Partner unterschiedlich alt oder unterschiedlich reif sind und deshalb unterschiedliche Lebensbedürfnisse haben. Oder einer von beiden aus seiner Sicht intelligenter, besser ausgebildet, redegewandter und sicherer ist und auf den anderen herab sieht. Oder er kommt aus besserem Hause. Oder es kann sein, dass ein Partner denkt, dass das Äußere des anderen zu wünschen übrig lässt oder dass er selbst irgendeinen Makel besitzt. Vielleicht kränkelt einer oder ist körperlich nicht so belastbar. Vielleicht verdient ein Partner wesentlich mehr als der andere, hat vielleicht auch durch eigenes Vermögen (etwa ein Haus) viel mehr als der andere in die Beziehung eingebracht. Oder einer hat das Gefühl, die viel wichtige Arbeit zu tun. Und so weiter.

Es sind ausgesprochene und unausgesprochene Defizite, persönliche Mängel und Unzulänglichkeiten, aber auch ererbte Dünkel und Überlegenheitsvorstellungen, die solche abwertenden Einschätzungen befüttern. Was der andere an Neuem in die Beziehung einbringt, könnte eigentlich wie eine Schatztruhe voller Kostbarkeiten sein; aber insbesondere im Streit verwandelt es sich unter Umständen in einen Haufen scharfkantiger Gegenstände, mit denen man nach dem anderen wirft. Ist dann ein Partner oder sind sogar beide erst einmal in den Modus des Abwertens gewechselt, ist nichts mehr vor ihren Herabwürdigungen sicher.

Abwertungen des Partners gehören zu den beliebtesten Instrumentarien im Streit und jeder hat sie ruckzuck parat: indem einer den anderen belächelt, beschimpft, abfällig behandelt, als ungenügend oder dumm hinstellt. Indem er das schlechtmacht, was der andere tut, ihm böse Absichten unterstellt. Abwertungen sind gezielte Schläge, mit denen einer auf die wunden Punkte und Schwachstellen des anderen zielt. Er tritt genau dorthin, wo es bereits weh tut.

Im normalen Tagesgeschäft mögen solche Abwertungen erst einmal gar nicht sichtbar werden. Es ist typisch für sie, dass sie oft auf den ersten Blick gar nicht so leicht erkennbar sind. Nach außen hin treten die Partner vielleicht freundlich, loyal und gleichberechtigt nebeneinander auf. Die Worte, die sie wechseln, wirken womöglich harmlos. Aber hörst du genauer hin, hörst du auf das, was sie nicht sagen, gewahrst du anderes.

Dann wird plötzlich sichtbar, dass sich der eine über den anderen stellt, dass er ihn übergeht, ihn korrigiert, ihm über den Mund fährt. Wenn man darauf achtgibt, kann man spüren, ob einer gut oder schlecht über den anderen denkt, ob er ihn innerlich akzeptiert oder abwertet, ob er sich vor oder auch hinter ihn stellt. Man spürt, wer die Themen setzt, wer die Redehoheit besitzt, wer die Entscheidungen fällt, wer nachgibt und wer sich letztlich durchsetzt. Man spürt es daran, ob und wie jemand zum anderen hinschaut (oder nicht hinschaut). Man spürt es daran, wie sich die beiden zueinander setzen und stellen, ob und wie sie sich berühren.

Beziehungen, in denen sich die Partner abwerten, gibt es wie Sand am Meer. Fast alle Paare halten sich ein paar bewährte Abwertungen in petto. „Du bist ja nur...", „Du hast ja nur...", „Du kannst ja nur...", „Dir fehlt doch...", – so machen sich die Partner nieder. Es sind alles *Du-Sätze*. Manchmal kommen sie sehr derb daher und übertreffen sich an Missachtung, besonders wenn sich Paare streiten: „Was tust du denn schon für die Beziehung?! Wer verdient denn hier die Brötchen?! Was machst du schon den ganzen Tag, während ich schufte?! Du bist zu nichts zu gebrauchen! Du kriegst ja gar nichts hin! Du bist ein Weichei, ein Versager!" Und so fort. Manchmal ist die Abwertung auch subtiler. Etwa indem jemand immer wieder in Frage stellt, was der Partner tut; oder indem er das, was der andere tut, nicht wahrnimmt, nicht wichtig nimmt, nicht gelten lässt; oder indem er ihm Motive unterstellt, die der andere nicht intendiert hat. Es gibt tausend Formen der Abwertung. Im Prinzip sind alle ungebetenen Aussagen über den anderen, in denen ich sein Verhalten beurteile und bewerte, also alle Behauptungen, Vorwürfe, Anklagen, Deutungen und Analysen seines Verhaltens, kurz: alle Du-Aussagen Abwertungen.

Abwertungen sind nur sehr selten Ausdruck einer Gleichrangigkeit, wie es jener bissige Witz formuliert:

> *Rosenbaums Frau betrachtet sich eingehend im Spiegel. Dann sagt sie mit Genugtuung: „Dieses Ekel gönne ich ihm!"* (SL, 450)

Meistens sind Abwertungen implizite Bemühungen, sich selbst in ein besseres Licht zu setzen und den Partner herabzusetzen. Du-Aussagen sehen die Welt und vor allem unseren Partner bzw. unsere Partnerin durch unsere Brille. Was wir sehen, ist unsere Wahrheit, unsere Perspektive, auch unsere Sehnsucht oder Angst. Wir messen den Partner an unserem Maß. Wir sind verwundert und verärgert, wenn er nicht so denkt und fühlt wie wir. „Wie kann er nicht merken, was mit mir ist? Wie blöd stellt er sich an! Wie kann er sich nur so benehmen!"

So machen wir unsere eigene Sicht der Dinge zum Maßstab und werten die des anderen ab. Deshalb empfinden wir, wenn er sich anders verhält als wir es wünschen, erst einmal als gegen uns gerichtet. Besonders im Streit werfen sich Paare das gern an den Kopf: „Jeder vernünftige Mensch (das bin ich) muss doch erkennen, dass die Dinge so sind (wie ich sie sehe)!" „Alle machen es so, nur du nicht!" „Alle anderen verstehen mich, mit allen komme ich gut aus, nur nicht mit dir...!"

Abwertend vergleiche ich mich mit dem anderen und stelle fest: „Ich bin besser. Ich bin klüger. Ich bin vernünftiger. Ich bin wichtiger. Ich tue mehr für die Beziehung. Ich bringe mehr von mir ein. Ich liebe dich mehr als du mich. Ich bin versöhnlicher. Ich stecke mehr zurück." Und so fort.

Abwertungen tun dem Partner weh. Sie sägen an seiner Integrität, stellen seine Person in Frage, beschädigen die Gleichrangigkeit der Partner. Manche schleichen auf ganz leisen Sohlen daher, man spürt sie nur indirekt, manche haben die Gestalt scharfgeschossener Giftpfeile. Speziell im Streit lösen die Partner meist die Schambremse und greifen tief in die Verletzungskiste.

Wer abgewertet wird, reagiert in der Regel auf drei mögliche Weisen:

> ➢ Entweder so, dass er (oder sie) sich taub stellt und unempfindlich macht. Er hört weg. Er lässt die Worte des anderen an sich abprallen wie an einer Gummiwand. Er legt sich ein Ohrenleiden zu, wird schwerhörig. Er vergisst und verdrängt, was der andere sagt. – Ich bin bei der Begleitung von Paaren immer wieder überrascht, was sich Partner voneinander an den Kopf werfen lassen. Aber sie hören es gar nicht mehr. Es rauscht an ihnen vorbei. Indem jemand die Angriffe seines Partners an sich abperlen lässt, macht er ihn aber meist noch ärgerlicher, und der andere erhöht die Intensität.

➢ Die zweite Variante ist: Er (oder sie) läuft weg, verringert die Begegnungen, entzieht sich körperlich, vor allem auch sexuell. Der abgewertete Partner schützt sich, indem er aus dem Felde geht, in Bereiche, wo der andere nicht hinkommt – etwa in die Arbeit, in den Sport, in Vereinstätigkeiten, in den Suff. Oder jemand versteckt sich hinter den Kindern, zieht sich ins Bett zurück, bekommt eine Depression, wird kränklich und unberührbar. Einfallsreich finden die Partner immer neue Möglichkeiten, nicht da zu sein. Der andere läuft sich an dem, der aus dem Felde geht, tot.

➢ Die dritte Möglichkeit besteht darin, dass er (oder sie) in Gegenangriff geht, dass er einsteigt in den emotionalen, verbalen und gar nicht so seltenen körperlichen Schlagabtausch. Kann sein, die beiden gehen „gesittet" miteinander um, versprühen nur Duftwasser, dem sie ein bisschen Kloake beigemengt haben, kann sein, dass sie ihre Kontroversen mit wurfgerechten Gegenständen anreichern, dass es zu wilden Auseinandersetzungen kommt, in die unter Umständen das ganze Umfeld samt Kindern und sonstiger Familie und Nachbarn und Freunden hineingerissen wird. Die beiden treffen sich, aber sie erreichen sich nicht.

Jede Form der Abwertung des Partners, auch die unscheinbare, hat negative Auswirkungen auf die Partnerschaft. Abwertungen stellen die gemeinsame Augenhöhe in Frage. Sie unterhöhlen das Wir-Gefühl. Sie sind eine grundsätzliche Bedrohung für die Partnerschaft. Ab einer bestimmten Eskalationsstufe werden sie unerträglich und ziehen das Paar in einen Trennungsstrudel mit Rosenkriegcharakter.

Wenn sich zwei gegenseitig abwerten (oder auch nur einer den anderen), stehen sie sich nicht ebenbürtig gegenüber. Wenn sie sich nicht ebenbürtig gegenüberstehen, können sie nicht Partner sein. Dann ist der eine, vermeintlich Schwächere, Unterlegene vom anderen abhängig, macht sich klein, passt sich an. Oder er wird rebellisch. Oder er läuft weg. Der andere, vermeintlich Stärkere und Überlegene ist aber auch abhängig, nur versteckter. Denn er braucht die Abwertung des anderen offensichtlich, um sich gut und wichtig zu fühlen und die eigene Unsicherheit nicht zu spüren. So entwickelt sich ihre Beziehung in doppelter Weise zur *Abhängigkeitsbeziehung*.

Die Abwertung des anderen ist eine Partner-Falle, in die viele Paare tappen. In ihren milderen Formen beeinträchtigt sie vor allem das Wohlbefinden. Langfristig nagt sie am Kern der Partnerschaft. Denn wie wird sich mein Partner neben mir fühlen, wenn ich ihn abwerte?! Wie fühle ich mich selbst, wenn ich abfällig über ihn rede und denke? Wie sollte ich umgekehrt mich wohlfühlen, wenn ich mich von meinem Partner nicht gewertschätzt fühle?! Oder wenn ich mich selbst abwerte und meine, ich brächte nichts meinem Partner Gleichwertiges in die Beziehung ein?! Aus Abwertungen folgt nichts Gutes.

Partner können wir uns nur sein, wenn wir das Andere des anderen wertschätzen. Wenn wir es nicht als Angriff auf uns, sondern als Erweiterung des eigenen Horizonts erleben. Wenn wir das Andere am anderen nicht als Bedrohung betrachten, sondern als Bereicherung. Wenn wir den anderen anschauen und sagen können: „Schön, dass du anders bist! Danke für alles, was du kannst und in unsere Beziehung einträgst! Ein Hoch auf unsere Andersartigkeit!"

2.3 Das Ja zu sich selbst

> *Rabbi Hillel, von seinen Schülern gefragt, ob denn überhaupt einer – außer Abraham und Mose – vor dem Gericht Gottes bestehen könne, antwortete: „Wenn ich dereinst vor Gott trete, dann wird er mich nicht fragen: 'Warum bist du nicht wie Abraham oder Mose oder sonst ein Heiliger gewesen?' Sondern er wird fragen: 'Warum bist du nicht Rabbi Hillel gewesen?'"* (mündl. Trad.)

Abwertungen ruinieren die Partnerschaft. Sie verpesten die Atmosphäre und machen das Zusammenleben zwischen den Partnern zum Kampffeld. Und trotzdem sind die meisten Paare mehr oder weniger umfangreich davon befallen wie von einem unausrottbaren Geschwür. Aber das wollen wir doch eigentlich gar nicht! Welcher Teufel reitet uns, dass wir den Menschen, den wir lieben, bisweilen so niedermachen? Warum kommt es überhaupt dazu, dass einer den anderen abwertet? Was ist eigentlich das Gute daran für ihn?

Zunächst einmal ist noch einmal festzuhalten, dass es vor allem die Ungleichheit zwischen zwei Partnern ist, die ihnen die Munition für Abwertungen liefert. Sie ist wie ein unerschöpflicher Steinbruch für Wurfgeschosse. Aber es kommt etwas Zweites, Wesentliches hinzu. Diese

Ungleichheit veranlasst die Partner insbesondere und immer dann zur Abwertung des anderen, *wenn sie sich heimlich selbst abwerten*. Sie werfen mit Steinen, wenn sie selbst – sozusagen gefühlt – im Glashaus sitzen.

Wenn einer sich selbst nicht für wert und wichtig hält, dann wird er zugleich immerfort damit konfrontiert, dass ihm sein Partner, jedenfalls nach seiner Einschätzung, überlegen ist. Er trägt in sich das Urteil, und sei es ganz versteckt, er sei nicht gut genug, nicht schön und attraktiv genug, nicht klug genug, nicht wortgewandt genug, nicht schlagfertig genug, nicht alt genug, nicht groß genug, nicht stark genug, nicht gesund genug, nicht sportlich genug, nicht reich genug, nicht vornehm genug und so weiter. Darin drückt sich zuallererst ein tiefer Selbstzweifel und eine tiefe *Selbstabwertung* aus. Er misst und vergleicht sich *deshalb* mit dem Partner bzw. der Partnerin, weil er sich seiner selbst nicht sicher ist.

Dass ein Mensch, sei es Frau oder Mann, nicht genügt, dass er – im Vergleich zu anderen, speziell zum eigenen Partner oder zur eigenen Partnerin – nicht ausreicht, ist ein bitteres, meist unerträgliches Gefühl. Es hat immer einen alten Hintergrund und muss irgendwie kompensiert werden.

„Ich bin nicht gut genug", „Ich schaff es nicht", „Ich bin es nicht wert, dass man mich liebt", „Ich bin ein Versager", „Ich bin nicht erwünscht", „Ich bin nicht o.k., so wie ich bin" – das sind Fundamentalüberzeugungen, Glaubenssätze, die tiefer in einem Menschen stecken als jede Partnerbeteuerung. Sie bilden sich in frühester Kindheit, als Antwort auf jene Bedingungen, die einer vorfindet, wenn er zur Welt kommt und einen Platz braucht unter den Menschen, die da sind.

Der Mensch, Mädchen oder Junge, spürt: Mama oder Papa sind nicht zufrieden mit mir. Ich strenge mich an, aber ich kann es ihnen nicht recht machen. Er spürt den Druck der permanenten Beobachtung, dass sie jede seiner Regungen verfolgen, jeden Schritt kommentieren, er ist ihrer Bewertung, ihrem Lob, ihrem Tadel ausgeliefert. Er spürt, wenn sie unzufrieden sind, wenn sie ärgerlich, böse, abweisend sind und versucht, es ihnen recht zu machen. Er spürt, wenn sie heute so, morgen so reagieren, wenn nichts sicher ist. Er spürt vielleicht die Daueranspannung der Mutter oder des Vaters, die es ganz gut machen wollen. Er spürt, wenn es ihnen nicht gut geht, wenn sie angestrengt, gehetzt, überfordert, mit sich nicht im Reinen sind – und denkt, er ist der Grund dafür. Er spürt, dass die Liebe, die er bekommt, an Bedingungen geknüpft ist. Er muss seinerseits lieb und brav und gescheit und aufmerksam und lernwillig und vorzeigbar sein. Er will's ihnen recht machen, und manchmal will er auch nicht und schreit und weint und ist ungezogen, aber das zahlt sich nicht aus. Also lernt er, was er tun muss, damit Mama oder Papa sich freuen.

Aus all dem bildet sich in ihm die Überzeugung: „Ich bin nicht gut genug. Ich kann's dir nicht recht machen. Ich versuch's und bekomme es nicht hin. Ich bin nicht richtig." Wie Überschriften hängen solche Sätze und Einstellungen über einem Menschen. Sie begleiten ihn durchs Leben, wo er auch ist. Immer wieder drängt sich ihm das Gefühl auf: „Ich bin unzulänglich."

Vielleicht hatte er Glück. Vielleicht gab es da auch jemanden, bei dem er nichts dafür tun musste, geliebt zu werden, vielleicht eine Oma, ein Opa, eine Tante. Die können dann solche inneren Einstellungen mildern. Aber jedes Mal, wenn er etwas nicht hinbekommt oder wenn ein anderer mit ihm unzufrieden ist, fühlt er dieses Urteil in sich: „Du bist nicht gut genug!" Jedes Mal, wenn er sich beobachtet fühlt, verstärken sich seine Gefühle.

Je näher ein anderer Mensch ihm steht, je größer die Abhängigkeit dem anderen gegenüber ist, desto stärker treten die alten Einstellungen zutage. Sie prägen deshalb auch sein Verhalten in der Partnerschaft. Der Partner, die Partnerin konfrontiert ihn in besonderer Weise mit seinen alten Glaubenssätzen.

Die partnerschaftliche Ungleichheit tut dann unter Umständen ein Übriges dazu. Hat jemand das Gefühl, dass der Partner etwas gut hinbekommt, was er sich selbst nicht zutraut, dass er anscheinend das Leben leichter nimmt oder besser meistert als er selbst, fühlt er den alten Stich: „Ich genüge nicht. Ich bin nicht gut genug." Er fühlt den Unterschied und kann ihn nicht immer aushalten. Er entwickelt Abwehrmaßnahmen. Einerseits versucht er, solche Situationen zu meiden oder zu übergehen oder kleinzureden. Andererseits hält er sich seine Unzulänglichkeiten dadurch vom Leibe, *dass er auf die Fehler des anderen zeigt.*

Diese Übertragung seiner unangenehmen Gefühle auf den Partner bringt ihm eine gewisse Entlastung. Indem er auf den Partner zeigt, kommt er selbst aus dem Fokus. Er findet jenes Korn Schlechtigkeit in den Taschen des anderen, das er anprangern kann, und hat selber die Taschen voller Unrat. Indem er innerlich das herabsetzt, was der andere tut, entlastet er sich selbst.

Es gibt tausend direkte und indirekte Arten, wie man von sich weg und in abfälliger Weise auf den anderen zeigen kann. Man kann zum Beispiel das, was der andere kann und hat, nicht weiter beachten und erwähnen. Oder man findet etwas daran, was nicht gut ist. Oder man zeigt auf das, was dem anderen misslingt oder was von ihm nicht vorzeigbar ist. Oder manchmal kann einer auch dem anderen die Show stehlen und die Aufmerksamkeit auf sich selber ziehen.

Immer ist der heimliche Antrieb, das eigene Minderwertigkeitsgefühl zu kaschieren. Indem jemand sich selbst als besser oder vorbildlicher hinstellt, kann er das aus seiner Perspektive Gute oder Große des anderen weniger eindrucksvoll erscheinen lassen und das eigene Ungute kaschieren. Das ist der Hintergrund für jene im öffentlichen Leben oft befolget Maxime: Tu Gutes und rede darüber!

Es ist ebenso der Hintergrund für jenes sperrige, im Matthäusevangelium überlieferte Jesuswort:

> *Was siehst du aber den Splitter in deines Bruders Auge, des Balkens jedoch in deinem Auge wirst du nicht gewahr? Oder wie kannst du zu deinem*

> *Bruder sagen: Halt, ich will den Splitter aus deinem Auge ziehen; und siehe, in deinem Auge ist ein Balken?* (Mt 7,3f)

So vielfältig die Formen der Abwertung, eines haben sie gemeinsam: dass jemand vor allem *das* am anderen heruntermacht, was er sich selbst nicht verzeiht, was er an sich selbst ablehnt und was in seinem eigenen Wertesystem Verurteilens wert ist.

Entsprechend wirft er dem anderen vor: „Wie kann man sich nur so verhalten?! Sowas würde mir im Traum nicht einfallen! Kein halbwegs normaler Mensch benimmt sich so!" Wer dem anderen das Böse unterstellt, weiß um die eigene Boshaftigkeit. Was einer an sich selbst nicht mag, das verfolgt er verbissen am anderen. Wer am lautesten „Haltet den Dieb!" schreit, neigt selber zum Stehlen. Wer sich besonders volltönend moralisch entrüstet, nimmt es oft selbst mit der Moral nicht so genau. Um seine eigenen wunden Stellen zu schützen, spritzt er Säure in die des anderen. Deshalb ist die Abwertung des anderen zugleich eine Abwehr der eigenen Angst.

Den meisten Menschen sind Abwertungen geläufig. Der Hinweis auf die Fehler und Schwächen des anderen, auf das Ungenügen und Fehlverhalten des Partners gehören sozusagen zur menschlichen Grundausstattung – eben weil keiner aufwächst ohne Selbstzweifel und Verunsicherungen. Umso stärker drängt sich natürlich die doppelte Frage auf:

➤ Kann man die destruktiven Einstellungen, die einen von Kindesbeinen an begleiten, verlieren?

➤ Und wie kann ein Paar damit umgehen und die abwertende Übertragung der eigenen Unzulänglichkeit auf den Partner stoppen?

Ich gehe zuerst der zweiten Frage nach. Will ein Paar seine gegenseitigen Abwertungen stoppen, muss es zunächst einmal ihren Mechanismus durchschauen. Jeder von beiden muss sich fragen: „Wieso mache ich etwas an dir schlecht? Was hat das eigentlich mit mir selbst zu tun?" Das heißt, er muss *aus der Du-Perspektive in die Ich-Perspektive wechseln*.

Dort liegt der Antrieb dafür, warum er den Partner runterputzt. Die eigene Angst, ob er gut genug ist, die eigene Verletzung und Kränkung, dass er nicht genügt hat, die Verunsicherung, ob er es denen recht gemacht und ihre Liebe nicht verloren hat, von denen er abhing, sind der heimliche Antrieb für seine Abwehrmaßnahmen. Wäre er sicherer in sich selbst, könnte er auch seinen Partner oder seine Partnerin leichter so lassen, wie er oder sie ist.

Ein solcher Perspektivenwechsel gelingt selten ohne therapeutische Begleitung. Es bedarf erst einmal einer Draufsicht von außen. Sie kann dann die Einsicht fördern, dass Veränderung nötig ist. Erst wenn ein Paar innerlich verstanden hat, was der Motor der gegenseitigen Abwertungen ist, und wenn es bereit ist, auf den Weg der Ursachenanalyse zu gehen, wird jeder von beiden bereit sein, sich selbst, den eigenen inneren Antrieb für sein Verhalten zu betrachten. Erst dann wird er aber auch bereit sein, sein Verhalten zu überprüfen, zu stoppen oder wenigstens im Nachhinein zu bereinigen. Es braucht dazu eine ruhige Atmosphäre, in der die Emotionen abgeklungen sind, und eine wohlwollende, sich gegenseitig zuhörende Gesprächskultur. Im sogenannten *Zwiegespräch* (über das noch zu reden sein wird) kann ein Paar kontinuierlich daran arbeiten.

Darüber hinaus kann sich das Paar therapeutische Unterstützung holen. Insbesondere die Bonding-Psychotherapie hat zur Aufarbeitung von gegenseitigen Konflikten, Abwertungen und Übertragungen ein sehr hilfreiches Instrumentarium entwickelt, das speziell für Gruppen geeignet ist, nämlich die *Gefühls- oder Beziehungs-Klärung* in einer Gegenüberstellung (manche sprechen auch von „Konfrontation"). In Gruppen dient dieses Verfahren vor allem dazu, die durch einen Konflikt (etwa eine abwertende Bemerkung auf der einen, eine Verletztheit auf der anderen Seite) aufgekommene dicke Luft zwischen zwei Kontrahenten zu reinigen und die gestörte oder belastete Beziehung zwischen ihnen zu entkrampfen.

Die *Gegenüberstellung* ist ein kontrolliertes, therapeutisch begleitetes Verfahren in Gruppen. Jemand teilt einem oder mehreren anderen mit, was dessen bzw. deren Verhalten in ihm ausgelöst hat. Sie dient dazu, auf konstruktive Weise unausgesprochene oder nur ausagierte Gefühle aussprechbar zu machen, sie zu verstehen und auf eine angemessene Weise an die richtige Adresse zu bringen.

Dabei steht der Ausdruck der eigenen Gefühle im Vordergrund: Ärger, Wut, Angst, Scham, Verletztheit, Traurigkeit, Freude, Liebe, Lust usw. Der Mitteilende geht nicht wie üblicherweise aus dem Felde, sondern „stellt sich" seinen Gefühlen, nimmt sie ernst und wichtig und macht sie öffentlich. Er lernt damit konstruktiv umzugehen. Das führt in der Gruppe zu einer reinigenden Ehrlichkeit. Es stärkt den einzelnen in seiner Identität und persönlichen Integrität und hilft zugleich, miteinander in Kontakt zu bleiben. Dabei sind wir füreinander Spiegel, in denen sich unsere eigene Geschichte wiederfindet.

Ausgangspunkt ist in der Regel ein heftig aufflammendes Gefühl oder ein Konflikt zwischen zweien, bei dem sich einer von beiden (ich nenne ihn hier „Anton") von einer anderen Person („Bea") mies behandelt fühlt. Der Anlass dafür ist oft eher geringfügig, wird von Bea möglichweise gar nicht bemerkt. Anton reagiert darauf auf eine Weise, die dem Anlass nicht entspricht; etwa durch unvermittelte Aggressivität oder abrupten Rückzug.

Ein Beispiel aus einem Workshop: Bea schüttet in der Gruppenpause die im Weg stehende, schon etwas kühl gewordene Kaffeetasse von Anton aus, in der Annahme, sie würde nicht mehr ausgetrunken. Ein lächerlicher Anlass! Aber Anton regt sich gewaltig auf. Er fühlt sich missachtet, nicht gesehen, abgewertet. Es wird sofort sichtbar, dass sein Ärger nicht allein von dieser Situation angetrieben wird.

In der Gegenüberstellung findet Anton dann die Möglichkeit, seinen Emotionen auf die Schliche zu kommen. Unter Leitung eines Therapeuten stellen sich die beiden gegenüber, wobei das Arrangement so aussieht, dass lediglich derjenige „arbeitet", der sich schlecht behandelt fühlt (Anton). Die andere (Bea) steht ihm nur gegenüber, hört und sieht nur zu. Bea kann sich als Stütze jemanden anderes in den Rücken holen. Aber sie sagt nichts.

Dann geht es zunächst darum, dass Anton der Bea mitteilt, worin er sich missverstanden fühlt, was ihn gekränkt hat, was er gar nicht leiden kann. Die therapeutische Leitung kann ihn dabei anregen, seinen Gefühlen deutlich Raum zu geben, nichts herunterzuschlucken. Oft steigert sich Anton dann schnell in heftige Emotionen. Wird er dann gefragt, woher er solche Gefühle kennt, wer ihn schon einmal so verletzt hat und landet man in der Regel schnell bei Ereignissen aus der Familie.

Spätestens dann bittet der Therapeut Bea, einige Schritte beiseitezutreten und stellt stattdessen imaginär je nachdem etwa die Mutter, den Vater, die Geschwister und so fort vor ihn hin, und fordert Anton auf, ihnen zu sagen, es herauszuschreien, wie es ihm damals gegangen ist: „Immer habt ihr mich bevormundet! Immer wusstet ihr, was für mich gut ist! Immer wurde einfach über meinen Kopf hinweg entschieden, nie wurde ich gefragt! Ich habe mich wie Dreck gefühlt, wie wertlos. Es war ganz schlimm! Ich bin sauwütend!" Diesen Gefühlen muss so viel Raum gegeben werden, bis Anton zur Ruhe kommt und weiß: Nun habe ich endlich alles ausgesprochen! Nun ist es endlich an der richtigen Adresse!

Natürlich ist das nur ein virtueller Vorgang. Aber es ist vielleicht das erste Mal, dass Anton das Recht bekam und den Mut hatte, zu sagen, was ihn verletzt hat. Und er merkt plötzlich, wem seine Aggression oder sein Rückzug eigentlich gelten.

Dann lässt man Bea wieder vor ihn treten, und meist ist es für beide entlastend, wenn Anton sagt, dass nur ein kleiner, oft klitzekleiner Prozentsatz seiner Emotion seinem jetzigen Gegenüber gilt. Dann sagt Anton seiner Kontrahentin Bea, was er sich von ihr wünscht: „Damit ich mit dir in einem guten Kontakt bleiben kann, bitte ich dich, dass du mich erst fragst, eh du meine Tasse ausschüttest". Und am Schluss, das ist ein wichtiges Ritual der gegenseitigen Anerkennung, geben sich die beiden wenigstens die Hand. Damit drücken sie aus: Wir bleiben in Kontakt. Meist nehmen sie sich in den Arm.

Diese Prozedur führt also dazu, dass jemand aus der Du-Perspektive in die Ich-Perspektive kommt. Er landet dort, wo die Abwertung des anderen ihren Ausgang nimmt: bei seinen eigenen Verletzungen und Abwertungen, die er als Kind im Gegenüber zu seinen Eltern oder anderen Menschen erfuhr und die er als feste Überzeugungen in sich trägt. Während Menschen üblicherweise ihre verletzten Gefühle einfach ausagieren und sie dem Partner um die Ohren knallen, ihn damit überschütten, sie auf ihn übertragen, kommt sich jemand auf diese Weise auf die Schliche und kann verstehen, warum er sich so echauffiert hat. Er lernt seine wunden Stellen kennen und kann sie als Teil seiner Person akzeptieren lernen. Das partnerschaftliche Miteinander-Umgehen wird entlastet.

Angefügt sei noch, dass die Gegenüberstellung natürlich auch dem Austausch positiver Gefühle dienen kann. Ich kann einem anderen zum Beispiel sagen: „Ich finde dich klasse" oder „Ich bin dir sehr dankbar" oder „Ich bin gern in deiner Nähe" – allerdings fallen uns solche Äußerungen naturgemäß leichter und benötigen deshalb nur selten einen solchen formalen Rahmen.

Es bleibt noch die erste der beiden oben gestellten Fragen: Wie kann ich, um aus der ruinösen Abwertung des Partners (bzw. der Partnerin) herausfinden, meine eigene innere *Selbst*abwertung stoppen und überwinden? Wie kann ich ja sagen zu mir selbst? Was brauche ich selbst, um meinem Partner auf Augenhöhe begegnen zu können?

Zunächst einmal ist zu sagen: Will ich meine alten, destruktiven Glaubenssätze aufweichen, werden intensive Bemühungen nötig sein. Nicht wenige Menschen arbeiten sich in therapeutischen Zusammenhängen daran ab. Speziell wiederum die Bonding-Psychotherapie stellt Rahmenbedingungen zur Verfügung, erstens, seine alten Glaubenssätze und inneren Einstellungen wahrzunehmen, zweitens im Kontext der Gruppe und in der Begegnung mit anderen Menschen neue, korrigierende Erfahrungen zu sammeln und lebensbejahende innere Einstellungen zu gewinnen. Das ist ein längerer, mühseliger Prozess. Innere Einstellungen sind sehr veränderungsresistent. Sie benötigen viele Anläufe.

Das wird jeder schnell an sich feststellen. Vielleicht gelingt es einem im Laufe der therapeutischen Arbeit, seine alltäglichen Begegnungen mehr oder weniger von den Auswirkungen seiner Glaubenssätze, also etwa von abwertenden Übertragungen, freizuhalten. Kommt er dann aber unter Stress, gerät er in Streit, stellt er meist fest, dass die alten Einstellungen in der Regel sofort wieder präsent sind und ihre weiterwirkende Macht zeigen. Trotzdem gibt es einen Unterschied. Indem einer erkennt, was er tut, tut er es nicht mehr bewusstlos, er agiert seine Gefühle nicht einfach nur aus. Er gibt sich die Chance, Stopp zu sagen. Er wird aufmerksamer. Er kann mit dem Partner, der Partnerin darüber sprechen und im Nachhinein sein Verhalten korrigieren.

Nicht jeder sucht Therapie auf. Manch einen lehrt vielleicht das Leben, dass seine alten Glaubenssätze heute nicht mehr richtig passen, dass er doch nicht so unzulänglich ist, wie er glaubt, dass er vieles hinbekommt, dass er trotz allem seinen Weg nimmt. Dass er zum Beispiel trotz seiner inneren Einstellung auf Menschen stößt, die ihn lieben. Oder er lernt mit seinen Kindern oder Enkeln, wie wichtig die bedingungslose Liebe ist, und wird mit zunehmendem Alter auch mit sich selbst gnädiger. Er merkt: Ich muss gar nicht komplett und perfekt sein. Ich brauche nur Ich zu sein.

In jedem Fall landet jemand, der die eigene Selbstabwertung stoppen möchte, aber bei seinen Ursprüngen. Dort wurde der Grund dafür gelegt, wie sicher und stabil er sich fühlt, wie viel Vertrauen in sich selbst er in sein Leben mitgenommen hat.

Und das ist bei den meisten Menschen nun einmal keine reine Erfolgsgeschichte, im Gegenteil. Sich in sich selbst sicher zu fühlen, sich dem Leben stellen zu können, ein gerades Rückgrat zu haben, ein stabiles Selbstbewusstsein zu besitzen, ist fraglos ein zentrales Lebens-bedürfnis und erstrebenswertes Lebensziel jedes Menschen. Das alles möchten wir auch unsern Kindern gern mitgeben. Aber kaum einer wächst auf ohne Ängste, Misserfolge, Selbstzweifel, Infragestellungen, Unsicherheiten. Die werden später, indem er sie auf seinen Partner projiziert, zum Repertoire für Abwertungen.

Die meisten Menschen sind beschädigt. Sie betrachten sich als dem Leben nur bedingt gewachsen. Sie haben, wie beschrieben, eher die Überzeugung, nicht gut genug zu sein, den an sie gestellten Erwartungen nicht zu genügen, es nicht zu schaffen – vielleicht nicht auf allen Ebenen, aber doch immer wieder. Das hat massive Auswirkungen auf ihr Partnerverhalten. Sie können sich nicht selbstbewusst in die Partnerschaft einbringen.

Die Frage ist also: *Was stärkt ein Kind, was schwächt es?* Was können zum Beispiel Eltern tun, um ihren Kindern genügend Ich-Stärke mitzugeben? Aber genauso und noch drängender stellt sich die Frage: Kann ich, und wenn ja, wie, was mir fehlt, später noch nachholen? Unter welchen Bedingungen kann ich, was mein Selbstbewusstsein betrifft, „nachreifen"? Kann ich mich ändern? Diese Frage ist Thema in vielen langfristigen Therapien, Selbsterfahrungs- und Wachstumsgruppen.

Deutlich ist das Ziel: Je mehr einer mit sich im Reinen ist, desto leichter fällt es ihm, das Andere des anderen zu akzeptieren und als Bereicherung für sich zu erfahren. Das kann jeder an sich selbst beobachten. Ist einer „gut drauf", kann er auch den anderen sein lassen, wie er ist. Dann nimmt das Andere des anderen ihm nichts weg, sondern es gibt ihm etwas dazu. Kann einer Ja zu sich selbst sagen, kann auch sein Ja zum anderen Kraft bekommen. Je sicherer er sich in sich selbst fühlt, desto offener kann er seinem Partner bzw. seiner Partnerin gegenübertreten. Je unsicherer er ist, desto mehr wird er sich entweder verschließen oder den anderen abwerten.

Mich selbst so zu nehmen, wie ich bin, ist alles andere als eine Selbstverständlichkeit. Dem zuzustimmen, wie ich bin, ist nach meiner Überzeugung vielmehr eins der schwierigsten Geschäfte des Lebens überhaupt, dem sich die meisten Menschen günstigenfalls mit steigendem Alter annähern. Denn es geht dabei ja nicht um eine meine inneren Zweifel überspielende platte Selbstzufriedenheit, ein selbstgefälliges Sich-toll-Finden oder eine egoistisch-narzisstische Selbstüberhebung, mit der ich mir Kritik vom Halse halte. Es geht auch nicht um ein abgehobenes Über-den-Dingen-Schweben, sich in höhere

Sphären begeben, die Lasten des Alltags Hinter-sich-Lassen, Sich-Vergeistigen.

Vielmehr geht es um das Einigwerden mit all dem, was ich ins Leben mitgebracht habe und jetzt an mir habe, vor allem um jene Seiten an mir, die ich zunächst einmal *nicht* mag: um meine Unzulänglichkeiten, meine Fehler und Verfehlungen. Es geht darum, mit jenen inneren Stimmen ins Gespräch zu kommen, die mir aus Kindertagen einflüstern: „Du bist nicht gut genug!", „Du schaffst es nicht!", „Du bist nicht liebenswert!", „Du bist ein Versager!". Solche inneren Einstellungen und zu festen Überzeugungen geronnenen Sätze führen innerlich in mir Regie, und meistens ist mir das nur wenig bewusst.

Dem *zuzustimmen*, was mir gelingt, was von anderen geschätzt und geachtet wird, ist nicht schwer. Aber mich als fehlerhaft, krank, ungenügend, unperfekt anzu-nehmen und zu bejahen, ist eine gewaltige Herausforderung an mein Leben. Es ist schwer, mich mit mir selbst anzufreunden, mit der Erfahrung des Fehlermachens, des Unvermögens, des Scheiterns. Mich anzufreunden mit meinen Selbstzweifeln, mir zu erlauben, dass ich mich manchmal verrenne, etwas verbocke, nicht mehr weiter weiß. Der Verstand weiß das zwar längst: Menschen ohne Selbstzweifel gibt es nicht. Er weiß: Wir machen alle Fehler. Aber das Gefühl schreit dagegen: „Ich muss aber gut sein!" Und weil ich's nicht immer bin, muss ich mein Versagen verdrängen und zu anderen verschieben.

Mir zuzustimmen bedeutet, nicht mehr zu verdrängen. Mich zu verabschieden von dem, was ich leider nicht bin, aber gern wäre, und dem meine Unterstützung geben, was ich bin:

> *Fragt der Schüler den Rabbi: „Rebbe, warum hat der Mensch nie, was er will?" „Das ist ganz einfach", antwortet der Rabbi. „Wollte er, was er hat, dann hätte er, was er will. Da er aber nie will, was er hat, hat er nie, was er will" (SL, 75)*

Ja sagen zu mir selbst bedeutet nicht, gut zu sein und alles richtig zu machen. Ich muss nicht erst den Weg der Erleuchtung beschritten haben. Ganz im Gegenteil. Sondern es bedeutet, mich, so wie ich nun einmal bin, den nächsten Aufgaben mutig zu stellen. Es kommt darauf an, ob mich meine Selbstzweifel hindern, hier und jetzt das Nötige zu tun. Auf diese Weise erreiche ich immer nur das nächste kleine Ziel.

Ich habe anderenorts[2] genauer beschrieben, was es heißt, dem zuzustimmen, woher ich komme, wie ich geworden bin, was ich insbesondere aus meiner Herkunftsfamilie mit ins Leben trage. Darüber hinaus geht es noch um mehr. Es geht auch zweitens darum, was ich aus meinem Leben mache und drittens darum, was noch aus mir werden kann. Das alles gehört dazu, wenn ich sage:

---

[2] Vgl. mein Buch „Ein Quantum Leben", Santiago-Verlag, Goch 2014, besonders S. 27-42

Ich bin einig mit mir. Ich sage ja zu meinem Leben. Ich stimme mir in meiner Gesamtheit zu.

Ich halte diese innere Zustimmung zum eigenen Leben – was die innere Reifung eines Menschen betrifft – für seine eigentliche Lebensaufgabe und Lebensleistung: dass er einig wird mit sich selbst – und zwar nicht mit dem Wunschbild von sich selbst, sondern mit sich als der realen, existierenden Person, also mit jenen Beschädigungen und unerwünschten Vorprägungen, die ihm seine Eltern und Vorfahren mitgaben, aber auch jenen Fehlern und Unzulänglichkeiten, die er sich selbst vorhält. Dass er das Gute benennen kann und das Gelungene und ebenso das Böse und Misslungene. Dass er ohne Selbstüberhebung, aber auch ohne Wehleidigkeit sagen kann: „So einer, so eine bin ich."

Es geht darum mein Maß zu beschreiben, das mich nicht größer, aber auch nicht kleiner macht, als ich bin, nichts dazutut und nichts weglässt:

> *Rabbi Sofer sagte zu einem, der sehr bescheiden tat: „Mach dich nicht so klein! So groß bist du gar nicht!"* (SL, 114)

Und man möchte hinzufügen: „Mach dich nicht so groß! Denn so klein bist du nun auch nicht!

Ja zu sagen zu mir selbst, wie ich bin, ist eine nie endende Herausforderung an mein Leben. Mit allem und trotz allem, was ich mitbekommen habe stimme ich dem Leben in mir zu.

Die meisten Menschen betrachten den ersten Teil des christlichen Liebesgebotes: „Liebe deinen Nächsten – wie dich selbst" als den schwierigeren. Aber das stimmt nach meiner Überzeugung nicht. Sich selbst ein guter Freund zu sein, ist eine viel aufwendigere Arbeit. Ich muss mich all jenen inneren Stimmen stellen, die mir einreden, ich sei nicht gut genug. Und was ich tue, genüge auch nicht. Die schreien immer am lautesten. Deshalb treiben viele Menschen einen großen Aufwand, sie zu übertönen.

Den selbstabwertenden inneren Botschaften die bejahenden Zusagen des Lebens entgegenzusetzen bedarf es vieler guter Worte. Diese Zusage, dass ich genüge, dass das Leben ja zu mir sagt, versucht in besonderer Weise auch die christliche Botschaft weiterzusagen, wenn sie Menschen zuspricht: „Du bist Gottes Kind! Du darfst dich auch unzulänglich zeigen! Du bist so, wie du bist, Gott wichtig!"

Ich brauche diese Instanz in mir, die sagt: „Ja! Du darfst leben! Auch wenn du alle möglichen Macken besitzt und keineswegs immer das Richtige tust. Du darfst dich nehmen wie du bist und das Beste daraus machen!" Wie ein guter Vater, eine gute Mutter, die ihrem Kind sagen: „Du darfst leben und was draus machen! Du darfst dabei Fehler machen! Wir stehen hinter dir! Du verlierst nicht unser Wohlwollen!", muss ich mir immer wieder selbst gut zureden.

Vielleicht brauche ich lange, um diesen Worten zu glauben, mich innerlich aufzurichten, mich zu nehmen, wie ich bin. Vielleicht erreiche ich das nicht dauerhaft, sondern nur immer mal wieder. Aber wenn es mir gelingt, vielleicht in einem großen Moment der Liebe oder nach einer übersprungenen beruflichen Hürde oder nach einer erfüllenden Erfahrung, etwa in einem Workshop, mich selbst zu bejahen mit allem, wie ich nun mal geworden bin, dann öffnet sich für einen Moment der Himmel; dann fällt es mir plötzlich leicht, den anderen auch so sein zu lassen, wie er ist. Dann habe ich keinerlei Bedarf, einen anderen Menschen herabzusetzen. Dann ist es plötzlich leicht, den Nächsten und vor allem auch den Partner zu lieben.

Das gibt der zweiten Säule der Partnerschaft ihren Stand. Kann ich mich selbst bejahen, erlebe ich mich als eigenständig und gleichrangig. Dann fühle ich gleiche Augenhöhe. Bestand der Kern der *Säule eins* darin, dass ich *dem anderen ein klares Ja* sage, dass ich mich zu ihm bekenne, dann bildet den Kern der *Säule zwei*, dass ich *zu mir selbst ein klares Ja sage*, dass ich mich zu mir selbst bekenne. Kann ich nicht Ja zu mir selbst sagen, wackelt auch mein Ja zum anderen. Stimme ich mir zu, kann ich auch den anderen lassen, wie er ist und muss ihn nicht mehr abwerten.

2.4 Die Eltern-Kind-Falle

> *Ein liberaler Stadtjude heiratet aufs Dorf und kennt sich im Ritual der „Sedertafel" (einem Bestandteil der häuslichen Oster-Zeremonie) nicht aus. Er gibt seiner Frau den Auftrag, beim jüdischen Nachbarn, dem Dorfschmied, durchs Fenster zu schauen, und zu berichten, wie der es macht.*
> *Die Frau schleicht sich ans Fenster – und was sieht sie? Der Dorfschmied prügelt seine Frau mit der Kohlenschaufel! Sie geht nach Hause und schweigt beklommen. Der Mann fragt, sie will nicht reden. Schließlich wird er wütend, nimmt die Kohlenschaufel und schlägt auf seine Frau ein.*
> *Da ruft sie weinend: „Wenn du es doch schon weißt – wozu schickst du mich dann zum Dorfschmied?" (SL, 109)*

Es gibt noch eine andere Form der Ungleichheit zwischen Paaren, die sich in fehlender Augenhöhe und Nicht-Ebenbürtigkeit niederschlägt. Sie ist sehr vielen Paaren vertraut und durch eine lange Tradition festgetreten, aber nur den wenigsten bewusst. Sie besteht weniger in einzelnen Handlungen und Äußerungen, mit denen sich die Partner abwerten und schlecht machen. Vielmehr ist sie der Ausdruck einer grundsätzlichen, strukturellen Unausgewogenheit zwischen ihnen, einer *partnerschaftlichen Schieflage*, die ihr Verhältnis zueinander durchzieht. Sie setzt der Säule zwei vor allem zu.

Sie findet nach meiner Beobachtung darin einen Ausdruck, dass ein Paar einen *eher elterlich-kindlichen Umgang* miteinander pflegt und *zu wenig erwachsen* miteinander umgeht. Während der eine von beiden mehr kindliche Erwartungen und Verhaltensweisen in die Beziehung einbringt, bestimmen den anderen mehr elterliche. Pointiert formuliert kann man sagen: Die Partner leben eher eine Eltern-Kind-Beziehung als eine Partner-Beziehung.

Um das zu erläutern, muss ich ein wenig ausholen und zunächst noch einmal einen Blick auf die Beziehung zwischen Eltern und Kindern werfen. Ich habe oben die Liebe der Eltern zu ihren Kindern und die Liebe zweier Partner zueinander unter dem Aspekt der Zugehörigkeit und Bindung verglichen. Beide, darin sind sie sich gleich, sind Bindungen ohne Bedingung. Das macht die Beziehung zueinander sicher.

Darüber hinaus gibt es zwischen ihnen aber zwei grundlegende Unterschiede: Zum einen: Die Zugehörigkeit zu den Eltern und zur Familie wird uns in die Wiege gelegt. Sie ist sozusagen schon vor uns da, eh wir aus dem Mutterleib kriechen. Die Zusammengehörigkeit der Partner hingegen entsteht erst durch einen gleichberechtigten Akt der Zustimmung, durch das gegenseitige Ja-Sagen. Ich muss sie erst herstellen, indem ich mich zum anderen bekenne. Die Eltern-Kind-Bindung und die Liebe der

Eltern zu ihren Kindern braucht streng genommen das Ja des Kindes überhaupt nicht. Sie ist vorgegeben. Für die erwachsene Bindung und Liebe der beiden Partner dagegen ist das gegenseitige Ja konstitutiv.

Und noch in einem weiteren Merkmal unterscheidet sich die elterlich-kindliche Liebe wesentlich von der partnerschaftlichen Liebe. Partnerschaftliche Liebe ist in erste Linie ein Hin und Her von sich Mitteilen und Austauschen. Elterlich-kindliche Liebe dagegen ist vor allem haltgebende, rückenstärkende Liebe. Von der Liebe der Eltern gehalten können wir uns dem Leben stellen, im Vertrauen auf ihre Unterstützung lernen wir uns selbst zu vertrauen.

Die *elterlich-kindliche Liebe* ist vor allem dadurch gekennzeichnet, dass sie wie ein Fluss nur in eine Richtung fließt: Die Eltern geben, die Kinder nehmen. Es ist jene Liebe, die den Säugling nährt, die das Kleinkind durch alle Lebenslagen trägt und den Jugendlichen bei seinem Gang in die Selbständigkeit begleitet und stützt – jedenfalls wenn alles gut geht. Von den Eltern gehalten und unterstützt fühlen Kinder sich dem Leben gewachsen. Anders gesagt: die Eltern sind die Gebenden, die Kinder die Nehmenden.

Dagegen könnte man einwenden: Gut und schön, aber irgendwann hört diese Gefällestruktur auf. Irgendwann hat jeder so viel eigenen Fundus, dass er auf seine Eltern nicht mehr angewiesen ist. Zwar gibt es in unserer Kultur nicht wenige Menschen, die bis weit in die Jugendzeit hinein und bisweilen noch wesentlich darüber hinaus auf die Unterstützung ihrer Eltern angewiesen sind; sei es materiell und finanziell (bis hin zu Erbschaften), sei es auch emotional. Die Abhängigkeit von den Eltern kann sich sehr lange hinziehen. Aber üblicherweise nimmt sie schon im Laufe des Erwachsenwerdens ab.

Das ist sicher richtig. Aber es gilt nicht für unsere innere Abhängigkeit. Innerlich setzen wir uns unser Leben lang mehr oder weniger bewusst mit den elterlichen Wertvorstellungen und Erwartungen auseinander, richten uns in Zustimmung und Abgrenzung an ihnen aus. Die inneren (internalisierten) Eltern haben wir immer bei uns. Selbst wenn wir erwachsen sind und längst unser eigenes Leben leben, arbeiten wir uns an ihren Vorgaben ab. Auf offene, öfter aber auf versteckte Weise suchen wir auch als Erwachsene noch die Rückenstärkung, die Bestätigung und Anerkennung unsrer Eltern. Insofern bleiben wir lebenslang auf unsere Eltern bezogen, so wie unsere Eltern auch *ihren* Eltern gegenüber.

Man kann das gut in Familienaufstellungen beobachten. Zeitlebens bleiben unsere Eltern für uns die Eltern. Zeitlebens bleiben wir unseren Eltern gegenüber Kinder. Sie gaben uns das Leben, setzten uns den Rahmen. Sie gaben uns den ersten und wichtigsten Halt, der uns ermächtigte, etwas Eigenes aus unserem Leben zu machen. Ein Leben lang bleibt die Eltern-Kind-Beziehung deshalb etwas Besonderes und Einmaliges für uns. Sie kann nicht gekündigt werden. Sie bestimmt in hohem Maße mit, wie wir unser Leben angehen.

Die Eltern als Haltgeber und Rückenstärker: Das ist ein schönes Bild. Aber leider verhält es sich so nur, wenn alles gut geht. Sehr oft ist es nur ein Traum, ein frommer Wunsch, so von den Eltern gehalten zu werden. Die Realität ist nicht so ideal. Mitnichten sind Eltern immer da, wenn wir sie brauchen. Ganz im Gegenteil! Der Weg von der frühesten Kindheit bis ins Erwachsenenleben ist für viele Menschen mit zahllosen Ängsten, Enttäuschungen und Verzweiflungen, mit unerfüllten Sehn-süchten und tiefen Verunsicherungen gegenüber den Eltern gepflastert.

Was liegt dann näher, als die Erwartung, in der selbstgewählten Partnerschaft das zu finden, was wir damals nicht bekamen! Die Hoffnung, unser Partner beziehungsweise unsere Partnerin möge uns das geben, was wir von den Eltern nicht bekamen, beflügelt unsere Partnersuche. In unserer Partnerschaft soll das gelingen, was die Eltern-Kind-Beziehung nicht erfüllt hat. Ohne dass es dem Einzelnen bewusst wird, schiebt der eine seinen Partner in die Rolle eines Elternteils und sich selbst in die Rolle des Kindes, das Schutz, Halt und Führung erwartet. Oder der andere schlüpft in die Rolle des Haltgebers bzw. der Haltgeberin, der wie ein guter Elternteil für ersteren da ist.

Die beiden kopieren sozusagen die Eltern-Kind-Beziehung. Aber sie können auf diese Weise keine gleichberechtigte Partnerbeziehung aufbauen.

So wichtig die Eltern-Kind-Beziehung für uns war und bleibt - *sie ist kein Vorbild für die Partnerschaft.* Sie kann durch die Partnerbeziehung nicht ersetzt werden. Denn die Eltern-Kind-Beziehung ist und bleibt ihrem Wesen nach eine Gebe-Nehme-Beziehung, in der die Eltern die Gebenden, die Kinder die Nehmenden sind.

Die partnerschaftliche Liebe dagegen ist auf *Gleichberechtigung und Gleichrangigkeit* aufgebaut. Sie braucht einen ebenbürtigen Austausch.

Das Charakteristikum der *Paarbeziehung* ist, dass die Liebe in ihr hin und her strömt. Geben und Nehmen pendeln hin und her, wechseln sich ununterbrochen ab, überschneiden und überlagern sich. Nur so bleiben die beiden auf Augenhöhe. Dauernd findet ein Austausch statt nach dem Motto: „Ich gebe dir gerne, was ich habe, und ich nehme gerne von dir, was du hast und mir gibst." Darüber wird im dritten Kapitel noch eingehend zu reden sein.

Beides geschieht ganz aus freien Stücken, und beide bringen sich gleichermaßen entsprechend ein; wo nicht, hapert und holpert die Beziehung. Die erwachsene, partnerschaftliche Liebe ist darauf angewiesen, dass im Kleinen wie im Großen ein Ausgleich zwischen den Partnern stattfindet, dass nicht einer immer zuschießt und es zum anderen immer abfließt, sondern dass das Geben und Nehmen des einen im Nehmen und Geben des anderen eine Entsprechung erfährt.

Was für die Liebe zwischen Eltern und Kindern gilt, gilt also nicht für das Verhältnis von erwachsenen Partnern. Die selbstgewählten Beziehungen des Erwachsenenlebens sind Ausdruck einer freien Wahl und folgen einer anderen Regel.

Gleichwohl gibt es viele Menschen, die ihre erwachsenen Beziehungen nach dem Muster der elterlich-kindlichen Liebesbeziehung gestalten und beide Formen der Liebe vermischen und verwechseln. Sie verhalten sich ihrem Partner (oder ihrer Partnerin) gegenüber wie Kinder bzw. wie Eltern. Sie wünschen sich, dass der andere ihnen den Halt gibt, den sie bei ihren Eltern nicht genug fanden. Oder umgekehrt: Sie stützen den Partner (die Partnerin) und nehmen ihm wie Eltern das ab, was er oder sie nicht hinbekommt. Sie erfüllen sich damit kindliche Wünsche, aber der erwachsene Teil in ihnen kommt nicht auf seine Kosten. Daraus entstehen viele Partnerschaftskonflikte und gegenseitige Abwertungen.

Es lohnt sich, die eigene Beziehung unter diesem Gesichtspunkt unter die Lupe zu legen: „Wie sieht das bei uns aus? Wie begegne ich meinem Partner bzw. meiner Partnerin? Habe ich das Gefühl, dass ich mich immer wieder an ihn, an sie lehne, an ihn hänge? Gebe ich ihm oder ihr den Vortritt, lasse ich ihn entscheiden, schiebe ich ihm die Verantwortung zu? Neigt mein Partner, meine Partnerin dazu, mich zu bemuttern? Oder mich zu dominieren, zu kommandieren, zu kontrollieren und wie ein Kind zu behandeln?"

Oder umgekehrt: „Habe ich das Gefühl, dass sich mein Partner bzw. meine Partnerin hinter mir verkriecht, dass ich noch ein weiteres Kind an mir hängen habe, das sich bei mir ausweinen und von mir halten lassen möchte? Habe ich das Gefühl, dass da einer oder eine an meiner Seite ist, dem ich dauernd sagen muss, was er tun und lassen soll, dem ich die schwierigen Entscheidungen abnehmen muss?"

Die Partnerbeziehung benötigt Gleichrangigkeit. Es kann zwar sein, dass einer von beiden eine Zeitlang mehr gibt, mehr in die Beziehung einbringt, mehr der Gebende ist (etwa wenn der andere krank ist). Es kann auch sein, dass einer von beiden in bestimmten Bereichen mehr gibt und der andere mehr nimmt (etwa bei der Regelung der geschäftlichen Angelegenheiten, etwa bei der Betreuung der Eltern usf.). Aber gefühlsmäßig darf die Beziehung kein dauernder Zuschussbetrieb oder Anschreibladen sein. Was einer in einem Bereich zu viel tut (etwa indem er vorwiegend für die Kinder da ist), muss der andere in einem anderen Bereich ausgleichen (vielleicht indem er ein Haus baut). Sonst entsteht ein Ungleichgewicht zwischen ihnen. Objektiv ist zwar schwer messbar, wie die Gewichte zwischen zweien verteilt sind; subjektiv braucht aber jeder das Gefühl, dass er gleich wichtig ist und gleich viel zur Partnerschaft beiträgt. Darüber muss ein Paar sich immer wieder verständigen.

Viele pochen darauf, dass man sich beim Partner auch fallen lassen dürfen müsse. Natürlich. Es ist dann stimmig, wenn sich die Rollen zwischen ihnen immer wieder tauschen. Aber in vielen Partnerschaften läuft das stets nach demselben Schema und in den gleichen Rollenverteilungen ab: der eine fällt, der andere hält. Der eine übernimmt wie selbstverständlich die Elternrolle, der andere automatisch die vertraute Kindrolle.

Aber, werden manche fragen, ist es nicht naheliegend, beim Partner jene Sicherheit gebende Liebe zu suchen, die wir als Kinder von den Eltern nicht bekamen?! Heißt nicht Partnerschaft, das Leben gemeinsam zu meistern? Heißt es nicht, sich aufeinander zu verlassen und füreinander einzustehen?

Natürlich heißt es das. Aber eben als wechselseitiges Geschehen, nicht als Einbahnstraße. Sucht der eine im anderen die elterliche Stütze und behandelt der andere den einen wie ein Kind, dann können sie sich nicht mehr als Partner begegnen. Ein Gleichgewicht von Geben und Nehmen kann sich so nicht entwickeln.

Die Eltern-Kind-Struktur kann für beide durchaus verlockend sein. Dem einen nimmt es Verantwortung ab, der andere fühlt sich gebraucht und wichtig. So haben beide was davon. Nur heimlich träumt der, der immer gibt, davon, dass er sich auch mal fallen lassen könnte, und der, der vorwiegend nimmt, dass er mal wichtig und gebraucht wird, selbstbewusst sein Leben gestalten könnte und auch mal das Sagen hätte.

Das „kindliche" Verhalten darf nicht gleichgesetzt werden mit kindischem, infantilem Verhalten, obwohl es solche Züge annehmen kann. Es kann sich aber auch, und nicht selten, als das flexiblere, anpassungsfähigere, kreativere, fröhlichere Verhalten zeigen. Und auch

„elterliches" Verhalten, auch wenn es sich oft so darstellt, ist keineswegs partnerschaftsverträglicher. Es darf nicht gleichgesetzt werden mit „vernünftigem" oder „verantwortlichem" Verhalten, obwohl es manchmal durchaus das angemessenere sein kann. Aber es kann ebenso auch dirigistisch und streng sein, kann den anderen bevormunden und klein machen oder ihn auch – in der fürsorglichen Variante – mit Liebe erdrücken. *„Elterliches" Verhalten ist nicht weniger behindernd für die Partnerschaft als „kindliches".*

Wenn sich ein Paar im Eltern-Kind-Modus begegnet, folgt es dabei in aller Regel einem Muster, das den beiden nicht nur gelegentlich unterläuft, sondern das ihre Beziehung insgesamt prägt. Vielleicht nicht überall sofort erkennbar, vielleicht nicht in jeder Lebenssituation, aber doch immer wieder und überwiegend finden sich beide in dieser Rolle, diesem Lebensgefühl wieder. Der eine hat zum Beispiel immer wieder das (kindliche) Gefühl, vom anderen dominiert zu werden; der andere erlebt sich von Mal zu Mal in einer (elterlichen) Verantwortungshaltung.

Es gibt eine ganze Reihe von typischen Merkmalen für elterliches bzw. kindliches Verhalten, die helfen können, sich selbst und seinem Verhalten in der Partnerschaft auf die Spur zu kommen. Im Folgenden liste ich einige auf[3]. Es handelt sich um Tendenzen,

---

[3] Ich schließe mich dabei dem in der Transaktionsanalyse, insbesondere von Fanita English entwickelten Typ-1-Typ2-Modell an: F.E., „Es ging doch gut, was ging denn schief"? München 1982

Orientierungspunkte, häufiger zu beobachtende Neigungen, keine festen Eigenschaften. Man darf sie nicht wie Schubladen handhaben, weder für sich selbst noch für den Partner.

Der Eltern-Ich-Typ	Der Kind-Ich-Typ
➢ fühlt sich eher stark, überlegen, sicher, beherrscht, nötig, gebraucht; ist „*übersicher*" ➢ hat eher Angst, Schwäche zu zeigen ➢ sieht sich eher als Tatmensch, für andere verantwortlich, hat leicht das Gefühl, anderen etwas schuldig zu sein ➢ will die Situation in den Griff bekommen, neigt zur Kontrolle ➢ bietet eher seine Hilfe an, erteilt gern Ratschläge, aber lässt sich selber nicht gern belehren und verbessern ➢ neigt zu Vorwürfen und zum Verurteilen ➢ kann in der Regel schwer Hilfe annehmen ➢ kann sich meist weniger gut anpassen	➢ fühlt sich eher schwach, klein, unsicher, unterlegen, hilflos, ausgeliefert; ist „*untersicher*" ➢ hat eher Angst, Fehler zu machen ➢ sieht sich eher als Opfer der Verhältnisse, schlecht behandelt, von anderen benachteiligt, oder im Stich gelassen ➢ fühlt sich Situationen eher nicht gewachsen, neigt zum Ausblenden der Schwierigkeit ➢ sucht eher nach Hilfe, fragt gern um Rat, lässt sich gern etwas sagen, belehren und verbessern ➢ neigt zum Klagen und zum Jammern ➢ kann in der Regel gut Hilfe annehmen ➢ kann sich meistens gut anpassen

➢ kann sich eher gut orientieren, kann leicht Ordnung halten, sucht immer nach Struktur und Übersicht, kann sich gut organisieren ➢ ist eher korrekt und pünktlich ➢ hat eher Angst, dass der Partner ihn verlässt ➢ sucht die Nähe, hat mehr das Wir im Blick, betont das Gemeinsame ➢ neigt zur Eifersucht, zum Festhalten und Klammern, läuft dem anderen hinterher ➢ tut sich schwerer, klar NEIN zu sagen	➢ hat eher Orientierungsschwierigkeiten, verwechselt gern rechts und links, kann nicht gut Ordnung halten, sich nicht gut organisieren ➢ ist eher ungenau und unpünktlich ➢ hat eher Angst, vom Partner festgehalten zu werden ➢ braucht eher Abstand, hat mehr das Ich im Blick, betont das Eigene ➢ neigt zum Wegsehen, zum Wegducken und zum Rückzug, läuft eher weg ➢ tut sich schwerer, klar JA zu sagen

Kind-Typen bringen meist anpassungsbereite, fröhlich-kreative (und manchmal rebellische) Verhaltensweisen mit in die Partnerschaft, während die Eltern-Anteile bei ihnen nur begrenzt ausgeprägt sind. Sie sind sehr anpassungsfähig, werden aber, wenn es ihnen zu viel wird, trotzig und rebellisch. Sie lassen den anderen vorangehen, überlassen es ihm, die Verantwortung zu tragen, und gehen im Zweifelsfall, wenn es ihnen zu viel wird, aus dem Felde. Sie fühlen sich dem Leben oft nicht gewachsen und suchen nach Unterstützung. Sie sind „*untersicher*".

Sie können zwar liebend zu ihrem Gegenüber aufschauen, aber ihren eigenen Beitrag zur Beziehung können sie nicht genügend einbringen und würdigen. Sie sind geübt im Nehmen und ungeübt im Geben. Sie unterschätzen, was sie geben können, und überschätzen zugleich, was der Partner tut. Sie erneuern immer wieder das kindliche Gefühl, nicht gut genug zu sein, Fehler gemacht zu haben, nicht wichtig zu sein. Indem sie sich jemanden suchen, der ihnen hilft, beißen sie sich nicht selber durch. Ihr Fokus liegt wie als Kind darauf, sich anzupassen, es dem anderen recht zu machen, damit er lieb zu ihnen ist und, wie seinerzeit die Eltern, das Nötige regelt und für sie gut macht. Auf indirekte Weise sagen sie ihm: „Ich bin doch ganz lieb! Bitte sei gut zu mir!" und bleiben weiter ein braves Kind. Ihr Antrieb ist die ungestillte Sehnsucht nach Anerkennung und Gesehen werden.

Eltern-Typen sind in vielen Bereichen die spiegelverkehrten Entsprechungen der Kind-Typen. Sie haben häufig eine sehr liebevolle, aufmerksame, hilfsbereite Art. Sie bringen die elterlichen Verhaltensweisen mit und sind ungeübter in den kindlichen. Sie verhalten sich sehr fürsorglich, aber wenn es ihnen zu viel wird, neigen sie zu Kritik und Strenge. Sie haben ihr Leben im Griff (bzw. sie meinen es im Griff haben zu müssen) und bieten sich anderen als Helfer an. Sie sind „*übersicher*".

Sie nehmen ihre Lebensberechtigung daraus, was sie anderen Gutes tun und haben für die eigenen Bedürfnisse oft wenig Gespür. Sie sammeln die Bedürftigen um sich. Sie können zwar liebend herabschauen zu ihrem Gegenüber, vor allem zum Partner, und sich als Helfer anbieten: „Ich halte dich! Verlass dich auf mich!" „Alles wird gut!" Aber sie können nicht würdigen, was er ihnen wert ist und was sie ihrerseits von ihm nehmen. Sie sind geübt im Geben, aber ungeübt im Nehmen. Sie überschätzen ihren Beitrag für die Beziehung und unterschätzen den des Partners. Sie haben das Gefühl, alles selber tun zu müssen, etwa die ganze Beziehungsarbeit allein leisten zu müssen, als würde alles an ihnen hängen. Gleichzeitig fühlen sie sich für ihren Einsatz nicht genug gewertschätzt.

Dieses Zweier-Modell zur Beschreibung von Partnerschaften ist in manchen Bereichen grobkörnig und bedarf für die Partnerarbeit genaueren Hinsehens. Trotzdem kann es zunächst einmal in mehrfacher Hinsicht hilfreich sein.

Es kann vielen Paaren die Grundstruktur ihres Partner-Verhaltens erklären. Es kann ihnen ihre Unterschiedlichkeit vor Augen führen und deutlich machen, wie umfassend sie ist. Es kann ihnen außerdem Ideen geben, in welcher Hinsicht sie sich entwickeln möchten, um erwachsener miteinander umzugehen.

Es zeigt zweitens, dass wir uns unsern Partner zwar meist unbewusst, aber sehr gezielt aussuchen und erklärt auch, warum wir uns immer wieder ähnliche Partner wählen. Denn wer sich gut im Eltern-Verhalten auskennt, bzw. sich in ihm sicher fühlt, sucht sich als Partner jemanden, dem das kindliche Verhalten vertraut ist, und umgekehrt. Haken sucht Öse. Schlüssel sucht Schloss. Denn darin kennen wir uns aus. So haben wir es früh eingeübt.

Es macht drittens vor allem deutlich, dass keiner von beiden den besseren Teil lebt, sondern dass sich beide ergänzen und brauchen. Das ist eine ganz zentrale Erkenntnis für die gemeinsame Bearbeitung von Konflikten. Denn meist sind mit dem eigenen Lebensmodell Werturteile und Überlegenheitsansprüche verbunden, indem einer denkt: „Meine Sicht der Dinge ist die bessere." Aber wenn der eine von beiden ein väterlich-mütterliches bzw. elterliches Verhalten an den Tag legt und der andere ein kindliches, dann fehlt es beiden gleichermaßen an erwachsenem Verhalten. Auch wenn der Eltern-Part meist als der dominantere und der Kind-Part als der schwächere erscheint, mangelt es beiden an partnerschaftlicher Gleichrangigkeit. Beide sind gleichweit entfernt von einem partnerschaftlichen Umgang miteinander. Beide fühlen sich unwohl in ihrer Rolle.

Elterlich-kindliche Strukturen sind nach meiner Beobachtung in Partnerschaften keine Seltenheit, im Gegenteil. Die Partnerschaft als Zweiergemeinschaft bietet sich dafür in besonderer Weise an. In ihr suchen und finden Menschen zunächst einmal jenes Beziehungsmodell wieder, das sie aus ihrer Kindheit kennen. Deshalb sortieren sich die meisten Paare mehr oder weniger deutlich nach diesem Grundschema.

Eltern-Typen passen außerdem mit Kind-Typen einfach gut zusammen. Sie ergänzen sich in der Weise, dass bei dem einen jene Gefühls- und Verhaltens-Anteile überwiegen, die dem anderen weniger zur Verfügung stehen. Das kann die obige Gegenüberstellung von typischem Verhalten verdeutlichen.

Dabei darf man sich allerdings nicht täuschen lassen und die Merkmale zu schematisch handhaben. In manchen Lebensbereichen können bestimmte typische Verhaltensweisen sehr deutlich zutage treten, in anderen kaum oder sich sogar umkehren. Und auch die Intensität, wie stark ein Typus sich jeweils ausgebildet hat, variiert natürlich. Aber die Grundstruktur zeichnet sich meist deutlich ab. Was der eine nicht hat, trägt der andere bei. Nur ganz selten tun sich nach meiner Beobachtung zwei zusammen, die beide ein ausgeprägtes Eltern- beziehungsweise Kind-Verhalten an den Tag legen. In einem solchen Fall würden die Partner zu Konkurrenten. Das passt nicht so gut und hält schlechter. Viel organischer finden die Gegenpole zueinander. Es ist die passende Ergänzung, nach der jeder sucht. Die so gefundene symbiotische Struktur gibt ihrer Partnerschaft eine starke Bindekraft, weil sich beide brauchen. Der eine lebt die Persönlichkeits-Anteile, die der andere weniger zur Verfügung hat.

Dabei erlebt Jeder von beiden die Partnerschaft aus unterschiedlicher Perspektive.

Der Eltern-Typ hat typischerweise erfahren, dass auf andere (insbesondere seine Mutter) kein Verlass war, dass er nicht sicher war bei ihr. Deshalb hat er gelernt, seine Bedürfnisse selber zu erfüllen („ich muss alles selber machen"), er ist tendenziell ein Selbstversorger. Er greift nach dem anderen im Gefühl, ihn halten und kontrollieren zu müssen, weil er Angst hat, wie damals verlassen zu werden. Aus diesem Grund tut er sich leichter damit, zum anderen ja zu sagen, aber schwerer, ihn gehen zu lassen. Also hält er eher fest. Ist eher eifersüchtig. Deshalb hat er mit der Säule 1, dem Ja zum anderen, meist weniger Probleme. Ihm macht die Säule 2, die Eigenständigkeit des anderen, eher zu schaffen.

Der Kind-Typ hat typischerweise erfahren, dass insbesondere seine Mutter ihn überbetreute, immer da war, jeden seiner Schritte und Bedürfnisse kommentierte, ihn nie aus den Augen ließ. Deshalb hat er gelernt, es ihr recht zu machen („Mama weiß, was ich brauche") und vielleicht auch, sich ihr ab und an geschickt zu entziehen. Er sorgt dafür, dass es ihm in der Partnerschaft nicht zu eng wird, denn er hat Angst, wie damals festgehalten zu werden. Also reißt er sich immer mal wieder los und neigt zum Wegducken. Er tut sich tendenziell leichter damit, seinen eigenen Weg zu gehen, aber schwerer, sich ganz auf den anderen einzulassen. Deshalb hat er mit der Säule 2, der Eigenständigkeit, meist weniger Probleme. Ihm macht die Säule 1, das Ja zum anderen, eher zu schaffen.

Bei der Frage, wie es überhaupt zu dieser Typisierung kommt, wird man also in der frühkindlichen Ent-wicklung fündig. Wir bilden unsern Typus aus in Resonanz zu den Beziehungsbedingungen, die unsere frühe Kindheit bestimmten. Zum Beispiel lässt eine kranke, überforderte, überlastete oder abwesende Mutter

Kinder früh Verantwortung übernehmen. Oder wenn ältere Geschwister auf jüngere aufpassen müssen, entwickeln sie eher ein Eltern-Ich-Verhaltens-Muster. Wurden Kinder beispielsweise sehr betreut und geschützt, wurde ihnen viel abgenommen oder auch wenig zugetraut, etwa durch eine überfürsorgliche Mutter, die nichts falsch machen möchte, oder durch Eltern, die alles bestimmt haben, dann werden eher kindlich-angepasste Muster für sie leitend.

Dabei ist unser Grundtypus sehr stabil; als Resonanz auf die Bedingungen unserer Frühzeit bildet er sich meist schon in den ersten drei Lebensjahren aus und gestaltet unser Lebenskonzept. Je nachdem wie prägend die Beziehungserfahrungen für uns waren, formt er sich schwächer oder massiver aus. Wie wir dann im Laufe unseres Lebens in Beziehungen gehen, welche Erwartungen und Befürchtungen uns dabei bewegen – darin folgen wir fortan im Großen und Ganzen unserem Typus, auch wenn wir subjektiv das Gefühl haben, inzwischen ganz anders geworden zu sein. Wir können ihn nach meiner Beobachtung zwar abmildern, erweitern und ergänzen, aber nur wenig ändern. Die Art und Weise, wie wir die Beziehung mit unseren Eltern erlebten, ist für unser Leben konstitutiv.

In unserem partnerschaftlichen Rollenmuster arbeiten wir jene Lebensthemen ab, die uns aus den Beziehungserfahrungen mit unsern Eltern vorgegeben sind. Ob wir zu viel Zuwendung bekamen oder zu wenig oder auf ungute Weise – wir haben gelernt, damit zu leben. Es ist kein Wunder, dass wir dieselbe Art des

Umgangs beim Partner wieder suchen. Mit ihr kennen wir uns aus.

Menschen mit überwiegendem Elternverhalten suchen sich Partner, die sie bemuttern, betreuen, lenken und leiten können, denen sie jene Liebe geben können, die sie anderen schuldig zu sein glauben, aber selbst seinerzeit nicht in dem Umfang bekamen, wie sie sie gebraucht hätten. Menschen mit überwiegendem Kindverhalten suchen sich Partner, bei denen sie, weil sie nicht gelernt haben, auf sich selbst zu vertrauen, weiter unterkriechen können, die sie schützen und durchs Leben tragen und denen gegenüber sie sich weitgehend angepasst verhalten. Beiden ist diese innere Suche aber meistens wenig bewusst.

Sie ist darüber hinaus in sich widersprüchlich und komplex. Einerseits befinden wir uns – natürlich nur selten bewusst – stets auf der Suche nach dem, was wir damals von unsern Eltern gebraucht hätten. Andererseits bleibt diese Suche grundsätzlich erfolglos. Denn wir wählen uns mehr oder weniger zielsicher jenen Partner bzw. jene Partnerin, von dem oder der wir genau das *nicht* bekommen, was wir suchen. Wir wählen uns beispielsweise einen Partner, der – wie unser Vater – nicht wirklich greifbar ist für uns, dessen Liebe wir immer nachlaufen müssen. Oder wir wählen uns eine Partnerin, die uns – wie unsere Mutter – versorgt und betütert, die uns aber in ihrer Übergriffigkeit auch nervt. Wir wiederholen, re-inszenieren, was wir seinerzeit erlebten. Wir wählen sozusagen das vertraute Elend. So bestätigen wir unsere damaligen Erfahrungen.

Welchen Partner, welche Partnerin wir aber auch finden – die Erwartung, bei ihm bzw. ihr das zu finden, was wir damals entbehrt haben, als wir klein waren, ist ein hoffnungsloses Unternehmen. Denn der Partner kann sich auf den Kopf stellen, aber er kann uns nicht nachliefern, was wir damals von unseren Eltern nicht bekamen. Unsere Vergangenheit lässt sich nicht umschreiben. Sie bleibt, nicht selten immer wieder schmerzend, ein Teil unseres Lebens. So landen wir aus doppeltem Grund im altvertrauten Gefühl des Mangels bzw. der falschen Nähe.

Für beide Partner hat das Eltern-Kind-Lebensmuster *strapaziöse und zum Teil fatale Folgen*. So sehr sich beide immer wieder in das gleiche Verhalten hineinverstricken, so wenig fühlen sie sich auf die Dauer in ihm glücklich. Sie konservieren mit ihm Gefühle und Verhaltensweisen, die eine Antwort auf die Bedingungen ihrer Kindheit geben, die aber in ihre erwachsene Lebenswelt gar nicht mehr passen. Vor allem unter Stress und besonders im Streit leben ihre eingeübten Muster auf. Dann kann die Partnerschaft bekanntlich zum Kriegszustand mutieren, und jeder von beiden greift ungebremst auf seine je anderen alten kindlichen Muster zurück. Darüber wird noch zu reden sein.

Sehr oft wird ein Eltern-Kind-Paar im partnerschaftlichen Alltag nach und nach unzufrieden. Dem Eltern-Typ fehlen die kindlichen Lebens-Anteile, dem Kind-Typ die elterlichen. Sie begegnen sich nicht partnerschaftlich-erwachsen auf Augenhöhe. Was sie als Partner voneinander erwarten, erfüllt sich nicht.

Insbesondere ihre Sexualität wird meist massiv beeinträchtigt. Die Unausgeglichenheiten von kindlich-elterlichen Wünschen einerseits, von partnerschaftlichen Erwartungen andererseits sind eine Quelle für tiefe Unzufriedenheiten und dauernde Reibereien.

Der *Kind-Typ*, es sei Frau oder Mann, erlebt sich, wie beschrieben, immer wieder in einer untersicheren Gefühlslage. Einerseits bleibt er damit abhängig und gewinnt kein Gefühl dafür, dem Leben gewachsen zu sein. Er signalisiert seinem Partner: „Bitte hilf mir! Ich brauche dich. Sag mir, was ich tun soll!" Es fehlt ihm an Selbstbewusstsein und Mut, sich zu behaupten. Er ist fokussiert auf das, was er nicht kann.

Andererseits macht ihn genau das unzufrieden und ärgerlich. Während er die Kompetenz an den Partner abgibt, wird er gleichzeitig sauer, dass der andere ihn dominiert. Das entfacht in ihm kindlichen Trotz und Widerspruchsgeist. Er arbeitet (wie ein Kind an den Eltern) seinen Ärger am Partner ab. Aber er nutzt ihn nicht, sich selbst dem Leben zu stellen. Er wünscht sich, nicht mehr hintendran zu hängen, sondern endlich selbst für sich entscheiden zu können. Dann bricht in ihm sozusagen ein frühkindliches Trotzverhalten bzw. eine pubertäre „Ich-pfeif-auf-dich"-Haltung auf, mit der das Kindliche in ihm anzeigt, dass es groß sein will. Aber er traut sich nicht richtig und bleibt ambivalent verstrickt.

Auf diese Weise erlangt er keine partnerschaftliche Gleichrangigkeit. Er verspricht dem anderen zwar formal partnerschaftliche, wünscht sich aber eigentlich elterliche Liebe. Insbesondere in der Sexualität hat das große

Auswirkungen. Sexualität hat nur da Platz, wo es beide wollen. Kindliche Typen möchten zum Beispiel in den Arm genommen werden, während der Partner vielleicht sexuellen Austausch sucht. Das passt nicht. Ein Mensch, der sich innerlich wie ein Kind fühlt, kann nicht mit dem Eltern-Partner schlafen. Folglich schläft seine Sexualität ein.

Der *Eltern-Typ*, es sei Frau oder Mann, schlüpft umgekehrt immer wieder in die Rolle des Sicheren, Überlegenen, des Antwort- und Ratgebers. Übersicher weiß er immer, wo's langgeht, hat immer einen Vorschlag parat, hat sich immer schon Gedanken gemacht. Indem er den anderen mit seiner Liebe wie mit einem Netz einspinnt, ihn abschirmt, schützt, seine Fehler ausbügelt, seine Rechnungen bezahlt, für ihn die Kohlen aus dem Feuer holt, das Machtwort spricht (etwa gegenüber den Kindern), sagt er dem anderen zugleich: „Du schaffst es nicht! Allein bekommst du es nicht hin! Du bist nicht liebes- und lebensfähig!" Indem er sich anbietet, den anderen durchs Leben zu tragen, wertet er den Beitrag des anderen zum Leben ab. Er folgt seinem Helfer-Muster. So benimmt sich die Mutter oder der Vater in ihm. Er möchte alles im Griff haben. Denn er fühlt sich im Grunde ganz schwach und hat panische Angst, die Kontrolle zu verlieren. Deshalb tut er alles dafür, dass er den Kopf oben behält, auch wenn es weit über seine Kraft geht.

Nur scheinbar ist er überlegen und autark, auch wenn er sich subjektiv seinem Partner (bzw. der Partnerin) überlegen fühlt. In Wirklichkeit entsteht auch bei ihm auf eine versteckte Weise eine Abhängigkeit zum

Partner. Er braucht ihn, damit er sich gebraucht und bestätigt fühlen kann. Unausgesprochen macht er den anderen zum Objekt seiner Helfer- und Dominanzbedürfnisse. Dabei hat er aber das Gefühl, dauernd in den anderen zu investieren und nicht genug zurückzubekommen. Das fühlt sich mühsam und einseitig an: „Alles muss ich selber machen! Auf dich kann ich nicht bauen!"

Deshalb wird er ärgerlich, wenn der Partner seinen Einsatz nicht richtig wahrnimmt, nicht wertschätzt oder sogar ablehnt. Da gibt er ihm doch alles, aber der will es manchmal nicht haben. Er ist undankbar. Das macht ihn sauer und vorwurfsvoll: „Ich habe doch alles für dich getan! Und du behandelst mich so schäbig!" Dabei bürdet er sich selbst auf, wofür der andere zuständig ist.

Zugleich glimmt die versteckte Hoffnung des kleinen Kindes in ihm, dass er irgendwann von allen Mühen und Verantwortlichkeiten entlastet würde, dass er nicht dafür arbeiten müsste, um vom Partner geliebt und gehalten zu werden, dass er sich auch mal bei ihm fallen lassen könnte ohne etwas dafür tun zu müssen, dass er sich der Liebe des Partners „einfach so" sicher sein könnte.

Wie sollte sich so zwischen den beiden eine gleichrangige, partnerschaftliche Gebe-Nehme-Beziehung aufbauen?! Der Eltern-Typ verspricht dem anderen partnerschaftliche Liebe, begegnet ihm aber elterlich-bevormundend. Vor allem ihre Sexualität leidet darunter. Der Eltern-Typ neigt dazu, sie einzufordern. Der andere blockt. So kommt der Beziehung das Spielerische abhanden. Sie wird beschwerlich, bekommt den Geschmack der

Pflicht. Der Eltern-Typ kann den anderen nicht loslassen, aber nach und nach zieht er sich enttäuscht zurück.

So hängen die beiden wie Kletten aneinander, aber sie sind nicht glücklich. Sie kämpfen miteinander und kommen nicht voneinander los. Vielen Paaren geht es ähnlich. Trotz jahrzehntelangem Unglücklichsein kommen sie nicht voneinander los.

Sich gegenseitig ergänzende, symbiotische Beziehungen sind sehr haltbar, besitzen große Bindungskraft. Insofern wäre auch nichts gegen sie zu sagen. Aber sie machen selten glücklich – es sei denn, die Partner arbeiteten an ihrer Beziehung. Denn eigentlich wünschen sich beide etwas anderes. Aber weil sie überwiegend im Eltern-Kind-Modus miteinander verkehren, reiben sie sich unentwegt aneinander und machen sich das Leben schwer.

2.5 Die erwachsene Partnerschaft

> *Menasse hat in ein respektables Unternehmen eingeheiratet. „Menasse", fragt sein Freund, „hast du eigentlich aus Liebe oder aus Vernunft geheiratet?" – „Nu", antwortet der, „das Geschäft aus Liebe. Die Frau aus Vernunft."* (SL, 453)

Überwindet die Liebe alles? Oder steht sie uns im Weg? Was macht eine Partnerschaft „erwachsen"? Ist sie zu sehr von unserer kindlichen Emotionalität bestimmt? Sollten wir uns zurücknehmen und mehr auf unsere Vernunft hören? Gibt es einen Weg aus unsern kindlichen Rollenfixierungen hin zu einem erwachsenen Umgang miteinander? Oder sind wir rettungslos verstrickt in unsere alten Muster?

Wir bilden uns ein, uns ergriffe bei unserer Partnerwahl die spontane Liebe – und dann stellt sich heraus, dass wir nur jenen Vorstellungen folgen, die längst in uns verankert sind. Wir merken vielleicht, dass uns bestimmte Partner oder Partnerinnen gar nicht gut tun, und doch landen wir zielsicher immer wieder bei ähnlichen Typen. Was nützt die Liebe?! Brauchen wir nicht besser eine ausreichende Portion Vernunft? Bedeutet „erwachsen" miteinander umzugehen nicht vor allem, uns nüchtern und illusionslos zu begegnen?

„Erwachsen sein" – dieser in der Transaktionsanalyse besonders geprägte Begriff kann und soll ausdrücken, dass jemand nicht getrieben wird von seinen Emotionen und vorgeprägten Rollenmustern, sondern dass er im Hier und Jetzt das jeweils angemessene Verhalten parat hat, dass er für sich selbst einstehen kann und verantwortungs- und entscheidungsfähig ist. Dass er sich dabei vielleicht der alten Verhaltensmuster bewusst ist, aber nicht von ihnen beherrscht wird. Es würde bedeuten, dass er in seinem Verhalten nicht von den kindlichen Gefühlen, Überzeugungen und Einstellungen, kämen sie nun im Modus des Eltern-Typs oder dem des Kind-Typs daher, getrieben wird, sondern situationsgerecht auf Augenhöhe handeln kann.

Aber haben wir denn überhaupt eine Chance, die seit Kindertagen eingeschliffenen Rollenmuster hinter uns zu lassen? Diese Frage wird in Beratungen oft gestellt.

Die Antwort ist nach meiner Erfahrung schlicht und ernüchternd: Nach meiner Erfahrung verlieren wir unsere grundlegenden Beziehungsmuster nicht, sie bestimmen uns unser Leben lang. Immer nehmen wir unsere Welt entweder mehr aus der elterlichen oder mehr aus der kindlichen Perspektive wahr. Wir können uns nicht umpolen.

Aber das bedeutet nicht, dass wir den Geistern der Vergangenheit hilflos ausgeliefert wären. Wir können nach meiner Überzeugung die Wirkungen unseres Verhaltens mildern. Doch ist das mit erheblicher Arbeit verbunden, aus der elterlich-kindlichen Perspektive aufzutauchen und eine erwachsene Sichtweise zu gewinnen.

Denn das „Erwachsene" muss sich ein Paar erarbeiten. Es ist eine anstrengende, aber auch befreiende Arbeit. So wie wir als Kinder in einem mühsamen und langjährigen Prozess lernen mussten, für uns selbst einzustehen, also erwachsen zu werden, müssen wir das Ganze nun in der Partnerschaft ein zweites Mal lernen und erproben. Das geht nicht ohne Fehler ab.

Diese Arbeit, wie individuell sie auch aussehen kann und muss, bedarf einer Reihe von Schritten, die einem Paar allerdings oft nur gelingen, wenn es Hilfe von außen in Anspruch nimmt. Ich umreiße sie hier nur grob und gehe im nächsten Kapitel genauer auf sie ein.

Der erste Schritt dieser „Beziehungs-Arbeit" besteht nach meiner Überzeugung darin, dass wir *aus dem reinen Agieren ins Reflektieren kommen*, also aus dem „So-bin-ich-eben" und einem „Damit-musst-du-dich-eben-Abfinden" in ein Innehalten, Bewusstmachen und vielleicht auch Erschrecken. Wir schauen uns an und gestehen uns zum Beispiel ein: „So, wie unsere Partnerschaft läuft, läuft sie nicht gut; so kann es nicht weitergehen!" Wir kommen überein, dass sich „etwas" ändern muss. Wir wissen vielleicht noch nicht was, und wir wissen vielleicht noch viel weniger, wie wir da hinkommen können, aber wir gestehen uns ein: „Es ist höchste Zeit! Wir wollen, wir müssen etwas tun, sonst haben wir keine Zukunft mehr miteinander!" Es geht also zuerst um ein Wahrnehmen dessen, was ist, um *Inventur*.

Wir machen uns klar, dass die bisherigen Wege, wie wir miteinander umgehen, nicht weiterführen. Wir machen uns klar, dass die Instrumentarien unseres Umgangs miteinander unserer Partnerschaft schaden. Vielleicht tauschen wir uns nicht mehr genug miteinander aus. Vielleicht reden wir nicht miteinander, oder nicht genug oder nicht konstruktiv. Vielleicht hören wir uns nicht mehr zu. Vielleicht wertet der eine das ab, was der andere tut. Vielleicht sehen wir uns nicht mehr an, berühren uns nicht mehr. Vielleicht arbeiten wir gegeneinander. Wir machen uns klar, dass wir unglücklich sind. Dass wir überwiegend von der Substanz zehren. Dass unsere Beziehung gefährdet ist. Und dass dieses Thema höchste Priorität besitzt.

Ein Paar, das übereinkommt, hinzuschauen und etwas zu ändern, hat eine vergleichsweise gute Prognose. Natürlich schaut jeder zunächst nur aus seiner Perspektive hin, ist davon überzeugt, dass der andere das Problem ist, dass vor allem der andere sich ändern muss. Aber solange der Wille bei beiden vorhanden ist, sich dem Problem zu stellen, tun sie einen erwachsenen Schritt in Richtung Partnerschaft.

Der zweite Schritt ist dann, dass wir uns im *gegenseitigen Hinsehen und Hinhören* für ein Doppeltes öffnen: uns einerseits zu sagen, wie es uns geht und andererseits zu hören, was unser Verhalten beim anderen bewirkt. Indem wir uns gegenseitig unsere Gefühle mitteilen und uns zuhören, geben wir unserer Partnerschaft eine Chance und es entsteht eine Atmosphäre der Aufmerksamkeit und Hoffnung. Sie ist die Bedingung für Veränderungen.

Dafür benötigt ein Paar Raum und Zeit und eine gute Atmosphäre – Bedingungen, die sich die beiden oft nicht genug gegeben haben. Viele Paare keifen sich nur noch an. Deshalb ist dieser Schritt meist ohne mindestens anfängliche Hilfe schwierig. Oft macht einer von beiden immer wieder Anläufe, aber bald verhaken sich beide wieder ineinander und ziehen sich erneut zurück.

Das Von-sich-Erzählen und Sich-Zuhören bekommen wir nur dann hin, wenn es eine weitere Bedingung erfüllt, in der die meisten Menschen ganz ungeübt sind, nämlich die Fähigkeit, *unser eigenes Verhalten* (also nicht das des Partners!) *unter die Lupe zu legen*. Das ist ein zentraler Schritt, über den ich oben schon gehandelt habe. Sich „erwachsen" zu begegnen, bedeutet, für sich selbst die Verantwortung tragen, nicht auf den anderen zu zeigen, sondern die eigenen Antriebe wahrzunehmen – und das gleiche natürlich auch dem Partner zuzugestehen bzw. ihm zuzumuten. In Anerkennung seiner Verschiedenheit muss jeder von beiden lernen, dem Andersartigen im anderen mit Achtung und Respekt zu begegnen. Das wird er aber nur können, wenn er sich seiner selbst bewusst ist und dem anderen selbstbewusst gegenübertritt.

Indem einer lernt, sich selbst zu bejahen und seinem Leben zuzustimmen, bekommt er die Freiheit, den anderen sein zu lassen, wie er ist: „Ich bin ich und du bist du". Er lernt, mit dem Partner, der Partnerin gleichrangig umzugehen, indem er *aus der Du-Perspektive* („du musst dich verändern, damit ich mich besser fühle") *in die Ich-Perspektive* („es ist meine Sache, dafür zu sorgen, dass ich mich wohlfühle") wechselt. Er lernt, sein aus der Kindheit stammendes Verhaltensmuster um die Variante „erwachsenes" Verhalten, das heißt, seiner Gegenwarts-Situation angemessenes, selbst verantwortetes Verhalten, zu erweitern. Er lernt Kommunikationsformen einzuüben, die ihn mit seinem Partner auf Augenhöhe bringen.

Die Leitfrage erwachsenen Verhaltens ist deshalb: „Was hat mein Verhalten dir gegenüber, meine Reaktion, was hat mein Unwohlsein, meine Unstimmigkeit, meine Unzufriedenheit, was hat meine Kritik, mein Ärger, mein Vorwurf dir gegenüber, was haben sie *mit mir selbst zu tun?*" Speziell frage ich mich zum Beispiel: „Warum hat mich etwas, was du getan hast, so betroffen gemacht? Welche wunde Stelle hast du bei mir angerührt, welche alte Verletzung ist bei mir aufgeplatzt, dass ich so aufgebracht bin?"

Indem ich mir klarmache, woher eigentlich der Antrieb für meine Emotionen stammt, übernehme ich Verantwortung für mein Verhalten. Ich setze mich damit auseinander, was mein Verhalten beim anderen bewirkt. Indem ich lerne und übe, bewusster mit mir selbst und ebenso mit meinem Partner umzugehen, indem ich mich ihm mitteile und mir von ihm sagen lasse, wie es ihm geht, eröffnen wir uns die Möglichkeit, uns selbst in Frage zu stellen. Statt unsere – elterliche oder kindliche – Sichtweise als die allein richtige zu behaupten und durchzusetzen, können wir uns austauschen, uns verständigen und verabreden. Das sind Merkmale erwachsenen Verhaltens.

Dann kann *der dritte Schritt* folgen. Er besteht darin, dass wir lernen miteinander zu verhandeln und nach Lösungen zu suchen, mit denen es uns beiden besser geht. Indem einer sich selbst und ebenso auch den Partner ernst nimmt, kann er aufhören, mit ihm zu kämpfen und sich gegen ihn zu behaupten. Er kann lernen, *vom Krieger zum Händler zu werden*. Darüber wird im nächsten Kapitel noch ausführlich zu reden sein.

Kriegerverhalten speist sich aus den ehemals eingeschliffenen Grundmustern unserer Kindheit. Je nachdem besitzt es eine unterschiedliche Färbung. Es kann kindlich-rebellisch oder elterlich-vorwurfsvoll geprägt sein. Händlerverhalten ist ein Ausdruck erwachsenen miteinander Umgehens. Ich verhandele, bis ich eine Lösung gefunden habe.

Das Kriegerverhalten der beiden Beziehungs-Typen ist unterschiedlich; das Händlerverhalten hingegen ist für beide gleich. Es ist das Erwachsenen-Verhalten, das beide lernen müssen. Das Motto lautet: „Ich verhandle mit dir, bis wir eine Lösung gefunden haben, der wir beide zustimmen."

Das Händler-Verhalten ist bestimmt durch diesen Willen zur Verhandlung: „Ich will mich mit dir ins Benehmen setzen. Ich will hören, was dir nicht passt und dir mitteilen, was mich stört. Ich sage dir, auch wenn es mich Mühe kostet, was ich will. Ich will hören und verstehen, was du willst. Ich bin genauso wichtig wie du. Du bist genauso wichtig wie ich. Wir sind gleichberechtigt. Wir haben gleiche Augenhöhe."

Vor allem ist Händlerverhalten beseelt von einem *Willen zur guten Lösung*: „Ich übernehme gemeinsam mit dir Verantwortung für unsere Partnerschaft. Ich möchte mich mit dir verabreden, einen guten, baldigen Zeitpunkt finden, um unser Problem zu klären. Ich stelle mich dem Problem, schiebe es nicht weg. Ich mache Lösungsvorschläge. Ich suche den Kompromiss. Und ich bleibe dran, bis wir uns einig sind. Ich möchte mit dir eine Vereinbarung treffen, der du genauso zustimmen kannst wie ich. Wir schließen Verträge. Ich überprüfe, wann immer es mir oder dir wichtig ist, ob unsere Vereinbarung noch für uns beide stimmt. Ich will nicht Sieger sein. Ich will nicht Verlierer sein. Du sollst nicht Sieger sein. Du sollst nicht Verlierer sein. Wir sind Partner." So installiere ich ein erwachsenes Miteinander-Umgehen.

Nicht unsern Grund-Typus können wir auf diese Weise ändern; wohl aber den Umgang mit ihm. In Stress- und Streitsituationen schlittern wir zwar leicht in unser altes Muster und treten unserem Partner (bzw. unserer Partnerin) mit unsern elterlichen oder kindlichen Gefühlen und Erwartungen gegenüber. Aber indem wir darüber reden, uns Auskunft darüber geben, wie es uns geht, und indem wir uns bewusst machen, warum wir so geworden sind, verändern wir das Klima zwischen uns. So entsteht eine Atmosphäre des Verständnisses und der gegenseiti-gen Akzeptanz, ein Raum für Verhandlungen, der Boden für einen erwachsenen Umgang miteinander.

3 Die dritte Säule: Austausch

> *Zum Rebbe kommt ein Jude und fragt: „Ist es erlaubt, am Jom Kippur (dem zentralen Sühne- und Fastentag der Juden) mit einer Frau Verkehr zu haben?" Der Rebbe klärt und entscheidet: „Du darfst. Aber nur mit der eigenen Frau. Ein Vergnügen soll's nicht sein." (SL, 127)*

„Wir machen fast gar nichts mehr miteinander!" So klagen nicht wenige Partner oder Partnerinnen, und erinnern sich wehmütig an Zeiten, wo das mal ganz anders war, wo sie, wenn sie sich trennen mussten, gar nicht erwarten konnten, bis der andere wieder da war. Was für Tage, was für Erlebnisse! Nur leider: sie sind vorbei. Grauer Alltag hat sich breitgemacht, Pflichten traten an die Stelle von Aufregung und Lust. Die Prioritäten haben sich verschoben. Die gemeinsamen Erlebnisse haben sich verknappt, die Gefühle zueinander abgekühlt. Immer seltener nehmen sie sich Zeit füreinander, und was ihnen früher vielleicht größtes Vergnügen versprach, die körperlich-erotisch-sexuelle Begegnung, hat sich zu etwas Kompliziertem gewandelt.

Normalerweise brauchen Paare einige Jahre, bis die hochfliegenden Emotionen der ersten Zeit am Boden landen, die einen länger, die anderen kürzer. Oft ist es ein schleichender, fast unbemerkter Prozess. Aber er erfasst beinahe alle Paare. Bemerkenswert ist, dass er sich so flächendeckend ausbreitet, dass es nur wenige Ausnahmen gibt. Als steckte darin eine Unausweichlichkeit. Aber es hat Gründe. Es lohnt sich, ihnen nachzugehen.

Viele, vermutlich die meisten Paare erleben diese Verwandlung ihrer Beziehung als Verlust. Aber oft bekommen sie sie gar nicht bewusst mit. Denn es gibt genug, was die beiden verbindet. Die Begeisterung füreinander springt häufig erst einmal auf andere Objekte über, vor allem auf die Kinder, aber auch auf die Einrichtung einer Wohnung oder den Bau eines Hauses. Es gibt für beide Partner vieles zu tun, für das ihr Einsatz gefordert ist.

Natürlich klagt mal der eine, mal der andere, oder auch der eine mehr, der andere weniger darüber, dass „wir nur noch so wenig miteinander machen". Das belastet die Stimmung, aber führt selten zu nachhaltigen Veränderungen. Allmählich stellt sich bei den meisten Paaren eine große Ernüchterung ein. „Genieße die ersten Jahre, danach kommt der graue Alltag!", sagen dann erfahrene und längst desillusionierte Freunde. Nur noch ab und an, etwa manchmal an den Wochenenden oder im Urlaub, gewinnen Paare vielleicht noch einmal ihre ursprüngliche Leichtigkeit zurück. Oft bleiben das jedoch Strohfeuer. Erst nach und nach wird ihnen das Ausmaß ihrer partnerschaftlichen Sparsamkeit bewusst. Umso schmerzlicher stellen sie dann irgendwann fest: Unsere Liebe hat sich abgekühlt. Wir haben uns einander entfremdet.

Fragt man Paare, wie es dazu kommen kann, dass sie ihr Aufeinanderzuwollen immer mehr verloren haben, dann erhält man eine ganze Reihe von Antworten:

Starke berufliche Anforderungen und schwierige Arbeitsbedingungen, ein harter Leistungs- und Konkurrenzdruck, finanzielle Belastungen und Sorgen im Rahmen der Existenzgründung, vor allem die Gründung einer eigenen Familie, der Aufbau eines eigenen Zuhauses, die Betreuung der Kinder, die ihr Recht fordern und Probleme mitbringen, nicht selten auch älter werdende Eltern, die betreut werden müssen, manchmal schwierige Wohnbedingungen oder Konflikte mit anderen Menschen, ganz zu schweigen von dem Zwang, sich als Paar miteinander zurechtzuruckeln – all das und vieles andere mehr hat ihre Euphorie nach und nach gedämpft und den gegenseitigen Austausch lahmgelegt. An die Stelle der Lust hat sich oft Erschöpfung breitgemacht.

Die Partner sind so intensiv mit der Bewältigung der vielen neuen Aufgaben beschäftigt, dass für den gegenseitigen Austausch ihrer Gefühle und die Befriedigung ihrer emotionalen Bedürfnisse immer weniger Raum bleibt. Geld verdienen geht vor. Berufliche Termine gehen vor. Kinder gehen vor. Eventuell gehen auch kranke oder pflegedürftige Eltern vor. Oder sonst noch was. Erst am Ende rangiert das Paar. Alle Puste wird verbraucht, um den Familienladen am Funktionieren zu halten.

Sehr viele Paare berichten davon, dass es bei ihnen, je länger eine Beziehung dauert, vor allem an Gemeinsamkeit hapert, dass sie vieles nur noch nebeneinander, aber nicht mehr miteinander machen. Sie funktionieren. Sie halten den Familienbetrieb am Laufen. Aber es fehlt ihnen zunehmend das Gefühl, dass sie aufeinander bezogen sind, dass der andere Partner sie sieht, sie hört, mitbekommt, was sie alles tun. Sie haben nicht mehr das Gefühl, vom anderen verstanden und wichtig genommen zu sein, sie fühlen sich immer weniger vom anderen gewollt. Und wenn man sie fragt, dann sagen sie: „Nein, eine glückliche Beziehung führe ich nicht!" Dann stellt sich irgendwann unweigerlich die Frage: „Will ich so weitermachen?"

Die Erfahrung lehrt es uns: Ohne genügenden Austausch wird unsere Partnerschaft fad und langweilig. Nach und nach verkalkt und verödet sie. Das ehemals erträumte Glück schleicht sich aus der Hintertür hinaus.

Es kann sein, dass ein Paar das klare Ja, von dem die erste Säule handelt, nicht in Frage stellt. Es kann auch sein, dass es noch dazu einen erwachsenen Umgang miteinander pflegt, dass sich die beiden nicht in die Quere kommen und sich achten, dass auch ihre „zweite Säule" fest steht. Dann können sie vielleicht gut als Paar funktionieren.
Aber das macht die beiden noch nicht glücklich. Ob ein Paar miteinander glücklich ist, entscheidet sich am Maß des Austauschs, den es miteinander pflegt, also wie viel, wie oft, wie tiefgehend und auf welchen Ebenen es miteinander kommuniziert. Davon handelt die „Säule drei".

3.1 Der Austausch

> *Kommt eine Frau zum Rabbi: „Ich will mich scheiden lassen! Mein Mann will, ich soll ein Kind bekommen." - „Aber, liebe Frau", entgegnet der Rabbi, das ist doch ein normaler, verständlicher Wunsch Ihres Gatten!"*
> *„Aber ich will nicht! Ich will nicht!" ruft sie. Der Rabbi: „Gute Frau, da sind Sie aber im Unrecht. Warum wollen Sie denn kein Kind bekommen?" Sie: „Weil: Ich habe schon zehn!" (SL, 128)*

Schaut man Paaren zu, denen es miteinander gut geht, dann gibt es einen signifikanten Unterschied zu jenen, deren Beziehung holpert: Sie haben einen regen Kontakt miteinander. Sie sind aufeinander bezogen. Sie sehen sich an. Sie hören sich zu. Sie fassen sich an. Sie tauschen sich aus. Es ist der hin und her gehende persönliche Transfer zwischen den Partnern, der ihre Partnerschaft beseelt.

Das Zauberwort für das partnerschaftliche Wohlbefinden heißt *Austausch*. Er haucht einer Partnerschaft Leben ein, hält sie beweglich und lebendig.

Austausch gelingt nicht immer. Wenn einer mit seiner Frau zehn Kinder in die Welt setzt, muss das noch nicht ein Zeichen für gelungenen Austausch sein. Auch manche moderne Paare scheinen zu meinen, dass sich der partnerschaftliche Austausch im Austausch bestimmter Körperflüssigkeiten erschöpft. Sie werden, wenn es darum geht, ob sie das glücklich macht, meist bald eines Besseren belehrt.

Wenn Paare ihre Partnerschaft beleben wollen, brauchen sie einen regelmäßigen und möglichst umfassenden Austausch miteinander. Was sie auf Dauer glücklich macht, ist der hin und her gehende Austausch zwischen ihnen.

Der Austausch geht permanent hin und her. Darin liegt der wesentliche Unterschied der Partnerschaft zur Eltern-Kind-Beziehung. Eltern geben ihren Kindern Halt, unterstützen sie. Was an emotionalem und materiellem „Austausch" zwischen Kindern und Eltern stattfindet, ist überwiegend davon geprägt, dass die Eltern die Gebenden, die Kinder die Nehmenden sind.

Nur sehr begrenzt können wir unsern Eltern (oder auch anderen, die sie vertraten) etwas von dem zurückgeben oder ausgleichen, was wir von ihnen bekamen. Wir verdanken ihnen unser Leben – also das Größte, was wir überhaupt haben. Das ist und bleibt ein einseitiges Geschenk. Auch die Liebe und der Einsatz, den die Eltern – in der Regel – lange Jahre aufbrachten, damit wir aufwachsen konnten, sowie das Materielle, das wir zum Leben brauchten, war ein einbahniges Geschenk. Wir können es gar nicht gutmachen oder ausgleichen. Dafür ist es bei weitem zu groß. Deshalb gibt es zwischen Eltern und Kindern kein gleichrangiges Ausgleichen.

Das gilt übrigens auch, wenn Kinder später für ihre Eltern sorgen, die etwa aus Alters- oder Gesundheitsgründen nicht mehr dazu in der Lage sind, das für sie Nötige selbst zu erledigen. Nur in einem begrenzten Umfang geben sie damit ihren Eltern etwas zurück. Der Haupt-Ausgleich besteht nicht im Zurückgeben des Erhaltenen, sondern im Weitergeben. Der „Dank" des Kindes besteht deshalb vor allem darin, dass es wächst und gedeiht und etwas aus seinem Leben macht – und später seinerseits den eigenen Kindern (oder anderen Menschen) davon weitergibt. Im Blick auf die Fließrichtung von Geben und Nehmen, also den gegenseitigen Ausgleich, bleibt die Elternliebe überwiegend eine Einbahnstraße und insofern bleiben die Generationsebenen getrennt.

Die Beziehung zwischen Eltern und Kindern ist vor allem dadurch gekennzeichnet, dass Kinder bei ihren Eltern Schutz finden. Menschen, die, wie oben beschrieben, im Eltern-Kind-Modus leben, geben entweder dem anderen (als Eltern-Typ) Unterstützung oder suchen (als Kind-Typ) beim anderen Geborgenheit.

Anders in der Partnerschaft. Als Partner begegnen wir uns im *Partner-Modus* und suchen vor allem *Austausch und Ausgleich von gleich zu gleich*. Indem wir uns austauschen, treten wir uns auf Augenhöhe gegenüber und steigen aus dem Eltern-Kind-Schema unserer Kindertage aus. Wir verhalten uns erwachsen.

Die erwachsene, partnerschaftliche Liebe lebt davon, dass - im Kleinen wie im Großen - ein Ausgleich zwischen den Partnern stattfindet. Das heißt, dass das Geben und Nehmen des einen im Nehmen und Geben des anderen eine Entsprechung hat. Das hält die Partnerschaft in Schwung.

So kann man es an Paaren beobachten: Damit eine Partnerschaft nicht nur funktioniert, sondern lebt, damit ihre Emotionen nicht austrocknen und ihre Lust nicht verebbt, brauchen Paare einen kontinuierlichen Nähe-Austausch miteinander. Sie brauchen einen permanenten Transfer von Gefühlen, von Erfahrungen und gemeinsamen Erlebnissen. Je umfangreicher und vor allem je tiefer dieser Austausch ist, desto besser für die Partnerschaft.

Diesen Austausch nenne ich *die dritte Säule der Partnerschaft*. Die dritte Säule nimmt das in den Blick, was unser Zusammenleben kräftigt, was es schmackhaft und würzig macht. Was es unter Dampf setzt. Was unsere Phantasie belebt, uns in die Glieder fährt und Leben in die Knochen bringt. Die dritte Säule steht für unsere Lust und Laune, für unsere Lebensfreude.

Es geht also um den Austausch. Nun gut, mag einer denken – aber worüber? Und wie viel? Wie oft? Ist es sinnvoll, ist es überhaupt möglich, sich über alles das auszutauschen, was wir erleben, fühlen, denken? Wollen wir das überhaupt alles vom anderen wissen? Ist es wünschenswert, möglichst viel vom anderen zu wissen? Und umgekehrt: möchte ich mich immer so entblättern? Brauche ich nicht auch Geheimnisse?

Wie weit, mögen Sie, liebe Leserin, lieber Leser, sich vielleicht fragen, lasse ich meinen Partner, meine Partnerin in mich schauen? Wie viel Einblick gibt sie oder er mir? Was halte ich heraus? Was will ich auf keinen Fall teilen, was auf keinen Fall mitteilen? Wovon erzählen wir uns nie etwas, welche Themen verschweigen wir?

In der Regel klagen die Paare über ein Zuwenig an Austausch; genauer gesagt: es klagt meist einer von beiden: „Du erzählst mir nichts über dich! Ich weiß überhaupt nicht, was du denkst, was du fühlst und was du tust!" Während der eine den Austausch einklagt, versucht der andere, sich vor dem Auskunftgeben und der Kontrolle des anderen abzuschirmen. Es hat immer Gründe, wenn ein Partner den anderen nicht an sich teilhaben lässt. Und jedenfalls hat es immer Auswirkungen auf die Beziehung. Was ein Partner vor dem anderen verbirgt, das trennt ihn von ihm.

Manchmal gibt es aber auch ein Zuviel an Nähe und Austausch. Manchmal will einer zu viel wissen, verlangt dauernd, dass der Partner Auskunft über sich erteilt. Dann zieht sich der andere meist zurück. Manchmal will einer auch zu viel mitteilen, neigt dazu, den anderen mit den eigenen Erlebnissen und Geschichten zuzutexten. Auch das kann unerträglich sein.

Wie viel Austausch brauchen wir also? Welches ist das stimmige Maß? Es entwickelt sich zwischen der Angst, sich zu zeigen, sozusagen sich zu entblättern und zu entblößen und damit dem anderen auch in einem gewissen Umfang auszuliefern, und dem eigenen Bedürfnis, sich zu öffnen, aber auch dem Verlangen oder manchmal dem Druck des anderen, ihn oder sie am Leben des Partners oder der Partnerin teilhaben zu lassen. Es ist die bekannte Mixtur aus Wir- und Ich-Bedürfnissen, aus Gemeinsamkeit und Eigensinn.

Klar ist: Stimmt das Maß nicht, erleben die Partner es als Einbuße von Wohlbefinden. Dabei springt sofort ins Auge, dass es nicht in erster Linie um die Menge unserer Kontakte geht, einen formalen Abgleich von Daten und Informationen, ein äußerliches Informieren, also um eine Quantität. Sondern es geht um Intensität und Tiefe, um Qualität, also dass jeder von uns *alles Wesentliche* von sich einbringt und nichts ausklammert. Das Wesentliche sucht das Herz des anderen und öffnet das eigene Herz. Nur der Austausch über das Wesentliche macht die Beziehung satt und stärkt das Paar in seinem Wir-Gefühl.

Wenn zum Beispiel zwei zusammen eine Familie gründen und Kinder großziehen, wenn sie sich eine Wohnung einrichten oder ein Haus bauen, wenn sie in einer Firma zusammenarbeiten oder womöglich einen Betrieb gemeinsam aufbauen und führen, wenn sie ihren Alltag gestalten und sozusagen den Betrieb am Laufen halten – dann haben sie zwar viel miteinander zu tun. Aber es ist damit nicht unbedingt gesagt, dass sie sich einander mitteilen und über einander austauschen. Vielleicht funktionieren sie nur gut, geben aber dem Partner ihre Gefühle und Gedanken, ihre Absichten und Träume nicht zu erkennen und sind vielleicht innerlich weit von ihm entfernt.

Was Partner brauchen, damit sie sich wirklich nahekommen, ist die Bereitschaft, den anderen an allem teilhaben zu lassen, was ihnen wichtig ist. Es geht um das innere Offensein für einander.

Hält einer von beiden bestimmte Bereiche seines Lebens aus dem Austausch heraus, sei es bewusst oder unbewusst, stehen sie zwischen ihm und dem Partner und entziehen der Partnerschaft Kraft. Das kommt in Partnerschaften sehr oft vor. Zum Beispiel erzählt einer dem anderen nicht von Altlasten aus der Zeit vor der Partnerschaft, die ihn aber noch binden; oder er verschweigt, wenn etwas Schlimmes passiert ist, oder wenn er etwas verbockt hat; oder er verheimlicht, wenn er dem anderen nicht treu war und so fort. Aber *alles, was partnerrelevant ist*, was den anderen betrifft oder seine partnerschaftlichen Gefühle beeinflusst, *bedarf des Austausches*. Anderenfalls wird es zu etwas Trennendem.

Den anderen erreichen wir nur dann, wenn wir uns öffnen, wenn wir offen sind für ihn. Der andere öffnet sich, wenn er spürt, dass er wirklich gemeint ist. In der gegenseitigen Offenheit für das Andere des anderen wird unsere Beziehung wesentlich. Wenn wir uns ansehen, zuhören, berühren. Wenn wir uns Zeit geben füreinander. Dann merken wir, dass wir nicht beliebig sind für den anderen, nicht austauschbar, sondern einzig. Die Partner-Beziehung hat darin etwas Exklusives: „Ich meine dich! Ich zeige mich speziell dir! So zeige ich mich nur dir!"

Wir können uns aber nur dann gemeint fühlen, wenn jeder von uns beiden seine Eigenart behält und nicht im gemeinsamen Wir verschwindet. Deshalb benötigt der Austausch der Partner immer das Korrektiv der zweiten Säule, der Eigenständigkeit. Jeder der beiden Partner braucht – bei aller Gemeinsamkeit – seine Eigenständigkeit, seine eigene Verantwortlichkeit, sein eigenes Aufgabengebiet, sein persönliches Profil. Und mehr: Was einer auf die Beziehung hin tut, wie sich einer einbringt, braucht vor allem das eigene Interesse. Es bedarf der Freiwilligkeit.

Es ist ja gerade das Andere, was der andere einbringt, seine andere Draufsicht, es sind seine anderen Erfahrungen und Ideen, die ihn für den Partner interessant machen und seine Attraktivität ausmachen. Sind ihre Erfahrungen zu ähnlich, sehen die beiden die Welt nur (noch) durch eine gemeinsame Brille – wie das manchmal bei Paaren der Fall ist –, werden sie zunehmend uninteressanter füreinander. Dann droht ihre Kommunikation einzuschlafen.

Deshalb gilt ganz allgemein und grundsätzlich: Soll eine Partnerschaft wachsen, blühen und gedeihen, soll die Beziehung lebendig sein, braucht sie einen freiwilligen, eigenständigen, unaufhörlichen, zu Herzen gehenden Austausch über das Wesentliche, das beide bewegt.

Vielleicht habe ich aber einen Partner, der sich mit dem Austauschen schwer tut; der nicht so wortgewandt ist wie ich oder der seine Gefühle nicht so klar orten und formulieren kann wie ich. Das ist eine Schwierigkeit, über die noch zu reden sein wird. Dann ist aber, bei aller Unterschiedlichkeit, eins unabdingbar: dass ich weiß und spüre, dass mein Partner, meine Partnerin mir alles

Wesentliche von sich mitteilt. Tut er oder sie das nicht oder spare ich selbst etwas aus, dann brennt bereits die rote Alarmlampe.

Austausch ist nie eine Einbahnstraße. Austausch braucht zwei ebenbürtige Partner. Er besteht in einem stetigen *Nehmen und Geben*. „Wie steht es", können Sie sich fragen, „bei uns mit dem Geben und Nehmen? Stimmen die Gewichte auf der Waage? Wo haben sich Ungleichgewichte zwischen uns aufgebaut?"

Geben und Nehmen, was heißt das konkret? Es betrifft zunächst einmal etwas ganz Grundsätzliches: „Ich gebe dir, was ich bin und habe. Ich gebe es dir gern, ich schenke es dir. Und ich nehme von dir, was du bist und hast und mir gibst. Ich nehme es gern. Ich lasse mich von dir beschenken und bereichern. Ich halte nichts zurück und ich nehme von dir das Ganze." Und umgekehrt: „Du nimmst von mir, was ich dir gebe und gibst mir, was du hast usf."

Dieses Geben und Nehmen bezieht die ganze Person ein. Es bedeutet: Ich stelle mich dir in meinem Mannsein bzw. Frausein gegenüber, und ich nehme dich in deinem Frausein bzw. Mannsein als mein Gegenüber. Das gilt in der gegengeschlechtlichen ebenso wie in der gleichgeschlechtlichen Beziehung. Der Austausch erstreckt sich auf die Gesamtheit der partnerschaftlichen Polarität, den Austausch der persönlichen Möglichkeiten und Fähigkeiten, wie jeder sie hat, darunter natürlich auch die der Fortpflanzung. Er umfasst die Gemeinschaft von Tisch und Bett.

Wenn zwei sich als Partner zusammentun, begegnen sich zwei Welten; jeder von beiden bringt seinen eigenen Kosmos mit. Die beiden stellen fest: Es gibt zwischen uns eine Fülle von Gemeinsamkeiten und Übereinstimmungen, und es gibt viele Nicht-Übereinstimmungen und befremdliche Andersartigkeiten. Beide eröffnen eine breite Palette von Lebensbereichen. Der Austausch darüber füllt ein Leben. Je intensiver er ist, desto vertrauter wird sich ein Paar. Worüber es sich nicht austauscht, schleppt es als Konfliktherd mit sich herum.

Der die Partner belebende Austausch spart nichts aus. Will ich etwas zurückhalten (weil ich mich schuldig fühle, schäme, mir damit einen Vorteil verschaffen will), führe ich den Partner, die Partnerin gewissermaßen hinters Licht. Aber das nicht Offene wirkt dann heimlich. Letztlich kann keiner etwas zurückhalten. Was ich nicht offen kommuniziere, wird indirekt im Raume stehen.

Solange das Geben und Nehmen zwischen uns beiden in Gang ist, lebt unsere Partnerschaft. Wer nimmt, muss auch geben. Wer gibt, muss auch nehmen. Sind Geben und Nehmen nicht ausgeglichen, gerät der Zuviel-Nehmende unter Druck und der Zuviel-Gebende fühlt sich ausgenutzt. Wer zu *wenig* gibt, wertet sich selbst ab. Wer zu wenig *nimmt*, wertet den anderen ab. Wer zu *viel* nimmt, bekommt ein schlechtes Gewissen; wer zu viel *gibt*, fühlt sich nicht geliebt.

Der *Zuvielgeber* tut sich schwer, die Hände aufzutun und sich beschenken zu lassen. Er tut sich schwer zu würdigen, was der andere ihm gibt. Für ihn ist es viel leichter, Liebe zu geben als Liebe zu nehmen. Dann bleibt er niemandem etwas schuldig.

Der *Zuvielnehmer* tut sich schwer, seinen eigenen Beitrag zur Liebe wertzuschätzen. Er kommt nie nach mit dem Zurückgeben. Für ihn ist es viel leichter, die Hände aufzuhalten als sie dem anderen zu füllen. Denn er kann nicht glauben, dass seine Liebe für den anderen ausreicht.

Der erwachsene, partnerschaftliche Umgang miteinander benötigt ein ausgeglichenes Hin und Her von Geben und Nehmen. Diese „Ausgeglichenheit" ist wiederum nichts Formales, Äußerliches. Sie besteht in einer inneren Gleichwertigkeit, in dem Gefühl, dass beide sich auf Augenhöhe begegnen. Dass sie wissen, was sie selber wert sind und was der andere ihnen wert ist. Fehlt diese innere Gleichwertigkeit, gerät das Paar in Schieflage.

Je wesentlicher und offener der Austausch ist, desto lebendiger und glücklicher ist die Beziehung. Er bezieht sich auf alles, was Menschen aus ihrer Vergangenheit mitbringen und ebenso auf das, was sie im Laufe des Zusammenlebens miteinander erfahren, seien es besondere Erlebnisse, Kinder, berufliche Erfolge und so fort, seien es Schicksalsschläge, Krankheiten, Unfälle, Misserfolge und was noch. Immer gilt für die lebendige Partnerschaft: Ich gebe dir gern, was ich bin und habe. Ich nehme von dir gern, was du mir gibst.

Wie steht es, können Sie, liebe Leserin, lieber Leser, sich fragen, mit dem Austausch in meiner Beziehung? Bringe ich alles Wichtige ein? Halte ich etwas zurück? Was weiß ich über meinen Partner, meine

Partnerin? Wie weit will ich meine Türen öffnen? Und wenn ich es nicht tue: Warum halte ich etwas zurück?

Worüber sich Paare austauschen, erstreckt sich auf unterschiedlichste Lebensbereiche:

➢ auf unsere *nichtmateriellen inneren Einstellungen*, also welche Lebensziele und Grundüberzeugungen wir besitzen, welche Ansprüche wir ans Leben haben, was uns antreibt. Ob wir uns zum Beispiel über unser Aussehen definieren; oder über unser Einkommen bzw. unseren Besitz; über unser Auto, unseren äußerlichen Status; oder über unsere Bildung; über unsere kulturellen Interessen; über unsere Hobbys und Liebhabereien; über unsere politischen Ansichten; über unser soziales Engagement; über unsere familiären Gebundenheiten und Interessen; über unsere religiösen Überzeugungen und Einbindungen.

➢ Weiter betrifft der Austausch unsere *geistig-intellektuellen Ansprüche*, die Art und das Niveau, mit dem wir uns begegnen, was wir denken, wie weit und mit welchem Anspruch wir unsere Meinungen vertreten, welche Positionen wir beziehen.

➢ Viele Menschen besitzen sodann *musisch-künstlerische Fähigkeiten und Interessen.* Das Musische ist ein Bereich, der für den Einzelnen meist besonders wichtig ist. Dass einer gerne singt, malt, musiziert, schreibt, fotografiert, gestaltet, bastelt, werkelt, erfindet – daran hängt oft sein Herz besonders. Vielleicht bleibt vieles davon dem Partner fremd, vielleicht steht er nur staunend und manchmal eben auch verständnislos oder kopfschüttelnd davor.

> Ein weiterer Bereich ist der Austausch über *unser praktisches Leben*, über das, was uns den Tag füllt, was wir einzeln oder zusammen tun, was uns im Beruf und auf der Arbeit beschäftigt, wie wir uns engagieren, welchen Vorlieben wir nachgehen, was wir in der Freizeit und nach Feierabend gern tun, wie wir den Urlaub verbringen. Es gehört dazu, wie wir unsere Freundschaften leben und mit wem wir verkehren. Es gehören all die praktischen Tätigkeiten und Regelungen des Alltags dazu. Es gehört auch das Nicht-Sinnvolle, das Nicht-Vorzeigbare dazu, was wir tun, wenn wir nichts tun, vom In-der-Kneipe-Hocken übers Fußballgucken bis zum Videos-Reinziehen, vom Durchhängen bis zum Krank-Sein. Kann sei, dass wir uns für das eine oder andere schämen. Aber halten wir's raus, steht es zwischen uns.

> Sodann geht es um den *emotionalen Austausch* zwischen uns: wie wir fühlen, welche Emotionen wir haben, welche Ängste und Befürchtungen, welche Begeisterungen und Leidenschaften uns bewegen. Gerade die Emotionen, Liebe oder Abwehr, Scham oder Lust, Angst oder Vertrauen und so weiter, sind es, die uns am meisten bewegen und die unsere Partnerschaft beleben.

➤ Und schließlich, aber überhaupt nicht zuletzt, gehören noch zwei Bereiche dazu, an denen es in vielen Beziehungen vor allem hapert: dass wir *miteinander reden* können und dass wir uns *körperlich berühren* und *sexuell aufeinander einlassen*. Es sind nach meiner Überzeugung vor allem diese letzten zwei Bereiche, in denen Paare einen dauernden Austausch brauchen, damit sie nicht die Lust aneinander verlieren, nicht verbittern, nicht resignieren oder nicht nur funktionieren. Über sie wird weiter unten noch ausführlich zu reden sein.

Der Austausch zwischen zwei Menschen klappt nur dann, wenn er auf einer *freien Übereinkunft* beruht. Er klappt nicht auf Druck. Diese Erkenntnis ist eigentlich evident. Aber es wird oft gegen sie verstoßen: „Du erzählst mir nie was von dir! Man muss dir alles wie Würmer aus der Nase ziehen! Ich weiß überhaupt nicht, was in dir vorgeht! Sag doch auch mal was! Ich spüre dich nicht!" – Wer so mit dem Partner bzw. der Partnerin redet, schafft die besten Voraussetzungen, dass der andere sich noch mehr verschließt.

Vielmehr muss ich meinen Partner dazu gewinnen, dass er sich mir mitteilt. Ich habe kein Anrecht darauf, dass er mitmacht. „Wir machen zu wenig miteinander!" klagen viele Partner. Aber so einfach geht das nicht. Den Austausch kann man nicht einklagen.

Es wird seine Gründe haben, wenn der Austausch zwischen zweien einschläft. Vermutlich macht es mindestens einem von beiden keinen Spaß. Vielleicht fühlt er sich kontrolliert. Oder sein Partner bzw. seine

Partnerin kommentiert sofort, was er erzählt, weiß es besser, wie der andere sich hätte verhalten müssen, hat immer einen guten Rat parat, nutzt das Gehörte für irgendwelche Vorhaltungen. Vielleicht hat der andere aber auch das Gefühl, nicht wichtig genommen zu werden. Oder vielleicht nimmt er sich selbst nicht wichtig. Es hat jedenfalls Gründe, warum die Kommunikation zwischen zweien versiegt ist.

Soll Austausch gelingen, benötigt er ein wohlwollendes Zuhören. Klappt er nicht, ist das meistens ein Hinweis darauf, dass etwas in der Partnerschaft schief liegt.

Wenn einer sich mehr Austausch mit seinem Partner wünscht, dann muss er ihn dazu verlocken. Er muss ihn sozusagen dazu verführen, so wie man das am Anfang der Beziehung machen musste. Man muss den Partner gewinnen, und man kann nicht wissen, ob er mitmacht.

Aber der Lohn der Anstrengung ist: Die Beziehung lebt auf, wird vielleicht sogar wieder spannend. Es knistert wieder. Wer sich ausruht auf seinen Errungenschaften, wird erleben, dass seine Partnerschaft lahm und langweilig wird. Die lebendige, erwachsene Beziehung kommt nicht zur Ruhe. Ruhe und Beinehochlegen ist nicht gut für den Beziehungskreislauf.

Andererseits besitzt jeder von uns seine eigenen Formen und Wege des Austauschs. Der eine braucht dazu unbedingt das Miteinander-Reden. Dazu wird unten noch viel gesagt. Der andere benötigt mehr das Fühlen und

Berühren. Auch darüber werde ich noch ausführlich handeln.

Immer muss sich das Paar, wenn es sich austauscht, der Schwierigkeit stellen, dass es unterschiedliche Herangehensweisen, unterschiedliche Themen, unterschiedliche Prioritäten hat. Was für mich wichtig ist, etwa was ich heute alles erlebt habe, welche Gedanken und Gefühle mich dabei bewegten, welche Hoffnungen und Befürchtungen meine Erlebnisse in mir wachriefen, wie ich mich in der Begegnung mit anderen Menschen fühlte, was mich freute, ärgerte, ängstigte oder traurig stimmte und so fort – das kann mein Partner, meine Partnerin ganz anders wahrnehmen und gewichten. Und umgekehrt. Das ist die Herausforderung.

3.2 Die gemeinsame Schnittmenge

> *Sarah ruft ihre Mutter in New York an: „Mame, ich hab mich verlobt!" – „Endlich, Sarah, was ein Glück, wo du doch schon vierzig bist!" – „Er ist aber nicht von unserem Glauben." – „Ein Goj? Nu, in Gottes Namen. Hauptsache, du hast einen Mann gefunden." – „Er ist auch nicht von unserer Hautfarbe." – „Ein Schwarzer? Nebbich, nebbich! Aber wenn ihr nur glücklich seid zusammen!" – „Mama, er hat auch keinen Beruf und er will nicht arbeiten." – „Nu, schließlich hast du einen guten Job. Mann und Frau müssen sich gegenseitig helfen." – „Er hat auch kein Geld für eine Wohnung." – „Das macht nichts. Zieht ihr halt zu uns. Ihr nehmt das Elternschlafzimmer. Papa schläft im Wohnzimmer auf der Couch." – „Mame, und du?" – „Um mich brauchst du dich nicht zu kümmern. So wie ich das Telefon auflege, trifft mich der Schlag und ich bin tot."* (SL, 850)

Wenn sich zwei als Paar zusammentun, sind sie in der Regel fasziniert von dem, was bei ihnen alles zusammenpasst. Es ist das Gemeinsame, das sie begeistert, die gleichen oder ähnlichen Gefühle, ähnliche Ansichten, dieselben Erwartungen ans Leben, die gleichen Überzeugungen und Wertmaßstäbe, gleiche Vorlieben. Auch ähnliche Lebenserfahrungen und besonders natürlich gemeinsame Erlebnisse schweißen zusammen. Das alles fügt sich zu einer *Schnittmenge von Gemeinsamkeiten*, die den Rahmen steckt für den Austausch zwischen ihnen.

Vielleicht können Sie, liebe Leserin, lieber Leser, einmal ihre Partnerschaft daraufhin betrachten: Was ist unsere Schnittmenge? Was verbindet uns? Was haben wir gemeinsam? Was machen wir zusammen? Wenn Sie sich in einer guten Phase Ihrer Partnerschaft befinden, wird Ihnen dazu wahrscheinlich vieles einfallen; stottert Ihre Beziehung, erscheint Ihnen die Ausbeute vermutlich enttäuschend und mager.

Die Schnittmenge zwischen zweien variiert und fluktuiert, je nachdem, wie umfangreich der Austausch zwischen beiden ist. Wie viel und wie intensiv sich zwei miteinander austauschen, ist ein Gradmesser für ihre Partnerschaft. Paaren geht's eher gut miteinander, wenn sie sich viel zu sagen, zu erzählen, miteinander zu unternehmen haben. Es geht ihnen eher schlecht, wenn sie sich zu wenig sehen, wenig teilhaben lassen aneinander, wenn wenig Berührung zwischen ihnen stattfindet. Tun die beiden nichts für den Austausch, verbrauchen sich ihre Gemeinsamkeiten mit der Zeit.
„Wir haben uns auseinandergelebt", sagen sie dann. Das ist eine neutrale Formulierung. Genauer müssten sie sagen: Wir haben den Austausch miteinander vernachlässigt, nicht wichtig genommen, einschlafen lassen. Deswegen hat sich unsere Schnittmenge ausgedünnt, und

wir haben uns nicht mehr viel zu sagen. Jetzt hat sich jeder in sich selbst verkrochen.

Die Schnittmenge unserer Gemeinsamkeiten ist keine feste Größe, keine fortwährend sprudelnde Quelle, kein Zauber-Füllhorn, aus dem man immer neu nehmen könnte. Die Schnittmenge zwischen uns ist ein Produkt aus Geben und Nehmen. Sie muss gepflegt und in Bewegung gehalten werden, sonst nimmt sie ab.

Wie viel Schnittmenge, wie viele Gemeinsamkeiten brauchen wir, damit es zwischen uns „passt"? Worin besteht diese Schnittmenge eigentlich? Worin kann, soll, muss der Austausch zwischen uns bestehen? Und wie umfangreich muss er sein? Und umgekehrt: Wie sollen wir mit unsern Verschiedenheiten umgehen? Wie viel muss ich mich auf den anderen einlassen, damit unsere Unterschiedlichkeit nicht zu etwas Trennendem wird?

Vielleicht können Sie, liebe Leserin, lieber Leser, im Blick auf Ihre eigene Beziehung noch einmal genauer hinschauen. Welches sind Ihre persönlichen Partnerschafts-Schnittmengen?

Genau besehen umfasst die Schnittmenge zwischen Paaren durchaus unterschiedliche Bereiche; teils konstante, feststehende, teils solche, die wir immer wieder herstellen müssen. Sie betrifft

➢ Gemeinsamkeiten, die uns als *Ergebnis gemeinsamen Lebens* jetzt sozusagen vorgegeben sind und die weiter eine Wirkung auf uns haben, also etwa die

Jahre, die wir miteinander verbracht haben und die Liebe, die uns verbindet oder verbunden hat; die Kinder, die wir in die Welt gesetzt haben und die wir durch ihr Leben begleiteten; das Haus, das wir uns gekauft, gebaut und uns passend gemacht haben, oder die gemeinsame Wohnung, die wir uns einrichteten; die Familien, die zu uns gehören; unsere Freunde und Bekannte; unsere gemeinsamen Erlebnisse und so fort. All das bildet sozusagen eine feste, bleibende Gemeinsamkeit. Es ist erst einmal die sicherste Schnittmenge zwischen uns.

➢ Gemeinsamkeiten, die sich aus unsern *Vorlieben und Einstellungen* ergeben; also alles das, was wir miteinander unternommen haben, für das wir uns gemeinsam engagieren bzw. engagiert haben. Vielleicht kümmern sich zwei gemeinsam um ihre Kinder oder Enkel; oder sie pflegen den Garten und das Haus.

Oder sie arbeiten zum Beispiel zusammen im gleichen Geschäft. Gemeinsamkeiten entstehen auch, wenn die beiden einer sie verbindenden Liebhaberei frönen, etwa ins Theater oder Kino gehen, kochen, Schach spielen, Karten spielen, shoppen gehen. Oder vielleicht singen oder musizieren sie gerne zusammen, gehen gern wandern, fahren zusammen mit dem Fahrrad, treiben Sport, gehen in die Sauna, gehen gern zusammen aus, fahren gern zusammen in Urlaub. Oder sie können sich gut unterhalten. Oder sie kuscheln gern miteinander. Und tausend andere Dinge.

Typisch für diese Beschäftigungen ist, dass jeder ein ganz eigenes Interesse an ihnen hat; dass er es auch pflegen würde, wenn er allein wäre, wenn der Partner nicht mitmachte. Auch diese Schnittmenge erleben wir als gemeinsamen, wenn auch fluktuierenden Fundus.

➢ Dann gibt es *Dinge, die wir dem anderen zuliebe mitmachen*, weil wir merken, dass sie für ihn oder sie besonders wichtig sind. Wir lassen uns auf sie ein, lassen uns mitnehmen, wenn manchmal auch mit etwas Aufwand und innerem Widerstand. Wir werden aber nicht selbst initiativ. Zum Beispiel geht der eine unheimlich gern tanzen, der andere geht mit, tanzt aber nur mit halber Lust. Oder der eine findet Frühstück im Bett toll, der andere lässt sich halt darauf ein, obwohl ihn die Krümel nerven. Der eine bevorzugt alle möglichen Verrenkungen beim Sex, der andere macht mit, um die Stimmung nicht zu beschädigen. Der eine will unbedingt samstags auf den Platz oder zu irgendwelchen Veranstaltungen, der andere lässt sich mitziehen. Alle Beispiele aus dem vorher genannten Bereich können auch hierhin gehören, je nachdem, ob wir ein eigenes Interesse an ihnen besitzen oder nur mitmachen. Solche Schnittmengen sind labil und ein heikler Bereich. Im Streit gehen sie schnell verloren.

Es gibt aber noch *einen vierten Bereich*, den Paare oft eher als trennend und anstrengend empfinden und deshalb am ehesten vernachlässigen. Er betrifft jene meist weiten Bereiche unseres Lebens, die ohne den Partner, ohne die Partnerin stattfinden, die also erst einmal überhaupt keine Schnittmenge darstellen. Es sind gerade *die nicht vorhandenen Gemeinsamkeiten*, die eine besondere Herausforderung für die Partnerschaft darstellen. Sie bestehen aus den Dingen,

> die jeder für sich allein tut. Das betrifft vor allem meistens den umfangreichen Bereich der täglichen Arbeit, wo jeder seine ganz eigenen Wege geht und auch eigene Erfahrungen macht. In der Regel verbringen wir den größeren Teil des Tages nicht zusammen. Jeder beschäftigt sich mit seinen eigenen Themen, hat seine eigenen Erlebnisse, seine eigene Art, damit umzugehen. Aber auch in der Freizeit trennen sich oft die Wege. Etwa wenn jemand ein Interesse, eine Leidenschaft besitzt, die dem anderen abgeht, die der andere nicht mitmacht. Beispielsweise liest oder schreibt einer gern, malt, musiziert, spielt in einer Band, sammelt irgendwas, züchtet Tauben, fährt Auto oder Motorrad und so weiter, und der andere hat dafür kein Interesse. Es ist ein Bereich, wo wir anders sind, anders waren und anders bleiben als der andere. Wo wir mit unserer Unterschiedlichkeit, dem nicht Passenden konfrontiert werden. Dieser Bereich ist nun aber in aller Regel für den einzelnen Partner besonders

wichtig. In ihm engagiert er sich am intensivsten. In ihm ist er besonders authentisch, weil es sein Ureigenes betrifft.

Ohne Frage fällt uns der Austausch über den ersten der oben genannten Bereiche am leichtesten. Wenn allerdings eine Partnerschaft ins Wanken gerät, neigen die Partner dazu, auch diesen Bereich zu entwerten oder zum Kampffeld zu machen. Sie entdecken dann nur noch Differenzen. Also selbst dieser Bereich ist keine uneingeschränkte Ressource.

Was den zweiten Bereich betrifft, stellen Paare, je länger sie zusammen sind, oft erstaunt fest: Es gibt gar nicht so viele Dinge, die wir wirklich gern zusammen tun. Die meisten Paare besitzen nur eine sehr begrenzte Anzahl gemeinsamer Interessen.

Der dritte Bereich, auf den wir uns um des anderen willen einlassen, ist am Anfang der Partnerschaft meist sehr ausgeprägt und nimmt dann ab. Er fordert ein immer neues Austarieren zwischen dem, was der andere von uns erwartet, und dem, was für uns selbst noch stimmig ist. Knirscht es in der Partnerschaft, dann hat dieser Bereich kaum Überlebenschancen.

Der eigentliche Dollpunkt, an dem sich entscheidet, ob eine Partnerschaft lebendig ist, ist jedoch der vierte Bereich: Ob wir die Dinge des anderen, zu denen wir keinen oder nur wenig Zugang haben, in unsern Austausch mit einbeziehen; ob wir die Differenzen, die wir spüren, stehen lassen können; ob wir dem anderen freundlich zuschauen können, obwohl uns unvertraut und fremd ist, was er tut. Es ist zugleich der Bereich, in dem sich ein Partner vom anderen oft am wenigsten geachtet und unterstützt fühlt.

Deshalb stellt *die nicht vorhandene Schnittmenge die größte Herausforderung für die Partnerschaft* dar. Ob es einem Paar gelingt, auch über diesen Bereich einen für beide befriedigenden Austausch zu pflegen, entscheidet nicht unerheblich darüber mit, ob sich die beiden mit der Zeit auseinanderleben oder sich in ihrer Verschiedenheit gelten lassen und achten.

Die Frage ist allerdings: *Wie viel Unterschiedlichkeit verträgt unsere Partnerschaft?*

Viele Paare sind der Meinung, es komme für eine Partnerschaft vor allem darauf an, dass die beiden „zusammenpassen". Was zwischen ihnen „passt", worin sie gleich klingen, erleichtert ihnen ohne Frage erst einmal den Zugang zum anderen. Deswegen haben viele die Vorstellung, wenn nur die Schnittmenge zwischen ihnen groß genug wäre, dann wäre ihre Partnerschaft auch intakt. Denn so erleben sie es ja auch zu Anfang. Die Menge der Gemeinsamkeiten wirkt wie ein Garant für das Haltbarkeitsdatum der Beziehung. Die Partner haben das Gefühl, sich ohne Aufwand zu verstehen. Das verleitet sie dazu, zu glauben, wenn alles „passte", würde auch die Partnerschaft klappen.

Das ist ein großer, folgenschwerer Irrtum. Viel entscheidender als der äußerliche Gleichklang und die

Größe der gemeinsamen Schnittmenge – das was wir üblicherweise „zusammenpassen" nennen – ist vielmehr, welchen Austausch wir pflegen, und zwar gerade auch über die Dinge, die uns ungewohnt, fremd, unverständlich am anderen sind, die wir *nicht* gemeinsam haben und tun. Die Bereitschaft, uns aufeinander zuzubewegen, uns einander mitzuteilen, uns gegenseitig teilnehmen zu lassen an dem, was uns bewegt, und umgekehrt für das, was der andere hat und tut, Interesse zu zeigen: das ist der Klebstoff für haltbare Beziehungen.

Wenn manche trennungswillige Paare meinen: „Wir passen nicht zusammen!", dann stimmt das meistens nur zum kleineren Teil. Mit jedem Partner, wenn wir uns verbinden, haben wir Gemeinsamkeiten, mit jedem Differenzen (wenn auch jeweils in unterschiedlichem Maße). Das ist ein Charakteristikum jeder Partnerschaft. Wir begegnen im anderen, auch wenn wir es uns anders wünschen, eben nicht nur dem Gemeinsamen, sondern auch dem Trennenden. Ob wir zusammenbleiben, hängt nur zu einem kleineren Teil von unserer Grundausrüstung an Gemeinsamkeiten ab. Viel wichtiger sind die Bereitschaft und das Maß an Austausch zwischen uns. Denn generell gilt: Je größer der Austausch, desto glücklicher die Paare.

Das ist keineswegs allen Paaren bewusst. Partnerschaft ist immer wieder lustvoll – nicht selten aber auch anstrengend. Dafür müssen wir Aufwand treiben. Es ist manchmal „Arbeit" – allerdings eine, die uns in aller Regel weit mehr Kraft gibt als sie nimmt.

Viele Paare empfinden es eher als böse Überraschung, dass Lust und Glücklichsein sich irgendwann zurückziehen. Das passiert dann, wenn die beiden merken, dass sie, bei aller Grundsympathie, sich in vielen, vermutlich in fast allen Bereichen ihrer Persönlichkeit mehr oder weniger deutlich unterscheiden, dass sie weniger „zusammenpassen", als sie dachten. Sie merken, dass sie andere Prioritäten setzen, unterschiedlich wahrnehmen und fühlen, sich anderes wünschen und erwarten als der Partner bzw. die Partnerin. Sie merken vielleicht, dass der andere wenig redet oder seine Emotionen nur spärlich zu erkennen gibt, dass sie „nicht an ihn herankommen"; oder dass er intellektuelle Anstrengungen meidet, die einem selbst aber ganz wichtig sind; oder dass er sich sexuell zurückzieht, während man selbst aber danach lechzt; oder dass er sehr feste Vorstellungen besitzt, was richtig und was falsch ist oder wie sich beide zu verhalten haben; und so fort.

Dass Sie sich dann nicht zurückziehen, nicht resignieren, auch nicht in Kampfhaltung wechseln, sondern den Austausch suchen und pflegen, fordert Anstrengung von Ihnen und Ihrem Partner (bzw. Ihrer Partnerin), fordert „*Beziehungsarbeit*". Es ist ein bleibendes, immer wieder auch ganz mühsames Geschäft, *den Austausch und das Gemeinsame zu suchen.*

3.3 Das Streiten

> *Sitzt ein jungverheiratetes jüdisches Paar auf dem Fuhrwerk. „Wie schön wird das sein", schwärmt die junge Frau, „wenn wir erst einen kleinen Sohn haben werden. Den nennen wir Mojsche. Wir nehmen ihn mit auf die Landpartie, und dann darf er auch ein bisschen auf dem Bock (der Kutschbank) sitzen."*
> *„Nein, das geht nicht", widerspricht ihr Mann. „Das ist für kleine Kinder zu gefährlich!" – „Unsinn", sagt die Frau. „Was kann schon passieren? Und wenn es ihm doch Spaß macht!" – „Das Kind kann verunglücken!", ruft ihr Mann aufgeregt. – Die Frau widerspricht, ein Wort gibt das andere, es entfacht sich ein wilder Streit.*
> *Plötzlich stoppt der Mann abrupt die Kutsche, springt vom Bock und schreit zornig: „Mojsche, sofort runter vom Wagen!"*
> (SL, 206)

Nichts scheint einem wohltuenden, partnerschaftlichen Austausch so im Wege zu stehen wie der Streit. Von nächtelangen Streitorgien, von nervenzehrenden Dauerstreitpartien und handgreiflichen Auseinandersetzungen können viele Paare bittere Lieder singen. Streiten – das ist die hässliche Seite der Partnerschaft, eine Quelle von Unwohlsein und bösen Gedanken. Die meisten Paare, die sich trennen, haben eine lange Streitgeschichte hinter sich. Sie haben sich aneinander aufgerieben: „Wir haben uns nur noch gestritten! Es gab wegen jeder Kleinigkeit Streit!" Irgendwann haben sie keine Puste mehr und werfen das Handtuch.

Dabei beginnen die Unstimmigkeiten meist unscheinbar. Anfangs neigen viele Paare dazu, ihre hier und da auftretenden Spannungen zu übergehen. Zu Anfang geben beide erst einmal ihr Bestes und tun alles dafür, mögliche Konflikte nicht groß werden zu lassen. Sie neigen dazu, über ihre Konflikte und persönlichen Grenzen hinwegzugehen. Jeder von beiden spürt vielleicht, dass etwas nicht stimmt, aber jeder gibt auf seine Weise nach, verzichtet darauf, recht haben zu wollen oder sich durchzusetzen, wischt mit dem Schwamm drüber.

Vielleicht kann einer Disharmonie nicht ertragen, weil zuhause immer gestritten wurde, möchte immer alles zum Besten kehren. Vielleicht will er (oder sie) Konflikten aus dem Weg gehen. Vielleicht hat er (oder sie) auch nicht gelernt zu widersprechen. Vielleicht erscheint es einem wie ein persönliches Versagen, wenn Streit aufkommt. Vielleicht betrachtet er (oder sie) es als peinlich, wenn es laut zwischen ihnen wird. Keiner soll es mitbekommen, wenn es zwischen ihnen kracht. Nach außen zeigen sich viele Paare freundlich-harmlos.

Aber heimlich staut sich in beiden Unzufriedenheit an. Das Gefühl des einen, er hätte mehr nachgegeben, hätte mehr als der andere investiert, macht ihn auf Dauer verdrossen und häuft sich in ihm zu einem heimlichen

Groll gegen den anderen an. Der andere ist unzufrieden, weil er das Gefühl hat, der Partner entziehe sich ihm, er könne nichts richtig mit ihm klären. Er fühlt sich mit seinem Anliegen ausgebremst, wie eine Welle, die sich am Strand totläuft.

Streiten gilt den meisten Menschen als Bedrohung und Ausdruck von mangelnder Liebe oder auch mangelndem Bemühen. In guten Beziehungen streitet man nicht, allenfalls ein bisschen. Sich zu streiten halten die meisten für peinlich, für unreif und unfein und als Alarmsignal für ihre schwächer gewordene Liebe. Sich nicht zu streiten gilt ihnen dagegen als Zeichen einer guten, liebevollen Beziehung. Die meisten Paare haben mehr oder weniger bewusst jenes Harmoniemodell von der Partnerschaft im Kopf, von dem oben zu Beginn des vorigen Kapitels die Rede war. Deshalb meiden sie den Streit. Deshalb haben sie oft auch kaum Ideen, wie sie besser damit umgehen könnten, wenn Streit zwischen ihnen aufkommt.

Wenn dann plötzlich doch Streit im Raum steht, wenn er sich wiederholt und ausweitet, erleben ihn viele gewissermaßen erst einmal wehr- und fassungslos. Plötzlich entdecken sie sich und den Partner bzw. die Partnerin in einer Weise, die sie gar nicht mögen. Das kann ihr Bild von sich selbst und vom anderen erheblich erschüttern.

Vielleicht stellen Sie, liebe Leserin, lieber Leser, sich auch die Frage: Bin ich zufrieden damit, wie ich mich oder wie wir uns streiten? Wie streiten wir uns? Wie weit gehen wir? Wie versuchen wir, Streit zu umgehen?

Oft gehen Männer und Frauen mit der Erfahrung von Unstimmigkeiten tendenziell unterschiedlich um. Männer haben oft besondere Schwierigkeiten, wenn sie merken, dass ihnen die Beziehung irgendwie entgleitet, dass sie es nicht schaffen, sie harmonisch zu gestalten. Sie haben oft den Anspruch an sich, es „hinkriegen" zu müssen. Deshalb gehen sie signifikant seltener zu irgendwelchen Beratungs-Institutionen, um sich Hilfe zu holen. Nach und nach entwickeln sie die Überzeugung, sie hätten eine schwierige, anstrengende, zickige Partnerin. Irgendwann ziehen sie sich zurück – zum Beispiel in die Arbeit oder in den Sport, manche auch in die Sucht.

Wenn Frauen sich unglücklich fühlen, tragen sie es tendenziell etwas mehr nach außen, suchen sich Unterstützung, tauschen sich eher mit besten Freundinnen darüber aus, sind aber von der gleichen Vorstellung gefangen, eigentlich müssten sie, vielleicht von kleinen Unstimmigkeiten abgesehen, die immer mal vorkommen, eine harmonische Beziehung leben; schließlich lieben sie sich doch.

Warum streiten wir uns überhaupt? Ist das bloß ein Charakterfehler cholerisch veranlagter Menschen? So legt es das Sprichwort nahe: „Es kann der Beste nicht in Frieden leben, wenn es dem bösen Nachbarn nicht gefällt." Da ist ja was dran. Aber zum Streiten gehören zwei. Speziell für die Partnerschaft drängt sich die Frage auf: Warum streiten wir uns, wo wir uns doch lieben?

Was ist das Gute am Streiten, wenn wir es doch eigentlich ablehnen?

Gewiss gibt es Paare, die sich standhaft gegen das Streiten wehren. Wenn sie Unstimmigkeiten aufkommen fühlen, umgehen sie das Thema und klammern es fortan aus. Die meisten Paare schlittern aber irgendwie ins Streiten hinein. Dabei neigt der eine von beiden oft mehr zum Abwiegeln, der andere mehr zum Anheizen. Denn wie Menschen streiten, ist von Person zu Person höchst unterschiedlich. Manche dämpfen die Stimmen, andere werden laut und aggressiv. Manche schicken die Kinder ins Bett, ziehen die Gardinen vor und lassen die Rollos runter. Andere legen los und scheren sich nicht darum, ob die Kinder, das ganze Haus, die Nachbarn es mitbekommen. Manche werden immer stiller und sachlicher, andere immer lauter und emotionaler. Manche schreien herum, verfolgen den Partner durch die Wohnung, knallen die Türen, werfen ihm die unflätigsten Beschimpfungen an den Kopf. Manche bestrafen den anderen mit Nichtachtung, Liebesentzug und sexueller Verweigerung. Manche boykottieren die Pläne des anderen oder denken sich Gemeinheiten gegen ihn aus. Wieder andere werden gewalttätig und schlagen auf den anderen ein. Und so fort.

Solange Paare keine Strategien entwickelt haben, wie sie mit ihren Spannungen verträglich umgehen können, machen sie die Erfahrung, dass ihr Streit eskaliert. Das kann auf ganz unterschiedliche Weise geschehen. Bei manchen wird der Streit nach und nach härter, unnachgiebiger. Andere ziehen sich zurück, stunden-, tage-, wochenlang. Spätestens wenn der Streit den Alltag zu beherrschen beginnt, wenn fast immer nur „miese Stimmung" herrscht, blinkt die rote Lampe ihrer Partnerschaft. Dann verringert sich auch der Austausch zwischen Partnern immer mehr. Dann denken sie, sie hätten nicht den passenden Partner gewählt.

Weil es nicht in das Harmonie-Modell der möglichst streitfreien Partnerschaft passt, landet das Paar genau da, wo es nicht hin will. Die Einstellung, die das Streiten rundweg als unerwünscht und schädlich abtut, hilft Paaren nicht. Im Gegenteil. Einerseits schrauben solche Vorstellungen die Erwartungen an die Beziehung in unerreichbare Höhen. Umso tiefer kann dann der Fall werden, wenn sie sich nicht erfüllen. Andererseits verwenden die Partner erst einmal alle Kraft auf die Vermeidung oder Verleugnung ihrer Konflikte statt auf ihre Bearbeitung und Bewältigung. Sie entwickeln keine Strategien, mit ihren Konflikten gut umzugehen. Erst wenn es zu spät ist, wachen sie auf.

Deshalb bin ich überzeugt, dass ein Paar nicht nur nicht ohne Streit auskommt, sondern auch *den Streit braucht*. Es tut einem Paar nicht gut, wenn es sich nicht streitet, nicht streiten kann. Streitvermeidung verleitet zum Verdrängen und Vertuschen. Die Wahrheit ist nämlich: Differenzen, Unstimmigkeiten, unterschiedliche Empfindungen und Bewertungen begleiten nun einmal den partnerschaftlichen Alltag.

Sich zu streiten kann ohne Frage eine sehr destruktive, zerstörerische Seite an sich haben, und es ist verständlich, dass Menschen irgendwann aufgeben und nicht mehr können. Streiten ist zweifellos auch sehr anstrengend. Es kann uns die letzten Kräfte rauben und alle Lust vertreiben. Trotzdem muss erst einmal das Gute am Streiten betont werden:

➢ Im Streit nehmen wir uns selber wichtig. Wir bringen uns ein. Wir beziehen Position. Wir stellen uns. Wir zeigen dem anderen unsere Grenzen auf. Wir bieten dem Partner Paroli und sagen ihm damit: „Ich habe meinen eigenen Kopf. Ich mache nicht alles mit. Ich denke, fühle, urteile bisweilen anders als du."
➢ Im Streit nehmen wir unsern Partner wichtig, wenden uns dem Partner zu. Wir stellen uns dem anderen sozusagen in den Weg und nötigen ihn, sich zu zeigen.
➢ Im Streit formulieren und behaupten und verteidigen wir unsern Standpunkt und nötigen den Partner ebenfalls dazu, sich zu positionieren.

Der Streit grenzt meins und deins ab. Er schlägt Grenzpflöcke ein. Er schleift nicht alles glatt, sondern legt den Finger auf die Differenz. Deshalb ist er die Basis für gegenseitigen Respekt. Deshalb ist er eine notwendige Begleiterscheinung von Menschen, die sich auf Augenhöhe begegnen. Anders gesagt: Ein Paar, das die Säule 2, die gegenseitige Eigenständigkeit und Gleichrangigkeit ernst nimmt, kommt um das Streiten nicht herum.

Sich zu widersprechen ist lebensnotwendig für die Partnerschaft. Es ist gar kein Beweis einer gutgehenden Beziehung, wenn die Partner beteuern: „Wir streiten uns nie!" Es ist eher ein Zeichen dafür, dass zwei nicht gelernt haben, ihre Konflikte auszutragen und dass man besser nicht unter ihren Teppich schauen sollte. Paare, die nicht streiten, tun so, als wären sie gleich – und sind es nicht! Sie haben nicht gelernt, selber Nein zu sagen, ihre Grenzen aufzuzeigen, sich wichtig zu nehmen, und sie haben nicht gelernt, das Nein des Partners und seine Grenzen zu hören und wichtig zu nehmen. Das „Nein in der Liebe" (Peter Schellenbaum) ist aber die Voraussetzung für ein verlässliches Ja. In aller Regel führt die Umgehung des Neins auch zu einer Schwächung des Jas zueinander. Wer nicht richtig Nein sagen kann, dessen Ja gilt nicht viel.

Paare, die nicht streiten, haben in der Regel große Angst, ihre Beziehung könnte daran zerbrechen, wenn sie streiten. Sie neigen dazu, den Ärger in sich hineinzufressen, und oft schlägt er sich in bestimmten Körperbeschwerden nieder. Wer den Streit vermeidet, versteckt sich. Aktives Streiten bedeutet demgegenüber, sich zu zeigen, sich zu bewegen, ins Handeln zu kommen.

Das ist allerdings mit Risiko verbunden. Ich kann auch was falsch machen. Ich kann dem anderen wehtun. Ich kann mich irren. Ich kann mich vergaloppieren. Hinzu kommt: Indem ich für den anderen greifbar werde, werde ich selber auch angreifbar. Im Streiten werden wir leicht von unseren Emotionen getrieben und es droht die Gefahr, dass wir außer Kontrolle geraten.

Es ist verständlich, dass manche dann lieber ihren Ärger verschlucken. Ist es nicht das kleinere Übel, Fünfe gerade sein zu lassen und den Streit lieber zu vermeiden? Ich sage: es ist verständlich, aber nicht hilfreich. Kurzzeitig herrscht Friedlichkeit, langfristig grummelt's im Magen. Was ich verschlucke, muss irgendwann hinaus, meistens kommt es dann eruptiv. Oder es richtet innerlich Schaden an.

Aber, wird mancher vielleicht einwenden: Ist es nicht besser, sich unempfindlich zu machen gegen die Attacken des Partners? Ist es nicht so, dass einer, der ganz mit sich im Reinen ist, gar keinen Streit mehr braucht?

Aber, antworte ich, kennst du jemanden, der ganz mit sich im Reinen ist? Der gar keine Abgrenzung mehr nötig hat? Und wäre es überhaupt gut, sich so grenzenlos, so unempfindlich zu machen? Verliert der Mensch dann nicht alle Konturen?

Steckt hinter der Behauptung, sich nicht streiten zu können oder zu wollen, nicht vielmehr meist eine Angst, die Beziehung hielte es nicht aus, eine Erfahrung, die man vielleicht im Elternhaus sammelte? Und schließlich: Ist nicht Streiten und Nichtstun in Wirklichkeit auch eine Form des Streitens – nur eine sehr versteckte, die aber beim Partner durchaus streitbare Wirkungen zeigt? Ist es nicht manchmal schwer auszuhalten, ja, macht es den anderen nicht besonders aggressiv, wenn sein Partner immer lieb ist, immer zustimmt, nie seinen eigenen Kopf durchsetzen will, immer über den Dingen schwebt?

Deshalb sage ich: *Streiten muss sein*. Ein Paar, das allen Streit vermeidet, fängt an von dem zu schweigen, was nicht stimmig ist. Es verstummt. Jeder zieht sich in sich zurück. Es wird langweilig.

Aber nach diesem Loblied aufs Streiten muss nun die andere, destruktive Seite des Streitens benannt werden. *Natürlich kommt es darauf an, wie wir uns streiten.*

Der Streit hat bekanntermaßen eine höchst zerstörerische Seite an sich. Es gibt nicht wenige Paare, die sich andauernd streiten. Schaut und hört man streitenden Paaren zu, ist es oft schwer auszuhalten. Sie streiten sich um nichts und um alles. Man fragt sich: Warum das Theater? Die wilden Emotionen? Warum gehen sie nicht auseinander? Was für einen Sinn hat ihr Aufwand?

Wenn manche Paare es Jahre, Jahrzehnte streitend miteinander aushalten, kann man das nur verstehen, wenn man erkennt, dass Streiten seinem Wesen nach Austausch von Nähe ist – allerdings auf eine verzweifelte Weise. Der Streit bringt und hält zwei miteinander in Kontakt, das ist das Gute an ihm. Im Streit sind wir uns wichtig. Aber zugleich torpediert er diesen Kontakt, das ist das Schlechte an ihm.

Aber erst einmal bringt er eben zwei zusammen. In gewisser Weise ist streiten sogar die intensivste Form der Partnerbeziehung. Der Partner *muss* sich mit mir auseinandersetzen. Ich lasse ihn nicht gehen. Deshalb kann man sagen, dass der Streit zwei Menschen verbindet, ja aneinanderkettet. Wir können zwar nicht mehr Ja sagen, wir können nur noch Nein sagen. Aber weil wir *eigentlich* den anderen wollen, weil wir uns von ihm heimlich immer noch erhoffen, dass er sich uns zuwendet, lassen wir ihn nicht los. Kommt aber unsere Liebe nicht mehr bei ihm anderen an, dann wenigstens unser Ärger. Wenn wir uns streiten, halten wir uns fest. Unser Streit ist eine Art Nähe-Ersatz für unsre nicht mehr ankommende Liebe, sozusagen die Kehrseite unserer Liebe. Natürlich ruft das nach einer besseren Lösung

Bei der Frage, *wie sie sich streiten*, halten sich viele Paare an eine Grenze: Sie ziehen vielleicht alle Register, vom völligen Rückzug bis zum Knallen der Türen, sie verweigern vielleicht alle Zusammenarbeit, bedienen sich der ganzen Palette verbaler Verunglimpfung, vom Angiften bis zum Anschreien und Beschimpfen; aber sie werden nicht handgreiflich. Allerdings haben Untersuchungen gezeigt, dass körperliche Auseinandersetzungen in Partnerschaften viel häufiger vorkommen als gedacht, und zwar in allen Schichten der Bevölkerung. Sie werden normalerweise nur in Extremfällen bekannt. Die körperliche Auseinandersetzung hält ein Paar geheim, solange es geht. Mögliche Verletzungen werden kaschiert. Allerdings stehen die psychischen Verletzungen in ihrer Wirkung den körperlichen nicht unbedingt nach.

Grundsätzlich finden die Partner bald heraus, wo und wie sie den anderen besonders treffen können. Die Schwachstellen des anderen sind wie ein Munitionsdepot für den Partnerkampf. Wer ließe sich das entgehen? Je nachdem, in welche Eskalationsstufe sich ein Paar (oder einer von beiden) dabei hineinsteigert, wird es allerdings schwerer, auszusteigen.

Paare, die sich immer wieder streiten, denen ihre Emotionen durchgehen, die sich gegenseitig verrennen oder verbunkern, finden oft kein Mittel mehr, wie sie sich selbst oder auch den anderen stoppen können. Eigentlich wären sie dem anderen gern nah, aber sie haben keinen Plan mehr, wie sie positiv zueinander kommen können. Sie stecken in der Falle.

Die Situation wäre schnell geklärt, wenn Menschen nur Monster und Ekel wären. Üblicherweise haben sie aber auch liebenswerte Seiten an sich, können charmant, humorvoll, fürsorglich sein, sie können allseits geschätzt sein und von den Kindern heiß geliebt werden – nur manchmal rasten sie eben völlig aus. Auch das ist ein Grund, weswegen es viele Paare weitaus länger miteinander aushalten als es ihnen gut tut.

Aber nachdem sie so lange die positiven Wege zueinander verbauten, stellen sich Partner – oder wenigstens einer von ihnen – notgedrungen die zweifelnde Frage, ob sie noch miteinander wollen und können und wie sie den Teufelskreis des destruktiven Streits verlassen können: „Haben wir noch eine Chance, außer dass wir uns trennen?"

Das ist die Kardinalfrage für jedes Paar, dem sein Streitverhalten entglitten ist oder immer mal wieder entgleitet: Wie bekommen wir es hin, dass wir unsere Streitigkeiten auf ein erträgliches Maß zurückfahren? Dass nicht jedes Mal ein Schlachtfeld zurückbleibt? Wie entwickeln wir eine „Streitkultur", in der nicht einer der Gewinner und der andere der Verlierer ist oder, was noch öfter geschieht, wo nicht beide als Verlierer vom Platz gehen? Wie können wir moderate und angemessene Formen der Auseinandersetzung entwickeln, die unsere Partnerschaft weiterbringen und nicht unterhöhlen? Anders gesagt: *Wie begrenzen wir die destruktiven Seiten unseres Streitverhaltens und wie lernen wir uns konstruktiv zu streiten?*

Es gibt zunächst einmal ein paar einfache und bewährte Grundregeln und Schritte, mit denen Paare sich helfen können.

(1) Die erste ist: *Nimm etwas Abstand!* Wenn du merkst, dass dich deine Emotionen überrennen, tritt einen Schritt zurück, hol erst einmal tief Luft, geh kurz nach draußen, mach einen Spaziergang; am besten: Schlaf ein oder zwei Nächte darüber. Du kannst sicher sein: Wenn deine Gefühle mit dir durchgehen, dann meldet sich in dir eine alte, in aller Regel kindliche Verletzung, dann ist eine wunde Stelle in dir angeschabt, dann reagierst du darauf mit den kindlichen Gefühlen von damals. Der Abstand ermöglicht dir, aus den kindlichen Emotionen in erwachsenes, angemessenes, sachgemäßes Verhalten zurückzufinden. Du kannst anfangen zu denken.

(2) Der zweite Schritt heißt: *Bleib trotzdem in Kontakt!* Zwar gehst du erst einmal ungeklärt auseinander, aber sage deinem Partner: Wir reden noch darüber; nicht irgendwann, sondern zeitnah. Verabrede dich mit ihm für ein Gespräch, nicht erst im nächsten Urlaub, sondern am Abend oder am nächsten oder

übernächsten Tag, und halte dich daran. Denn das Wichtigste hast du deinem Partner damit schon gesagt: Ich sehe dich und ich nehme unser Problem ernst.

(3) Der dritte Schritt ist: *Schau zuerst nach dir selbst!* Schau nicht auf das, was dich am anderen stört oder was er dir angetan hat. Nimmst du Abstand, merkst du leichter, dass es *dein eigener alter Schmerz* ist, der dich wieder gepackt hat, dass dir das schon oft so ging und dass der momentane Streitpunkt nur der Anlass, nicht der eigentliche Grund für deine Reaktion ist. Du kannst dich fragen: Was hat mich wieder so kalt erwischt? Woran erinnert mich das? Du kannst sicher sein: Immer wenn deine Wut oder wenn deine Emotion etwas Überschießendes an sich hat, wenn sie zu heftig daherkommt, speist sie sich aus alten Quellen, dann wurden alte wunde Punkte in dir angestochen.

(4) Der vierte Schritt ist: *Versuche dann deinen Partner zu verstehen*. In aller Regel geht es ihm nämlich genauso wie dir. Auch ihn hat dein Verhalten in einer alten Wunde getroffen. Auch er hat seine ganz eigene, schmerzhafte Geschichte mit eurem Streitpunkt. Auch er reagiert mit seinen kindlichen Emotionen auf dich. Das kann dich ein wenig weicher ihm gegenüber machen. Du kannst anfangen zu klären: Worin liegt eigentlich die Differenz zwischen uns?

(5) Der fünfte Schritt kann dann heißen: *Suche nach einer guten Lösung*. Was willst du, was will ich? Wie

können wir eine Lösung finden, mit der beide zufrieden sind? Manchmal kann man sich auf der Hälfte treffen. Manchmal kann man an der einen Stelle zurückstecken und bekommt dafür an der anderen einen Bonus. Manchmal darf in diesem Fall der eine seinen Wunsch erfüllen, ein andermal der andere.

Kompromisse zu finden fällt uns dann leicht, wenn wir uns gesehen und gehört fühlen. Der weitaus größte Anteil am Streiten besteht nicht etwa in der sachlichen Differenz zwischen uns, sondern darin, dass wir uns nicht gesehen und verstanden fühlen. Zeigen wir dem anderen, dass wir seine Sicht der Dinge wahrnehmen und verstehen wollen, dann öffnen sich plötzlich ungeahnte Türen der Verständigung.

Am schwierigsten innerhalb dieses 5-Schritte-Konzepts sind zweifellos die Schritte drei und vier, der Versuch sich selbst und den Partner zu verstehen. Es kann sein, dass man sie ohne therapeutische Unterstützung erst einmal nicht hinbekommt. Aber sie sind der Schlüssel für die Umwandlung des destruktiven in konstruktives Streiten. Dazu bedarf es eines genauen Hinsehens und Hinhörens. Jeder hat seine typische Art

Menschen verhalten sich sehr unterschiedlich im Streit. Die Palette reicht von allen Formen der Streitvermeidung bis zum wilden Austoben des Streits, vom Bemühen um Sachlichkeit bis zum Überschwemmtwerden von Emotionen. Auf den ersten Blick regieren vorwiegend die unkontrollierten, unberechenbaren Emotionen. Aber bei näherem Hinsehen lassen sich schon bestimmte typische

Merkmale erkennen, die das Verhalten des Einzelnen bestimmen. Denn im Streit (wie überhaupt unter Stress) neigen wir dazu, auf unsere kindlichen Lebens-Muster zurückzugreifen. Deshalb zeigen sich unsere Grundtypen speziell beim Streiten besonders deutlich.

Üblicherweise messe ich das Verhalten meines Partners mit *meinem* Maß, ich sehe es durch *meine* Brille. Und er tut es genauso. Aus unserer jeweiligen Sicht sieht das Verhalten des anderen oft unverständlich und unrichtig aus. Will ich verstehen, warum ich mich so und nicht anders verhalte, und vor allem: will ich verstehen, warum sich mein Partner so verhält, warum unsere Streitigkeiten also immer wieder nach einem bestimmten, unbefriedigenden Schema ablaufen, dann muss ich mir und dem anderen erst einmal auf die Schliche kommen und meine und seine Ängste und Absichten erkennen.

Im Versuch, den jeweiligen Streitstilen samt ihren Motiven auf die Spur zu kommen, hilft mir das oben schon dargestellte, für die meisten Paare typische Eltern-Kind-Schema. Ich unterscheide zwei Grundtypen, den Kind-Typ und den Eltern-Typ, mit je zwei Untertypen, je nachdem, ob bei jemandem die zugewandte Seite oder die distanzierende Seite vorherrscht. Wer das Schema studiert, wird sicher bald entdecken, wo er sich selbst wiederfindet. Insbesondere die Rubrik „typisches Verhalten im Streit" hilft, sich selbst einzuordnen.

Zur besseren Unterscheidung gebe ich den Typen Namen und betrachte ihr Verhalten unter folgenden 5 Aspekten:

(1) Welches ist die grundsätzliche Lebensposition, die mein Streitverhalten steuert?
(2) Welche positive Absicht verfolge ich, wenn ich streite?
(3) Welche heimliche Angst treibt mich?
(4) Welche typischen Merkmale hat mein Verhalten?
(5) Welche Handlungsalternativen besitze ich?

1 Der Mauerer: Kind-Typ, eher zugewandt, harmonistisch:

1. Grundsätzliche Lebensposition:

Er versteht sich als jemand, der es anderen recht machen will, der eher reagiert, mitmacht, und dabei darauf achtet, dass er selber keine Fehler macht; er verhält sich so, wie die anderen (ursprünglich: Papa und Mama) es erwarten („Opfer"-Position).

2. Positive Absicht:

Er ist bemüht, den Streit klein zu halten, ihn unter Kontrolle zu halten, nicht selber anzuheizen. Er möchte die Situation nicht durch eigene Emotionen belasten, möchte nichts falsch machen. Er möchte eine reine Weste behalten. Er wartet auf bessere Zeiten, bis der Partner sich wieder einkriegt.

3. Heimliche Angst

Er hat Angst, dagegenzuhalten, sich zu wehren, insbesondere, laut zu werden, sonst, fürchtet er, geht der andere fort (ursprünglich: sonst wird Mama/Papa böse). Seine Überzeugung lautet: „Ich darf nichts Unrechtes tun, sonst werde ich verlassen. Ich mach's dir recht (Mama/Papa)."

Deshalb darf und kann er seinen Ärger und seine Wut nicht zeigen, spürt darum manchmal gar nicht, dass er ärgerlich ist, hat oft wenig Zugang zu seinen Gefühlen, denn Gefühle sind gefährlich und unberechenbar. Er traut sich nicht, aktiv zu werden. Denkt, wenn er nichts tut, tut er auch nichts Falsches.

4. Typisches Verhalten und Gefühle im eskalierenden Streit:

Er fühlt sich der Situation nicht gewachsen, fühlt sich klein, schwach, hilflos, falsch behandelt, ausgeliefert, wertlos. Hat ein schlechtes Gewissen und Schuldgefühle. Neigt dazu, zu schweigen, sich wegzudenken, sich zu ducken, abzuwarten, sich schuldig zu fühlen. Typische Gefühle sind: *weinen*, klagen, jammern, leiden, aushalten, seufzen. Sein typisches Verhalten ist: Starre, Rückzug, Trauer.

Er igelt sich ein, lässt nichts an sich herankommen, *baut – immer dickere – Mauern um sich herum*; lässt den anderen auflaufen, verschiebt die Auseinandersetzung auf später, hat jetzt keine Zeit, ist zu müde; verdrückt sich, verlässt den Raum, schließt sich ein, vermeidet Begegnungen, kommt nicht nach Haus, schützt Arbeit vor. Oder er versteht gar nicht, was los ist und warum sich der andere so aufregt, stellt sich dumm. Er ist desorientiert, weiß nicht, was er will, was der andere will. Oder er bleibt ganz cool, lächelt, überspielt den Konflikt. Wartet darauf, was der andere tut und was er für Fehler macht.

Grundcharakter seines Verhaltens: *Keine Energie.*

5. Handlungsalternativen:

Er kann lernen, die destruktiven Seiten des eigenen Verhaltens zu erkennen und die positiven Absichten des Partners anzuerkennen. Er kann erkennen, dass *Nichtstun auch Streiten* ist.

Er kann lernen, den eigenen Ärger wahrzunehmen und auszusprechen. Er kann lernen, Streiten als etwas Positives anzusehen. Er kann auf den anderen zugehen, den ersten Schritt tun. Er kann lernen, sich zuzugestehen, auch Fehler zu machen.

2 Der Powerer: Kind-Typ, eher distanzbetonend, rebellisch

1. Grundsätzliche Lebensposition:

Er versteht sich als einen, der (um sein Leben bzw. um alles) kämpfen und sich behaupten muss, um nicht unterzugehen. Er verhält sich so, dass die anderen (ursprünglich Papa und Mama) sich ihm zuwenden müssen („Verteidiger"-Position).

2. Positive Absicht:

Er signalisiert Betroffenheit, zeigt sein Gefühl, hält nicht hinterm Berge, kehrt nichts unter den Teppich. Er spricht an, was nicht in Ordnung ist, legt den Finger in die Wunde. Schiebt nichts auf die lange Bank, will schwelende Konflikte klären, sorgt für klare Luft.

3. Heimliche Angst:

Er hat Angst, nicht genug zu bekommen – nicht genug Raum zum Leben, nicht genug Luft zum Atmen; er glaubt, er müsse um sein Leben kämpfen. Er ist überzeugt: „Wenn ich dem anderen (dem Partner) zu sehr folge, verliere ich mich selbst, spüre ich mich selbst nicht mehr. Auf die anderen ist kein Verlass".

Er kann Frustrationen schlecht aushalten, kann nichts ungeklärt lassen. Kann im Streit oft nicht klar denken. Er übersieht dabei die Folgen seines Tuns nicht, folgt seinen eigenen Impulsen, achtet nicht auf den Partner.

4. Typisches Verhalten und Gefühle im eskalierenden Streit:

Er fühlt sich vernachlässigt, getäuscht, falsch behandelt, im Stich gelassen, nicht gesehen. Fühlt sich angegriffen, abgewertet, missachtet, misshandelt, vergewaltigt, unschuldig verfolgt. *Er kann sich sehr aufregen*, den Streit schüren, den Emotionen freien Lauf lassen, sich nicht einkriegen, sehr laut werden, schreien, toben, um sich schlagen, handgreiflich werden, explodieren, Türenknallen, Tassen und Teller (oder anderes) schmeißen, Gegenstände zertrümmern, außer sich sein; typisches Verhalten: Jähzorn (eher Männer), Hysterie (eher Frauen).

Er wird von seinen Gefühlen überschwemmt und walzt mit ihnen über den Partner; ist wie ein Gewitter, wie ein Vulkan, manchmal unvermittelt und unberechenbar, verletzt sich selbst und auch Unbeteiligte, schlägt einfach drauf, manchmal bis zur Erschöpfung; ist hinterher völlig geknickt, was er angerichtet hat.

Grundcharakter seines Verhaltens: *Viel ungezielte Energie.*

5. Handlungsalternativen:

Er kann lernen, die destruktiven Seiten des eigenen Verhaltens zu erkennen und die positiven Absichten des Partners anzuerkennen. Er kann erkennen, dass das eigene Verhalten dem Partner Angst macht. Er kann lernen, erst einmal durchzuatmen, und zur Ruhe zu kommen. Er kann seine Angst, nicht gesehen zu werden, übergangen zu werden, aussprechen und den anderen *bitten*, sich ihm zuzuwenden.

3 Der Schenker: Eltern-Typ, eher zugewandt, harmonistisch:

1. Grundsätzliche Lebensposition:

Er versteht sich als Helfer, der Gutes will; stellt seine eigenen Wünsche und Bedürfnisse zurück, um zu vermitteln, zu schlichten und Frieden zu schaffen; verhält sich wie gute Eltern („Retter"-Position).

2. Positive Absicht:

Er will alles zum Besten kehren, alles tun, damit der Streit gar nicht erst aufkocht oder schnell ein Ende findet, will Harmonie herstellen und erhalten, will mit Liebe, Verständnis, Nachsicht und Großzügigkeit die Fehler des anderen korrigieren.

3. Heimliche Angst:

Er hat Angst, die Gefühle der anderen könnten ihn ins Chaos stürzen, er könnte die Kontrolle verlieren. Er hat Angst, die Beziehung und die Liebe der anderen zu verlieren. Er ist überzeugt: „Ich muss verhindern, dass etwas Schlimmes passiert!"

Er erträgt ungeklärte Situationen nicht, kann einen offenen Streit nicht stehen lassen, braucht immer ein friedliches Ende. Fühlt sich für alles verantwortlich.

Er hat wenig Gespür für die eigenen Bedürfnisse, kann seine Gefühle oft nicht benennen oder spürt sie erst hinterher. Er übergeht die eigene Verletztheit und frisst den eigenen Ärger eher in sich hinein.

4. Typisches Verhalten und Gefühle im eskalierenden Streit:

Er fühlt sich immer gefordert, in die Pflicht genommen, verantwortlich und spürt oft schon im Voraus, was der andere von ihm will bzw. braucht. Er sucht immer Lösungen, die für den anderen tragbar sind. Er hat das Gefühl, es hinge alles an ihm, er müsse alles regeln. Dabei trägt er einen unsichtbaren Heiligenschein.

Er neigt dazu, den Konflikt zu überspielen, die Emotionen abzuwiegeln, das Unangenehme zu übergehen, wegzureden oder schnell zu vergessen, findet immer gute Worte. Dabei entwickelt er unter Umständen hektische Aktivität und macht schnelle Friedensangebote. Er hat auf alles eine Antwort, weiß sich in der besseren Position, hat immer gute Ratschläge parat, meint es immer gut, nimmt alles auf sich, macht sich zum Märtyrer und unangreifbar.

Typisches Verhalten ist für ihn: Er wendet sich dem anderen zu, zeigt Verständnis, nickt, legt den Arm um jemanden, tröstet, streichelt, bietet ihm Schutz an, betrachtet den anderen als Kind. Typische Merkmale:

Freundlichkeit, Zuwendung, Lob, Eifer, Aufmerksamkeit, bisweilen auch helferische Aufdringlichkeit.

Grundcharakter seines Verhaltens: *dämpfende Energie*.

5. Handlungsalternativen:

Er kann lernen, die destruktiven Seiten des eigenen Verhaltens zu erkennen und die positiven Absichten des Partners anzuerkennen. Er kann aufhören, alles regeln zu wollen. Er kann erkennen, dass Zuwendung andere entmündigen kann und Ratschläge auch Schläge sind. Er kann üben, die eigenen ärgerlichen Gefühle auszusprechen und die Kompetenz des anderen wahrzunehmen.

4 Der Kränker: Eltern-Typ, eher distanzbetonend, kritisch

1. Grundsätzliche Lebensposition:

Er versteht sich als Rächer und Verfolger im Dienste des Guten und sorgt dafür, dass der Partner sich dem Problem stellt. Er verhält sich wie strenge, aber gerechte Eltern („Verfolger"-Position).

2. Positive Absicht:

Er übernimmt Verantwortung für die Klärung des Konflikts, deckt auf, was unter den Teppich geschoben wurde, lässt nichts anbrennen, sorgt dafür, dass der Partner sich dem Problem stellt und dass eine Lösung gefunden wird. Er will an der Beziehung arbeiten, will den Partner aufrütteln, bringt Bewegung in die Gewohnheits-Beziehung, auch auf die Gefahr hin, selber Fehler zu machen.

3. Heimliche Angst:

Er hat Angst, die Situation nicht geregelt zu bekommen, die Kontrolle zu verlieren, keine Macht über den anderen zu haben. Er hat Angst, vom Partner verlassen zu werden, hilflos und ausgeliefert zu sein. Kann ungeklärte Situationen nicht ertragen, kann es nicht aushalten, wenn er nicht alles im Griff hat.

Er ist überzeugt, sich letztlich nicht auf den anderen verlassen zu können: „Ich muss alles allein regeln, notfalls auch mit Härte! Einer muss hier sagen, wo's lang geht!" Es fällt ihm schwer zu sehen, was der Partner für die Beziehung tut.

4. Typisches Verhalten und Gefühle im eskalierenden Streit:

Er fühlt sich vom Partner schlecht behandelt, übergangen, missachtet, getäuscht, betrogen, nicht richtig geliebt, verbittert, enttäuscht, gekränkt. Er glaubt sich im Recht, hält sich für den Besseren. Hat das Gefühl, nur er arbeitete für die Beziehung. Er weiß immer, was für die Beziehung gut ist und wie sich der andere verhalten müsste.

Er versucht, den Partner zu kontrollieren, spioniert ihm hinterher, ist misstrauisch und eifersüchtig, konfrontiert ihn, stellt ihn zur Rede, will ihn festnageln, macht ihm Vorwürfe. Typische Verhaltensweisen sind für ihn: bewerten, nachtragend sein, nichts vergessen, tadeln, beschimpfen, anschreien, anschnauzen; bestrafen, schlagen, prügeln; Ärger, Wut, Zorn, Rache, Groll; Anklage, Vorwürfe, Verurteilungen, Unversöhnlichkeit.

Er ist überzeugt: „Ich kriege dich!" Er lässt nicht locker, bohrt immer weiter, stößt den anderen erbarmungslos auf seine Fehler und Schwachpunkte, fordert Beweise und Wiedergutmachungen, stellt Ultimaten, eskaliert den Konflikt, bis der andere endlich hochgeht, abstürzt oder kapituliert. Zahlt es dem anderen heim. Er will den anderen zur Liebe zwingen.

Grundcharakter seines Verhaltens: *gezielte Energie.*

5. <u>Handlungsalternativen</u>:

Er kann lernen, die destruktiven Seiten des eigenen Verhaltens zu erkennen und die positiven Absichten des Partners anzuerkennen. Er kann aufhören, die eigenen Gefühle zum Maßstab dafür zu machen, was gut ist und was nicht.

Er kann lernen, sich die eigene Ungeduld und Unduldsamkeit einzugestehen. Er kann üben, die eigene Angst

> und Hilflosigkeit anzusprechen und sich und dem anderen Zeit zu lassen, eine Lösung zu finden.

Üblicherweise hat ein Eltern-Typ beide Eltern-Varianten zur Verfügung, ebenso wie umgekehrt der Kind-Typ beide Kind-Typ-Varianten. Je nachdem können wir in einem gewissen Umfang auch zwischen der mehr zugewandten und der mehr distanzierten Verhaltensweise unseres Grund-Typs hin und her pendeln. Trotzdem herrscht in der Regel ein Muster vor, das ab einer gewissen Eskalationsstufe immer deutlicher wird.

Wer sich in den vier Typen einzuordnen versucht, sollte außerdem bedenken, dass die eher zugewandten beziehungsweise die eher distanzierten Verhaltensmuster der unterschiedlichen Typen jeweils eine gewisse Ähnlichkeit, sozusagen eine Überkreuz-Entsprechung miteinander besitzen, die bei der Zuordnung des eigenen Verhaltens irritieren kann. Also „Mauerer" und „Schenker", die zugewandten Typ-Ausformungen, sowie „Powerer" und „Kränker", die distanzierenden Typ-Ausformungen, besitzen teilweise ähnliche Motive und Vorgehensweisen.

Ein Paar, das sein Streitverhalten verstehen will und womöglich ändern möchte, wird immer zweierlei betrachten müssen: *Warum verhalte ich mich so? Warum verhält sich mein Partner so?* Jeder von beiden hat positive Absichten und sein Verhalten hat destruktive Wirkungen. Die zugewandt-harmonistische Variante des Eltern- bzw.

Kind-Typs gaukelt den Partnern bisweilen vor, sie würden gar nicht streiten, und nach außen hin kann es so erscheinen, als seien nur die distanzierten Typen die eigentlichen Streithammel und Täter. Die obige Gegenüberstellung kann deutlich machen, dass auch das Harmoniestreben und Alles-gut-machen-Wollen eine intensive Form des Streitens sein kann.

Fangen die Partner an, ihr eigenes Streitverhalten zum Thema zu machen, hacken sie nicht bloß auf das unerträgliche Verhalten des anderen ein, sondern haben sie den Mut, auch die eigenen Unerträglichkeiten anzuschauen, dann begeben sie sich auf einen guten Weg. Dann eröffnet sich die Chance, im gemeinsamen Hinsehen sich wieder näher zu kommen und konstruktive Lösungen zu finden.

Sich konstruktiv zu streiten, besitzt immer diese vier Grundelemente:

> dass wir bereit sind, *uns selbst*, unsere Motive, *unsere wunden Punkte*, unser Verhalten und die dabei entstehenden Kollateralschäden *zum Thema zu machen*

> dass wir *den anderen und seine wunden Punkte hören* und sehen, seine Motive und Begrenzungen verstehen

> dass wir nicht aus dem Felde gehen, *sondern mit dem Partner im Kontakt bleiben*

➤ *und dass wir*, wie dornenvoll der Weg bisweilen auch ist, ein gemeinsames Ziel haben: *Wir suchen eine gute Lösung* („Ich stimme zu. Du stimmst zu. Ich fühle mich gesehen und beachtet. Du fühlst dich gesehen und beachtet.")

Am Ende muss noch einmal gesagt werden: Trotz eines massiven Konflikts mit unserem Partner konstruktiv in Kontakt zu bleiben, wird uns auf Dauer nur gelingen, wenn wir wissen, erstens: „Wir bleiben beieinander" (wenn also die Säule 1 unserer Partnerschaft sicher steht), wenn zweitens die Säule 2 unserer Partnerschaft Geltung hat, wenn wir also wissen: „Wir sind unterschiedlich, und wir dürfen es auch sein."

3.4 Das Miteinander-Reden

> *Beim Wunderrabbi klagt eine Frau über ihre dauernde Migräne. Sie schüttet ihm ihr Herz aus, der Rabbi hört ihr zu. Sie redet und redet – plötzlich stockt sie und ruft aus: „Rabbi, ihr seid wahrhaftig ein Wundertäter! Meine Migräne ist verschwunden!" „Nein", stöhnt er, „sie ist nicht verschwunden. Jetzt hab ich sie!"* (SL, 154)

Nichts prägt den Menschen so – und unterscheidet ihn zugleich von seinen evolutionsgeschichtlich nächsten Vorfahren, den Tieren – wie seine Sprache. Indem wir miteinander reden, tauschen wir uns aus.

Dass wir uns dem anderen und den anderen mitteilen, ist ein Grundbedürfnis unseres Lebens. Es bettet uns in die Gemeinschaft ein. Das Reden kann erfüllend sein; es kann auch misslingen. Es kann wie ein Geschenk sein und wie eine Belastung. Aber nichts ist schlimmer als nicht mehr miteinander zu reden. Können wir nicht mehr miteinander reden, erstirbt die Beziehung. Die Verweigerung des Redens ist sozusagen das entgegengesetzte Ende des Streits, oft seine bitterste Variante. Bricht Schweigen aus zwischen zweien, ist das für die meisten Menschen noch schwerer auszuhalten als der tägliche Krach. Schweigen kann ganz unerträglich sein. Deshalb zählt es auch zu den schärfsten Waffen im

Partnerkampf, wenn einer sagt: „Ich rede nicht mehr mit dir!"

Immer sind wir darauf angewiesen uns miteinander auszutauschen, uns von einander zu erzählen, uns aneinander Anteil zu geben. Ein liebenswert-ironischer jüdischer Witz nimmt das aufs Korn:

> *Der Rabbiner von Chicago ist leidenschaftlicher Golfspieler. Die ganze Woche herrschte dicker Nebel – ausgerechnet am Schabbes (am Sabbat, wo er nicht darf) scheint die Sonne. Er steht am frühen Morgen auf dem menschenleeren Golfplatz, die Spielleidenschaft siegt über seine Frömmigkeit, er nimmt den Schläger und den Ball und spielt.*
> *Sein verstorbener Vater schaut ihm vom Himmel aus zu und wendet sich an den lieben Gott: „Siehst du, was mein Sohn da unten macht – heute am Schabbes!?" Der liebe Gott antwortet: „Ich werde ihn bestrafen!"*
> *Der Rabbiner unten legt sich den Ball zurecht, holt mächtig aus und schlägt. Der Ball fliegt und fliegt und landet 250 Meter weit, genau ins Loch! – Sein Vater sagt zum lieben Gott: „Das nennst du Strafe?" Der liebe Gott lächelt: „Wem soll er es erzählen?"*
> (SL, 198)

Viele Paare leben weitgehend wortlos nebeneinander her. Vielleicht hätten sie sich noch viel zu sagen, aber sie finden den Mundöffner nicht mehr. Also schweigen sie von dem, was sie doch zutiefst berührt und unglücklich macht. Über alles, was ein Paar nicht miteinander bereden kann, muss es schweigen. Was die beiden nicht (mehr) aussprechen können, müssen sie bei sich behalten.

Es ist die extremste Form des Rückzugs, wenn Menschen in Schweigen versinken. Sie schweigen vor allem, weil sie sich nicht gesehen, nicht gehört, nicht verstanden fühlen. Sie schweigen vielleicht auch, um Ärger zu vermeiden, und behalten ihre Meinung für sich. Sie schweigen, weil sie sich dem anderen und seiner Definitionsmacht unterlegen fühlen. Sie schweigen, weil das Reden so oft schief ging, weil sie nichts Falsches sagen wollen. Sie schweigen, weil sie sich sonst im Partnerkampf eine Blöße gäben. Sie schweigen, weil sie sich sonst zu etwas bekennen müssten, dass sie nicht zugeben möchten.

Wer schweigt, ist für den anderen nicht mehr erreichbar. Er ist wie eine Meeresküste; die Wellen der Anreden seines Partners laufen sich an ihm müde.

Aber nicht erst, wenn wir uns nur noch anschweigen, geht unserer Partnerschaft die Puste aus. Der Redenotstand beginnt in der Regel schon viel früher. Untersuchungen an US-amerikanischen Paaren brachten ans Licht, dass sie im Durchschnitt, abgesehen von kurzen Regelungen über Technisches zum Funktionieren des häuslichen Alltags-Ablaufs, wie: „Ist noch Bier im Kühlschrank? Wann kommst du nach Hause? Wo steht das Auto? Wer holt die Kinder ab?" und dergleichen, täglich weniger als 5 Minuten über Wesentliches miteinander reden – also darüber, wie es ihnen geht und wie sie sich an der Seite des Partners fühlen. In Deutschland sind die

Zahlen angeblich nicht weniger deutlich. Viele Paare sind weitgehend „sprachlos". Die Sprachlosigkeit ist wie eine zunehmende Versteppung. Zwischen den Partnern breiten sich immer größere Sprach-Brachen aus, bis schließlich nur noch schmale Redepfade übrigbleiben. Was ehemals voller Leben war und Blüten trieb, ist eingeschrumpelt und versiegt. Denn fast immer war es einmal anders.

Was ist passiert? Was lässt Paare verstummen?

Die Gründe dafür sind sicher vielfältig; es gibt äußere und innere, gesellschaftliche und individuelle. Ein Feind des Miteinander-Redens ist ganz sicher die seit dem vergangenen Jahrhundert überall in der industriell entwickelten Welt um sich greifende Zeit-ist-Geld-Ideologie, die nach dem produzierenden Gewerbe durch die Vertaktung der Arbeitswelt auch den von zwischenmenschlichen Kontakten geprägten Dienstleistungssektor immer stärker beherrscht. Die Stechuhr jagt uns durch die Arbeit. Wir haben immer weniger Zeit zum Plausch an der Ecke. Als hetzten Schweißhunde hinter ihnen her, schreiben sich die jungen Leute ihre SMS-Mitteilungen im Telegrammstil, in Pidgin-Deutsch.

Wir leben in einer lauten Welt. Straßenlärm, Industrielärm, Fluglärm, Bahnverkehr, Lärm am Arbeitsplatz – das alles verkleistert die Gehörgänge, hat die Zahl der Gehörgeschädigten in den vergangenen Jahrzehnten vervielfacht. Viele Menschen leiden unter Tinnitus-Qualen, sind schwerhörig, tragen Hörgeräte.

Mindestens ebenso gravierend wie der äußere Lärm wirkt sich die allgegenwärtige Erreichbarkeit durch die Kommunikationsmedien aus, die Überschwemmung der privaten Welt durch das Fernsehen, das Internet und die permanente Begleitung durch Handy, Smartphone, iPod und Tablet. Kaum ein Kind über 10 Jahren, das nicht unentwegt mit seinem Gerät im Gespräch ist. Das alles gaukelt Menschen Kommunikation vor, aber sie ist reduziert, ihrer Lebendigkeit beraubt und jederzeit per Tastendruck umschalt- und wegdrückbar.

In vielen Haushalten läuft der Fernseher von morgens bis abends. Er begleitet mit seinen permanenten Hintergrund-Redegeräuschen alle Eigenkommunikation, immer bereit, uns abzulenken, lässt er kaum Raum für intensives Miteinander-Reden. Ähnliches gilt auch für die Dauermusik. Sehr viele jüngere Menschen hören ohne Unterbrechung den ganzen Tag ihre Musik und gehen nicht mehr aus dem Haus ohne Lautsprecher im Ohr. Das erschlägt die inneren Stimmen. Immer sind laute Geräusche da, immer wird geredet oder gesungen oder getönt – aber nur wenig miteinander.

Außer dieser äußerlichen Verengung und teils auch Verarmung der Redekultur gibt es aus meiner Sicht auch einen sehr schlichten, gleichwohl zentralen inneren Grund, weshalb Paare verstummen, der in seiner Bedeutung vermutlich noch wichtiger und in seiner Wirkung durchschlagender ist.

Menschen hören nicht etwa dann auf, miteinander zu reden, wenn sie sich nichts mehr zu sagen haben; das ist nur eine Redensart: „Wir haben uns nichts mehr zu sagen!" Sie beschreibt die Wirkung, aber nicht die Ursache des Schweigens. Menschen verstummen vielmehr, *wenn man sie nicht (mehr) hört.* Wenn das, was sie sagen möchten, beim anderen keine Resonanz erfährt.

Man kann das an Kindern gut beobachten. Kinder verstummen, wenn sie in der Familie nicht gesehen und gehört werden. Wenn man ihnen immer über den Mund fährt. Wenn man sie für das, was sie sagen, auslacht. Wenn man sie nicht zu Wort kommen lässt. Dann machen sie sich unempfindlich, verkriechen sich, reagieren nur eingeschränkt, werden schwerhörig. Gleiches gilt für Erwachsene. Auf dem Hintergrund einer für unsere Kultur typischen Sprachüberschwemmung werden Menschen sprachlos, wenn sie nicht mehr gehört werden. Dann ziehen sie sich in sich selbst zurück und haben auch nichts mehr zu sagen.

Dem anderen zuhören: das erfordert Zeit. Das verlangt Aufmerksamkeit. Es macht Aufwand. Man kann es nicht nebenbei erledigen. Im Hau-ruck-Verfahren lässt sich eine Partnerschaft nicht beleben oder gar sanieren. Jede Form des Zuhörens und Redens braucht immer neu geschützte Winkel, ungestörte Zeit, innere Offenheit und Muße.

Dazu ein kleiner jüdischer Witz:

> *Itzig rennt an Jankl vorbei. Jankl ruft ihm nach: „Itzig, hast du einen Moment Zeit?" Itzig, stehen bleibend: „Ja, was ist?" Jankl: „Wenn du Zeit hast – was rennst du dann?"* (SL,786)

Wenn ein Paar sich im normalen Arbeitsleben, inmitten der täglichen Pflichten, und erst recht bei der Gestaltung des Feierabends keine *Spielräume zum Zuhören* mehr schafft und offenhält, dann rennt das Leben an ihm vorbei. Wenn Menschen den Austausch zum Beispiel auf die Wochenenden verschieben, vertrösten sie sich selbst und den Partner auf später; aber oft genug bleibt es dabei. Aber das reicht nicht. Zurück bleibt Enttäuschung. Wenn Menschen der Anstrengung des Zuhörens und Redens ausweichen und sich mit allen möglichen anderen Geräuschquellen die Gehörgänge zuschallen, sei es der Fernseher oder die Musik, sei es der PC oder das Handy – dann hat die Beziehung, offen gesagt, keine große Chance. Dann ist es nur eine Frage der Zeit, bis sie wortkarg wird und erstarrt. Es bleibt zu viel ungesagt.

Fragt man Paare, warum sie so wenig miteinander reden, dann kann es sein, dass sie das erst einmal selber nicht verstehen und zu vordergründigen Erklärungen neigen: „Wir haben zu viel anderes zu tun, wir nehmen uns nicht die Zeit dazu." „Ich bin zu kaputt." „Es ist mir zu anstrengend." Viele sagen auch: „Es ging zu oft schief. Wir sind immer gleich in Streit geraten." Oder: „Mein Partner kriegt den Mund nicht auf, und ich habe keine Lust auf Einbahnstraßen-Kommunikation." Oder: „Mein Partner hat mich vollgeschwallt. Er nörgelt nur an mir herum." Jeder, der sich darüber Gedanken macht, kann sich fragen:

Was wäre denn meine Antwort, warum wir nicht genug miteinander reden?

Obwohl es im Grunde eine Binsenweisheit ist, machen sich viele Paare nicht ausreichend klar: *Partnerschaft kostet Zeit.* Partnerschaften, die sich nicht genügend Raum geben für den gegenseitigen Austausch, verlieren den Kontakt zueinander. Wenn sich Beruf und Privatleben, Karriere und Partnerschaft in die Quere kommen, ist es nur eine Frage der Zeit, bis sich die Entscheidungsfrage stellt: „Was hat meine Priorität?"

Für viele Paare ist das ein andauerndes Konfliktthema, ein immer neues Feld der Enttäuschungen und Vorhaltungen. Zwar muss ein Paar manchmal Belastungszeiten überbrücken, muss vielleicht eine Zeitlang Zwischenlösungen und Kompromisse etwa zwischen beruflichen und privaten Anforderungen finden. Aber es bleibt eine generelle Wahrheit: Partnerschaft, soll sie halten, soll sie sich entwickeln, soll sie beglücken, kostet Zeit. Oder anders gesagt: Nimmst du dir nicht die Muße zum Zuhören und Reden, darfst du dich nicht wundern, wenn deine Beziehung immer holpriger, unbefriedigender und gleichzeitig wortloser wird und irgendwann verstummt.

Wie kommen Paare wieder miteinander ins Gespräch?

Miteinander so zu reden, dass es dem Paar dabei gut tut, gelingt keineswegs immer. Nicht selten nimmt das Reden in null Komma nichts die Form einer Diskussion an, ein Wort gibt das andere, entartet zum Schlagabtausch. Keiner lässt den anderen ausreden oder hört ihm noch zu. Dann geht es bestenfalls noch um das Gegeneinanderstellen der Standpunkte, um das Rechtbehalten, um „Basta"-Formulierungen. Dann hätten wir's besser gelassen.

Es gibt vielerlei Formen für nutzloses oder destruktives Reden. Manchmal nutzt einer die Gegenwart des anderen zu ausgiebigen Monologen, überschüttet ihn mit seinen verbalen Ergüssen, leidet an Rededurchfall, an Logorrhöe. Wie soll das der andere aushalten, ohne seine Ohren zu versperren?

> *Der Chasside versucht einen atheistischen Zweifler zu überzeugen: „Wenn du eine stumme Frau hättest, und sie begänne durch ein Wunder unseres Rebben plötzlich zu reden – würdest du dann an ein Wunder glauben?" „Bestimmt nicht! Aber wenn meine Frau plötzlich verstummen würde – dann schon."* (SL, 146)

Nicht selten degeneriert das Reden auch zum Schwatzen über Belanglosigkeiten, zu Tratsch, zu small talk oder Konversation. Belanglos wird Reden, wenn einer über alles Mögliche, über die anderen, über die Politik oder was die Medien an ihn herantragen – aber nicht von sich selbst spricht.

Menschen, vor allem Paare, die nicht mehr miteinander reden und sich nicht mehr zuhören, stellen Vermutungen über den anderen an. Sie haben fertige Urteile übereinander, sie wissen schon ohne nachzufragen, was der andere will, tut, sagt. An die Stelle offenen

Austausches treten Phantasien. Nur das Hinschauen, Hingehen, Fragen und Zuhören würde sie auf sicheren Grund führen.

Dazu noch ein kleiner Witz:

> *Lewi befindet sich zusammen mit Jankl auf der Überfahrt nach Amerika. „Lewi, ich hab dir eine Frage. Unser Schiff ist 200 Meter lang, 50 Meter breit, 10 Meter tief, es hat 400 Besatzungsmitglieder und 2000 Reisende an Bord. Wie alt ist folglich der Kapitän?" Jankl: „Gib mir eine Stunde Zeit zum Klären!" Nach einer Stunde: „Er ist genau 50!" Darauf Lewi: „Und wie hast du das ausgerechnet?" Jankl: „Das war ganz einfach. Ich hab ihn gefragt!"* (SL, 786)

Miteinander reden gelingt leider nicht immer. Viele Paare wissen wohl, dass es ihnen daran mangelt, aber sie haben keine Ahnung, wie sie es anders hinbekommen könnten. *Wie gelingt uns partnerschaftliches Reden?* Wie sieht Reden auf Augenhöhe, anknüpfendes und eröffnendes Reden aus? Wie verhindern wir, dass wir abgleiten in eine Kämpferhaltung oder wiederum in den schweigenden Rückzug? Wie können wir konstruktive Gespräche führen?

Es gibt zahlreiche Konzepte, die helfen sollen, miteinander ins konstruktive Reden zu kommen. Beispielhaft erwähne ich drei. In der Gruppentherapie (vor allem in der von Ruth Cohn entwickelten *„Themenzentrierten Interaktion"*, TZI) wurden dazu einfache, teils formale, teils inhaltliche Regeln für Gespräche in Gruppen entwickelt, die auch für die Kommunikation zwischen Partnern nützlich sind. Einige davon liste ich hier auf und ergänze sie durch in der eigenen Gruppenarbeit entwickelte:

1. Melde dich zu Wort, wenn du etwas sagen möchtest.
2. Es kann immer nur einer reden.
3. Störungen haben Vorrang.
4. Warte mit deinem Beitrag, bis du an der Reihe bist.
5. Fasse dich kurz.
6. Achte zugleich darauf, dass jeder angemessen zu Wort kommt.
7. Sprich so laut, dass dich alle verstehen können.
8. Bemühe dich um einfache und verständliche Sprache.
9. Wende dich den anderen beim Reden zu.
10. Rede nicht *über* andere, sondern *mit* ihnen.
11. Führe keine Seitengespräche.
12. Sprich nur von dir (was du denkst, fühlst, glaubst); sag nicht „man" oder „wir", sondern „ich".
13. Versteck dich nicht hinter den Aussagen anderer.
14. Versteck dich nicht hinter Fragen, sondern mach Aussagen.
15. Wenn du eine Frage stellst, sag, warum und was sie für dich bedeutet.
16. Kennzeichne Interpretationen als persönliche Meinung.
17. Frag nur nach, wenn du etwas nicht verstehst.
18. Bleib sachlich und vermeide Übertreibungen und Verallgemeinerungen.

19　Gib ehrliche Rückmeldungen, aber sei nicht verletzend.
20　Gib keine ungebetenen Ratschläge oder Beurteilungen.

Diese Regeln haben sich für Gruppen gut bewährt. Sie brauchen allerdings am besten eine Leitung, die sie überwacht. Die meisten von ihnen lassen sich, wie gesagt, auch für das Paargespräch, die kleinste Form der Gruppe, anwenden. Wer sie verinnerlicht hat, stolpert weniger leicht in Gesprächsfallen. Allerdings, wenn ein Paar sich unterhält und dann vielleicht auf ein konfliktbelastetes Thema stößt, braucht es mehr. Es benötigt eine feste Redestruktur, die auch ohne therapeutische Begleitung funktioniert und nicht in destruktives Streiten ausartet.

Ein weiteres Konzept hat Marshall B. Rosenberg durch seine *„Gewaltfreie Kommunikation"* (GFK) entwickelt. Es geht ebenfalls darum, wie Menschen, insbesondere in Konflikten, auf konstruktive Weise miteinander in Beziehung treten können. Sie lassen sich sowohl auf die private Kommunikation von Paaren wie auf Konflikte zwischen Gruppen und politischen Gegnern anwenden. Ihr Focus liegt darauf, eine wertschätzende Haltung zueinander einzunehmen und nicht den anderen zu einem bestimmten Verhalten zu bewegen.

Es geht darum, in einer konkreten Situation

➢ die Beobachtung eines Verhaltens von seiner Bewertung zu trennen; also statt das Verhalten des

anderen zu kritisieren, zu loben, zu analysieren, zu interpretieren, zu bewerten, abzuurteilen oder zu bedrohen, es erst einmal nur wahrzunehmen;
➢ sich der eigenen Gefühle bewusst zu werden, die sich mit dem Verhalten des anderen verbinden;
➢ die hinter den eigenen Gefühlen stehenden nicht erfüllten Bedürfnisse wahrzunehmen;
➢ in gleicher Weise die Gefühle und Bedürfnisse des anderen wahrzunehmen und zu respektieren;
➢ nicht von ihm eine Verhaltensänderung einzufordern, sondern um die Erfüllung konkreter Wünsche zu bitten.

Die GFK nennt diese empathische Form der Kommunikation die „Sprache des Herzens" (oder „Giraffensprache" im Gegensatz zur „Wolfssprache"). Wie weit allerdings der einzelne oder das Paar dazu in der Lage ist, vor allem in der aufgeheizten Situation eines Konflikts, sich dieses Schemas zu bedienen, ist eine offene Frage. Nach meiner Erfahrung brauchen Menschen enge-re Vorgaben und Regeln für ihre Kommunikation.

Eine nach meiner Erfahrung äußerst wirksame und letztlich sehr leicht praktizierbare Form, wie Partner (wieder) miteinander in eine konstruktive Kommunikation eintreten können, sich wieder einander zuhören, Respekt entgegenbringen und öffnen, ist die Methode des von Michael Lukas Moeller entwickelten *Zwiegesprächs*. Er gilt als der Begründer der Selbsthilfegruppen-Bewegung in Deutschland.

Das Zwiegespräch stellt quasi die Reduktion einer Selbsthilfegruppe auf die kleinste Gruppeneinheit, das Paar, dar. In verschiedenen, auch für Laien gut lesbaren Büchern, hat Moeller sein Modell entfaltet.

Das Zwiegespräch läuft nach bestimmten *Regeln* ab: Die Partner setzen sich für eine verabredete, von äußeren Ablenkungen abgeschirmte, ungestörte Zeit zusammen. Sie erklären sich beide mit den Regeln einverstanden und sichern sich zu, nicht zwischendrin wegzulaufen. Abwechselnd bekommt jeder dreimal Redezeit (je Durchgang 15 Minuten; in der Kurzversion 10 Minuten), in der er von seinem Gegenüber nicht unterbrochen werden darf. Der andere hört nur aufmerksam zu. Redezeit und Zuhörzeit wechseln sich ab. Die Gesamtdauer für das Gespräch liegt bei 90 (bzw. 60) Minuten, so dass sich beide dreimal mitteilen und dreimal aktiv zuhören.

Dabei reden die Partner in Ich-Form jeweils davon, wie sie sich fühlen, was sie beschäftigt, wie es ihnen – an der Seite ihres Partners – geht. Das heißt: Jeder gibt dem anderen Auskunft über das, was ihn (im Moment) bewegt. Er redet nicht über den anderen, enthält sich insbesondere aller Interpretationen, Wertungen, Deutungen, guten Ratschläge, Vorwürfe, sondern gibt dem anderen *nur Informationen über sich selbst.*

Diese einzige inhaltliche Regel ist das Herzstück des Zwiegesprächs. Sie verhindert, dass die beiden Partner sich in die Haare bekommen. Grundsätzlich und immer von sich zu reden, fällt den meisten Menschen allerdings sehr schwer. Wir sind es meist gewohnt, das Verhalten unseres Partners zu analysieren und zu kritisieren, aber nicht das eigene Verhalten zu beleuchten. Aber jeder kann die unterschiedliche Wirkung von Du-Aussagen und Ich-Aussagen sofort spüren. Du-Aussagen rufen den Widerstand des anderen hervor. Bei Ich-Aussagen hört der Partner zu, sie sind wichtige Informationen für ihn.

Das Zwiegespräch sollte am besten regelmäßig wöchentlich stattfinden. Die Partner beantworten sich immer die gleiche Frage: „Wie geht es mir momentan (an deiner Seite)?" Was jemand dazu sagt, welche Themen er aufgreift, bleibt jedem überlassen. Die Partner können sich aber auch speziellere Themen vornehmen, etwa: „Wie fühle ich mich an deiner Seite im Blick auf unsere Gleichberechtigung? – auf unsere Sexualität? – auf die Verteilung und Bewertung unser Arbeit? – unserer Verantwortung? – auf unsern Umgang mit den Kindern? – mit den Eltern? - mit Konflikten? – mit Geld?" – und so fort. Aber diese Fragen können auch in jedem nichtthematischen Zwiegespräch angesprochen werden.

Die Partner setzen sich mit etwas Abstand gegenüber. Am besten, sie haben eine Sanduhr aufgestellt, die 15 (bzw. 10) Minuten läuft. Während der Redezeit des einen hört der andere nur zu und achtet außerdem auf die Zeit. Er macht keine Faxen, torpediert weder durch Dazwischenreden noch durch Aufstöhnen oder durch die Nase Pusten oder demonstratives Gelangweiltsein usw. die Kommunikation.

Die Erfahrung, aussprechen zu können, was einen bewegt, und ebenso, zuzuhören ohne zu kommentieren und zu unterbrechen, schafft zwischen den beiden eine Atmosphäre der Akzeptation. So weichen Fronten auf. Gleichzeitig fördert dieses Verfahren die Gleichrangigkeit der Partner. Jedem steht der gleiche Raum zur Verfügung, sich auszudrücken, gleich ob er sonst die Redehoheit für sich beansprucht oder der große Schweiger ist. Und schließlich fördert die Bereitschaft, dem anderen zu sagen, was einen bewegt, und die Erfahrung, vom anderen dabei gehört zu werden und ebenso umgekehrt zu hören, was der andere sagt, das Vertrauen zwischen den Partnern. Jeder schenkt dem anderen Aufmerksamkeit, was er vielleicht schon lange nicht mehr richtig fertig brachte.

So können beide auch heikle Themen zur Sprache bringen, und es ist nicht nötig, Lösungen parat zu haben. Aber beide machen nach und nach die Erfahrung, dass sich anschließend Lösungen leichter finden lassen. Denn vielen Konflikten zwischen Paaren liegen weniger Sachauseinandersetzungen zugrunde als das Gefühl, vom anderen nicht gesehen und gehört zu werden.

Das Herzstück des Zwiegesprächs ist wiegesagt *die Ich-Aussage*. Dabei geht es nicht zuerst um die formale Satzkonstruktion. Es geht vielmehr darum, dem anderen an den eigenen Gefühlen und Reflexionen teilhaben zu lassen: „So erlebe *ich* mich, so fühle *ich* es, und das ist (allein) meine Sicht, meine innere Konstruktion und

Deutung. Du wirst und kannst dieselbe Situation vielleicht ganz anders wahrnehmen."

Insbesondere mache ich mir selber klar, wieso eine Situation oder ein Verhalten meines Partners mich getroffen hat, wo mein *„wunder Punkt"* liegt und welche alte Verletzung ihn erzeugte. Damit geht mein Focus weg vom anderen und kommt zu mir selbst. Ich mache nicht meinen Partner für meine Gefühle verantwortlich (er war nur der Auslöser), sondern ich schaue auf die Ursachen, die alte Wunde in mir. Das entlastet unsere Partnerkonflikte ungeheuer.

Manchmal verstecken sich Vorwürfe, Deutungen oder Ratschläge an den Partner in formalen Ich-Sätzen. „Mir ging es gestern ganz mies, als du dies und das getan hast..." Das hört der Partner, obwohl es ja erst einmal ein Ich-Satz ist, in der Regel als Vorwurf. Und daraus wird dann im Handumdrehen ein Streitgespräch. Auch in Ich-Sätzen kann man dem anderen seine ganze Verbitterung und Enttäuschung vor die Füße kübeln, weil eigentlich Du-Aussagen gemeint sind. Der Partner wird sich dagegen wehren, und schon sind beide im Streit.

Es ist entscheidend, dass ich *für meine Gefühle und Reaktionen selbst die Verantwortung übernehme*, dass ich mir selbst auf die Spur komme: „Mir ging es gestern ganz mies. Ich bin wieder in mein altes Muster gefallen... Es ist *mein* altes Thema. Anlass war, als du dies und das getan hast..."

Du-Aussagen, auch versteckte, die sich zwar formal der Ich-Form bedienen, aber eigentlich (meist als versteckter Vorwurf) den Partner verantwortlich machen, kann man sehr leicht erkennen: Der Partner wird unruhig. Er schüttelt den Kopf, wendet sich ab, spricht dazwischen oder reagiert aggressiv mit einem Gegenvorwurf. Das ist das gewohnte Verhalten. So praktizieren es die meisten Paare Tag für Tag, so wird schnell aus einem Gespräch eine Diskussion und dann ein Streit.

Wenn jemandem im Zwiegespräch eine Du-Aussage unterläuft (und wenn er es an der Reaktion des anderen merkt), kann er sie sofort korrigieren, indem er sagt: „So empfinde *ich* es; du kannst es ganz anders wahrnehmen". Dann übernimmt er wieder selbst die Verantwortung für seine Empfindungen. Je mehr es Paaren gelingt, so zu reden, und dann auch außerhalb des Zwiegesprächs, desto besser wird es ihrer Beziehung bekommen.

Manche Paare nutzen das Zwiegespräch dazu, dem Partner vorwiegend ihre schlechten Gefühle mitzuteilen: was alles nicht gut ist und war, was sie geärgert hat, was ihnen die Lust verdarb usf. Manche tragen dem anderen wahre Jammerlitaneien vor, wie mies es ihnen geht. Je länger das einer tut, desto mehr wird sich der andere indirekt dafür mitverantwortlich fühlen – und sich wehren. Er wird nicht mehr zuhören oder er wird protestieren oder er wird anfangen gute Ratschläge zu geben und so fort.

Es ist gehört letztlich in die Kategorie „Du-Aussage", wenn einer im Zwiegespräch nur das Negative benennt, nur den Müllkasten ausleert. Denn warum tut er das? Er müsste, soll es wirklich eine Ich-Aussage sein, gleichzeitig darüber sprechen, welche Bedürfnisse er sich damit erfüllt, so zu reden. Vielleicht bewegt ihn unausgesprochen der Wunsch: „Mach du's mir recht!" oder: „Nimm mich doch mal in den Arm!" Das wäre die offene und angemessene Ich-Aussage. Aber die spricht er nicht aus. Der Partner spürt die versteckten Erwartungen. Er fühlt sich einkassiert, manipuliert – und wehrt sich durch Ärger. Er hört nicht mehr gern zu. Und es kann ja auch gar nicht stimmen, dass „alles" negativ ist – sonst säße der Partner nicht hier.

Das Zwiegespräch betrachte ich sozusagen als das *Basismodell* für eine konstruktive Kommunikation zwischen Paaren. Deshalb stelle ich es hier ausführlich vor. Ich kann es nicht genug empfehlen. Es funktioniert! Und es funktioniert ohne therapeutische Begleitung. Es funktioniert allerdings nur dann, wenn beide Partner sich exakt an die (wenigen) Regeln halten. Ich habe sie im Anhang (3) noch einmal zusammengestellt. Der Effekt des Zwiegesprächs ist unmittelbar spürbar. Kurzfristig wie langfristig entfaltet es eine gute Wirkung. Paare, die es das erste Mal praktizierten, berichten, dass es sie einander näherbrachte; Paare, die es ihr Leben lang üben, erleben es als besondere Vertiefung ihrer Partnerschaft.

Auf eine einfache, überschaubare Weise kommt das Zwiegespräch jenen Bedingungen nach, die ich oben als konstitutiv für eine gelingende Partnerschaft beschrieben habe:
> ➢ im Zwiegespräch geht es zuerst ums Zuhören, eine Eigenschaft, die vielen stumm gewordenen Paaren abhandenkam;

- durch die Unterscheidung zwischen Ich-Aussagen und Du-Aussagen hat jeder Partner ein Instrument in der Hand, das ihm hilft, bei sich zu bleiben;
- der Rahmen des Zwiegesprächs ist für beide Partner attraktiv, denn er bringt sie auf Augenhöhe (wir nehmen uns Zeit füreinander, wir setzen uns gegenüber, wir schenken uns Aufmerksamkeit, wir haben beide die gleichen Voraussetzungen); keiner hat einen Vorteil oder Nachteil, weder beim Reden noch beim Zuhören;
- das Zwiegespräch ist inhaltlich völlig offen und gibt beiden freie Hand, das anzusprechen, was ihnen wichtig ist;
- das regelmäßig geführte Zwiegespräch schafft eine zugewandte Atmosphäre, die auch festgefahrene Konfliktthemen wieder lösbar macht. Unsere Kommunikation wird weicher.

Viele Paare möchten vielleicht nicht so viel Zeit in ihre Beziehungs-Arbeit investieren. Sie leben immer noch in dem Glauben, ihre Unstimmigkeiten würden sich schon irgendwann zurechtruckeln. Das ist allermeist ein großer Irrtum. Das nichtrenovierte Haus verfällt weiter. Wer nichts investiert, bekommt auch nichts heraus. Die Partnerschaft, wenn sie blüht, könnte eine der wichtigsten Kraftquellen für ihr Leben sein. Sie kann aber auch zum dauernden Ort von Enttäuschungen und Verbitterung werden, kann Menschen krank machen, wenn man ihr nicht genug Aufmerksamkeit schenkt und sie verludern lässt. Solchen Paaren kann man nur sagen: Tut endlich was für eure Beziehung!

Nicht selten wenden Partner gegen das Zwiegespräch ein, es sei ihnen zu starr, zu künstlich, unterbinde die Spontaneität. Sie wollen sich von äußeren Regeln nicht gängeln lassen. Sie wollen nicht erst warten, bis sie dran sind mit dem Reden. Dann hätten sie vielleicht schon vergessen, was sie sagen wollten. Sie haben vielleicht nicht gelernt, zu warten. Vielleicht mussten sie sich als Kinder immer ihre Redezeit erkämpfen oder man hat ihnen keine Grenzen gesetzt. Allerdings hat gerade dieses Ein-Wort-gibt-das-andere-Modell ihre partnerschaftliche Kommunikation oft genug zum unfruchtbaren Streit ausarten lassen. Es ist für sie zunächst vielleicht eine beschwerliche Übung, einfach nur zuzuhören. Aber mit der Zeit entfaltet es eine gute Wirkung. Das berichten alle, die es praktizieren.

Wie es den einen schwer fällt, so lange zuzuhören und den Mund zu halten, fällt es den anderen schwer, so viel zu reden. Sie kritisieren, sie hätten überhaupt nicht genug zu sagen, um die ihnen zustehenden 15 Minuten zu füllen. Sie halten es für eine Tortur, so lange dran zu sein. Sie haben nicht gelernt sich zu zeigen. Vielleicht hat man sie als Kinder nicht ernst genommen, man hat sie ausgelacht oder ihnen das Wort genommen. Allerdings hat gerade diese Wortkargheit, dieser innere Rückzug dazu geführt, dass auch ihre Partnerschaft verstummte. So viel von sich zu reden, ist vielleicht Neuland für sie, aber im Zwiegespräch eröffnet sich ihnen die ganz neue Möglichkeit, sich wichtig zu nehmen.

Die meisten Schwierigkeiten haben Paare üblicherweise damit, sich an *die Ich-Regel* zu halten. Wir pflastern unsere Kommunikation weitgehend mit Du-Aussagen.

Achten Sie mal drauf, lieber Leser, liebe Leserin! Achten Sie bei anderen und auch bei sich selber drauf! Bei vielen Menschen besteht ein Großteil ihrer Kommunikation darin, über andere zu reden. Indem wir über den anderen reden, müssen wir uns nicht selber zum Thema machen. Der Nutzen liegt darin, dass wir uns so eventuelle Kritik, Verantwortlichkeiten oder Schuldgefühle vom Halse halten. Schuldig zu sein und sich zu seinem Fehlverhalten zu bekennen, ist eine äußerst bedrohliche Angelegenheit für uns. Es erfordert unsern ganzen Mut, unsere ganze Kraft. Die haben wir nicht immer. Lieber hängen wir dem Partner unsere Probleme an. Wir demaskieren den Partner und maskieren uns selbst. Für die Partnerschaft ist das die sichere Gewähr für Dauerstreit. Der Partner lässt genau das nicht auf sich sitzen. Deshalb sind Du-Sätze in aller Regel der Einstieg in den Streit.

Aber, wenden manche nochmals ein, sind nicht Du-Aussagen manchmal unverzichtbar? „Ich habe mich über dich geärgert, weil du dies und das getan hast!" „Du hast mich durch deine Äußerung sehr verletzt" „Du hast mich nicht beachtet, du hast mich enttäuscht, du hast mich belogen, du bist unverlässlich!" Beschreiben solche Sätze nicht konkrete Tatbestände, die nicht zu leugnen sind?

Soll ich nur drumherumreden und dem Partner nicht meinen Ärger mitteilen? Muss ich ihm nicht zumuten, von mir zu hören, was er bei mir angerichtet hat?

Natürlich soll er erfahren, welche Gefühle er bei mir *ausgelöst* hat. Aber er ist nicht für meine Gefühle und Reaktionen verantwortlich, wie Du-Aussagen glauben machen wollen. Diese Unterscheidung ist fundamental.

Immer sind bei Gefühlen Anlass und Ursache bzw. Hintergrund zu unterscheiden. Was immer ich erlebe (und dann von mir mitteile), besitzt in mir eine spezielle Resonanz, einen persönlichen Erfahrungshintergrund. Jeder besitzt seinen eigenen Resonanzboden. Was mich mächtig bewegt, lässt einen anderen völlig kalt. Jedes Mal etwa, wenn mich etwas, was mein Partner tut, besonders in Rage bringt, trifft es auf ein bereits beackertes Feld, auf frühere angenehme oder unangenehme Erlebnisse, im Konfliktfall auf einen wunden Punkt. Deshalb speist sich ein wesentlicher Anteil meiner Gefühlsreaktion – in aller Regel der bei Weitem größte – aus alten Erfahrungen. Der Partner regt sie nur in mir an, aber er erzeugt sie nicht. Er bietet den Anlass, aber warum ich so reagiere, hat nicht mit ihm, sondern allein mit mir zu tun. Teile ich dem anderen also meinen Ärger mit, dann bleibt es doch *mein* Ärger. Der Partner mag ihn veranlasst haben, aber seine Bedeutung für mich ist älter.

Ein zweites kommt hinzu. Du-Aussagen haben die Tendenz, den anderen abzuwerten und für schuldig zu erklären. Mit Du-Aussagen hänge ich dem anderen ein Schild um, auf dem steht: „Bösewicht!" Mit Du-Aussagen stellt sich der eine über den anderen und möchte sich selbst entlasten und entschuldigen: „Du bist zu nichts zu gebrauchen, du bist völlig unzuverlässig, du verstehst gar nichts, du bist ein elender Lügner usw." Jeder kann diese Liste beliebig erweitern. Solche Etikettierungen sind Ausdruck der eigenen Verletztheit, aber statt sie auszusprechen, wird der Partner attackiert. Schon sind wir im Kampf. Schon wird eine Spirale von Abwertungen und Abwehrmaßnahmen in Gang gesetzt, die letztlich die Beziehung zerstört. Deshalb gibt es zum Verzicht auf Du-Aussagen keine Alternative.

Du-Aussagen sind uns nur allzu vertraut. Die meisten Partnergespräche sind voll davon. Dabei verwenden wir nicht nur die platten, verräterischen Du-Sätze. Unsere Sprache ist variantenreich, bietet eine Fülle von Umschreibungen. Sie erfüllen alle den gleichen Zweck: Wir halten uns selbst heraus und bleiben damit im Ungenauen. Die einfachste Form ist verbreitet: Wir reden voller Leidenschaft über andere, über ihre Erlebnisse, Fehler und Probleme. Versteckter sind die Wir- oder man-Aussagen („Wir müssten mal wieder miteinander reden"; „Wenn man so wenig Interesse zeigt, etwas miteinander zu unternehmen, zeigt das ja, dass man nicht will"). Der Partner hört dann durchaus, dass eigentlich er gemeint ist.

Oder wir bleiben ganz allgemein und formulieren passivisch („Es gibt nur noch Streit!"; „Man wird ja nie gefragt!"; „Es wird zu wenig geredet in unserer Beziehung"; „Hier vergeht jedem die Lust"), so dass der andere nur ahnen kann – und natürlich soll –, wer konkret gemeint ist.

Eine verbreitete Versteckform ist auch die Frage. Indem einer den anderen fragt, ist der andere dran, liegt der Ball sozusagen in seinem Feld. Der Frager muss nicht sagen, was er selber will. Nur wenige Fragen sind echte Fragen, mit denen sich jemand eine für ihn wichtige Information einholt.

Du-Aussagen entstehen im Kopf und breiten sich manchmal auch ohne Worte aus.

So beschreibt es ein jüdischer Witz:

> *Schmuls Ehe ist ein einziger Dauerstreit. Am Jom Kippur, dem jüdischen Versöhnungstag, geht Schmul in die Synagoge und betet.*
> *Weich und versöhnlich gestimmt durch die Sühnegebete, geht er anschließend zu seiner Frau, streckt ihr die Hand hin und sagt gefühlvoll: „Ich wünsche dir alles, was du mir wünschst!"*
> *„Fängst du schon wieder an!", erwidert sie bitter.*
> *(nach SL, 99)*

Ich-Aussagen nötigen mich, Farbe zu bekennen. Mit Ich-Aussagen positioniere ich mich. Ich bekenne mich zu dem, was ich will und fühle und denke. Die meisten Menschen sind nicht gewohnt, so klar und offen miteinander umzugehen. Es gibt Kulturen, in denen es als besonders unfein gilt, direkt auszusprechen, was man denkt und will. Das macht Gespräche kompliziert. Es macht aus ihnen ein Fettnäpfchen-Laufen und ist eine Quelle für Missverständnisse. Konflikte bleiben unscharf, kommen nicht auf den Punkt. Die Kommunikation ist quälend. Dem begegnet das Zwiegespräch mit der schlichten Regel: Rede in Ich-Aussagen! Sprich von dir! Gib deinem Partner Auskunft über dich!

Wer sich darauf einlässt, wird nach einiger Zeit merken, wie befreiend diese Art des Redens ist. Sie macht den Umgang miteinander eindeutig und ehrlich. Die Partner wissen, woran sie sind. Sie treten aus dem Grauschleier der Ahnungen und Vermutungen. Sie zeigen sich. Sie erwarten nicht vom anderen, dass er (oder sie) sie richtig interpretiert. Sie erklären sich selbst. Denn für sich selbst ist jeder allein kompetent. Indem jeder von sich redet, wächst Vertrauen. Ich weiß, woran ich mit dir bin. Du weißt, woran du mit mir bist. Das macht unseren Umgang miteinander einfach und wahrhaftig.

Es kann sein, dass ein Paar am Zwiegespräch Feuer fängt und merkt, dass es noch eine Chance hat, die eigene Beziehung zu reanimieren. So überraschend angenehm für viele Paare die erste Erfahrung mit dem Zwiegespräch sein kann, wenn sie es zum Beispiel bei einem Workshop das erste Mal praktizieren, so verführerisch sind dann aber auch die Möglichkeiten, es wieder einschlafen zu lassen. Denn das Zwiegespräch ist mit Aufwand verbunden. Man muss ihm irgendwo in der vollgepackten Woche einen Platz reservieren, es beschneidet die schmale freie Zeit, es kostet erst einmal Anstrengung - und tritt dabei in eine oft hoffnungslose Konkurrenz mit jenen Stundenfüllern unserer Freizeit, allem voran dem Fernsehen, die uns, ganz ohne Eigenarbeit, eine gewisse

Kommunikation frei Haus liefern. Fällt das verabredete Zwiegespräch dann einmal aus, weil ihm ein anderer Termin in die Quere kommt, kann der Elan schnell verpuffen.

In der Regel ist es so, dass der eine von beiden mehr Interesse am Zwiegespräch zeigt als der andere, der sich vielleicht nur erst mal darauf einlässt. Wenn es dann einmal ausfällt und auch der Ersatztermin nicht klappt, schieben die beiden eine weitere Terminvereinbarung oft auf die lange Bank. Jeder wartet dann, dass der andere die Initiative zu einer neuen Verabredung ergreift, sie reichen sich den Schwarzen Peter hin und her („Immer muss ich die Initiative ergreifen! Du bist ja nicht auf mich zugekommen!") – und schon sitzen sie wieder in ihren gewohnten Schützengräben.

Deshalb benötigt ein Paar, das sich auf Zwiegespräche einigt, eine robuste, feste, langfristige Termin-Verabredung sowie zugleich Verabredungen über eventuelle Ausweichtermine, die keiner von beiden infrage stellt. Dass die Termine eingehalten werden, liegt dann in der Verantwortung beider. Aber auch das lässt sich natürlich unterlaufen. Manche bekommen regelmäßige Termine einfach nicht hin.

Als beste Bekräftigung und Versicherung hat sich bewährt, wenn das Paar miteinander *eine generelle Rahmen-Vereinbarung* trifft, die jedem von beiden die Handhabe und die Verantwortung für das Zwiegespräch gibt.

Diese Vereinbarung kann lauten: *Jeder von uns stimmt zu, dass er zum nächstmöglichen Termin zu einem Zwiegespräch bereit ist, wenn der andere es wünscht.* Das bedeutet: Jeder kann jederzeit vom anderen ein Zwiegespräch erbitten, und der andere stimmt schon im Voraus zu. Er tut es in dem Bewusstsein, dass die Beziehung für ihn Priorität besitzt. Dass umgekehrt, wenn es dem Partner nicht gut geht, auch die Beziehung darunter leidet. Dann liegt es gleichermaßen bei jedem von beiden, die Initiative zu ergreifen für den nächsten Zwiegesprächs-Termin.

Das Zwiegespräch kann man auf verschiedene Weise variieren und den partnerschaftlichen Bedingungen anpassen. Es kann auch als Grundlage für ein *Konfliktlösungsgespräch* oder *konstruktives Streitgespräch* dienen. Dazu ist es allerdings nötig, den Zeittakt drastisch zu verkürzen, also die Redezeit, die jeder bekommt. Sinnvoll erscheint ein Takt von maximal 2 Minuten. Das kann wiederum eine Tee-Sanduhr anzeigen. Aber die prinzipielle Aufteilung von Redezeit und Zuhörzeit bleibt erhalten. Wenn der eine spricht, hört der andere zu. Keiner fällt dem anderen ins Wort.
Gewiss erscheint ein solches „Gespräch" erst einmal etwas künstlich. Vielleicht bekommen es Paare ja hin, ohne irgendwelche Gesprächs-Regeln ihre Konflikte zu besprechen. Vielleicht hören sie sich zu, lassen sich ausreden, fallen sich nicht ins Wort, spicken ihre Beiträge nicht mit Du-Aussagen und Vorwürfen. Dann brauchen sie kein Zwiegespräch. Aber wenn ein Paar im Streit landet, benötigt es eine Struktur, die ihm hilft, ein konstruktives Gespräch zu führen.

Im Übrigen befolgt das Konfliktlösungsgespräch die gleichen Regeln wie das Zwiegespräch. Auch hier ist das A und O, dass die Partner *von sich* reden, nicht *über einander*. Dass sie sich mitteilen, warum ein Thema, ein Wort, ein Verhalten sie getroffen hat und welche alte Wunde dabei in ihnen aufgerissen wurde.

Ein Unterschied liegt darin, dass ein konkretes Thema vorgegeben ist. Es geht um die Bearbeitung eines Problems, eines Streitpunkts, um das Aussprechen aller Gefühle dazu, um ein Verständnis für die Einstellung des anderen. Dabei ist das Konflikt-Gespräch lösungsfokussiert. Es geht, neben dem Zuhören und dem Aussprechen der eigenen Gefühle auch um ein Ergebnis, eine partnerschaftliche Lösung. Auch das Konfliktlösungsgespräch sollte nicht über anderthalb Stunden dauern, lieber nur eine Stunde, und wenn die beiden zu keiner Einigung finden, sollten sie sich besser vertagen und ihr Thema noch einmal überschlafen.

Manchen Paaren fällt es schwer, überhaupt noch miteinander ins Gespräch zu kommen. Manchmal betrifft das nur bestimmte besonders wunde Punkte zwischen ihnen. Wenn sie sich im Zwiegespräch gegenübersitzen, fehlen ihnen die Worte. Das betrifft vor allem heikle Themen, über die sie vielleicht schon lange das Reden eingestellt haben (etwa die gegenseitige Augenhöhe oder das Gesehen-Werden oder die fehlende Nähe und Sexualität). Für sie stellt die freie Rede des Zwiegesprächs eine zu hohe Hürde dar. Sie brauchen noch engere Gesprächshilfen. In solchen Fällen kann das folgende

Gesprächsmodell nützlich sein. Ich nenne es das Diadengespräch.

Auch *das Diadengespräch* ist eine Form des konstruktiven Dialogs. Ich habe es für jene Paare entwickelt, die trotz erheblicher Widerstände, vor allem bei bestimmten Themen, bereit sind, sich aufeinander einzulassen. Es funktioniert formal ganz ähnlich wie das Zwiegespräch, hat also eine gleiche Zeitstruktur (das Paar verabredet sich zu einer ungestörten Zeit, sitzt sich gegenüber und redet bzw. antwortet abwechselnd). Grundlage des Dialogs ist aber nicht der freie Einfall, sondern das Paar beantwortet sich gegenseitig bestimmte vorformulierte Fragen zu einem gemeinsam verabredeten Thema.

Die vorgegebenen Themen können die ganze Breite partnerschaftlicher Belange betreffen. Sie beziehen sich auf das weite Feld der Partner- und Konfliktthemen, etwa: „Wie geht es mir in unserer Beziehung im Blick auf das gegenseitige Ja? Wie geht es uns im Blick auf unsere Nähe? Im Blick auf das Thema Gleichberechtigung und Augenhöhe? Im Blick auf unsere Sexualität? Auf den Austausch miteinander? Auf unsern Umgang mit den Kindern? Mit den Eltern? Wie geht es uns im Blick auf das Geben und Nehmen in unserer Beziehung? Im Blick auf das gegenseitige Vertrauen? Treue? Eifersucht? Aufgabenverteilung? Gemeinsame Unternehmungen? usw."

Diese Methode eignet sich vor allem für Partner, denen es schwerfällt, über die eigene Befindlichkeit zu reden oder die sich bei einem bestimmten Thema (zum Beispiel Sexualität) immer in die Haare bekommen und die Kommunikation eingestellt haben. Der vorgegebene Fragenkatalog dient ihnen als Gesprächsgeländer.

In einem Diadengespräch nimmt sich das Paar nur einen Fragenkomplex vor. Er besteht aus etwa 6 bis 8 Fragen. Der Dialog dauert üblicherweise anderthalb Stunden. In meist 5 bis 6 Durchgängen beantworten sich die Partner gegenseitig immer die gleichen Fragen. Sie sollen möglichst spontan, zügig und nicht zu ausführlich beantwortet werden. Der eine Partner liest die auf einer Liste formulierten Fragen der Reihe nach vor, während der andere ihm nach jeder Frage antwortet; dann, wenn er sie alle beantwortet hat, nimmt der andere die Liste in die Hand und stellt seinem Partner die gleichen Fragen, und jetzt antwortet ihm der Partner jeweils.

Jeder von beiden äußert sich in mehreren Durchgängen zu den gleichen Fragen. In der Regel stellen sie dabei im Verlauf der aufeinander folgenden Durchgänge eine deutliche Vertiefung ihrer Antworten und des Austausches fest.

In einem inneren Spannungsbogen legen die Fragen das Augenmerk teils auf Gesichtspunkte, die die Partner miteinander verbinden und gut hinbekommen, teils auf solche, die besonders konfliktreich sind. Die Fragen sind so gestellt, dass jeder von sich reden, also Ich-Aussagen treffen muss. Vor allem durch die in der Systemischen Therapie entwickelte Methode des zirkulären Fragens, durch die jemand in die Lage kommt, sich über seinen Partner Gedanken zu machen, indem er dessen Perspektive einnimmt, kann er aus dem

Tunnelblick seiner eigenen Wahrnehmung auftauchen. So kann das gegenseitige Verständnis erweitert werden.

Hinzu kommen Fragen, die die Selbstreflexion herausfordern, auch in solche Ecken der eigenen Gefühle zu leuchten, die einer gern ausspart. Ein besonderes Element sind die positiven Eingangs- und Abschlussfragen. Sie verhindern, dass einer nur im Negativen wühlt und nicht mehr wahrnimmt, was ihn, was sie mit dem anderen verbindet. Als Beispiel für eine Diade sei der folgende Fragenkatalog zum Themenkomplex „Fragen zur Nähe" genannt:

1 Sage mir etwas, bei dem du freundliche Gefühle zu mir hast
2 Sage mir etwas, was dir im Blick auf die Nähe zwischen uns fehlt
3 Sage mir etwas, das dich abhält, zu mir zärtlich, erotisch oder sexuell zu sein
4 Sage mit etwas, von dem du glaubst, dass ich es mir im Blick auf unsere Nähe von dir wünsche
5 Sage mir etwas, das *ich* - deiner Meinung nach - tun kann, damit du mir nahe sein kannst
6 Sage mir etwas, das *du selbst* dazu beitragen kannst, damit Zärtlichkeit, Erotik und Sex zwischen uns Spaß machen
7 Sage mir etwas, was dich auf mich heiß machen könnte

Zwiegespräch, strukturiertes Konfliktgespräch oder Diade sind Hilfen für Paare, die wieder ins Reden kommen wollen. Sie haben sich bewährt, aber sie funktionieren nur, wenn beide Partner sich darauf einlassen. Dazu brauchen beide guten Willen. Sie brauchen die

Hoffnung und Bereitschaft, es weiter mit dem anderen zu versuchen. Das kostet Zeit, benötigt ungestörte Räume, benötigt Platz im Alltag. Aber billiger geht es nicht.

3.5 Die körperliche Berührung

> *Nach einem Schiffbruch rettet sich eine bildhübsche junge Frau auf eine einsame Insel im weiten Ozean, wo der Jude Itzig seit Jahren ein einsames Robinson-Leben führt. Sie bejammert ihr Schicksal, aber Itzig tröstet sie: „Sehen Sie, hier ist es auch ganz schön: ruhig, mit weitem Blick aufs Meer, ein mildes Klima, herrliche Früchte und Gesellschaft haben Sie auch bei mir – das ist doch allerhand!" Darauf das Mädchen, schnippisch: „Na, na, schließlich habe ich auch etwas mitgebracht, was Sie seit Jahren sicher schmerzlich vermissen!" – „Was", ruft Itzig, „Sie haben Mazzen (ungesäuertes Brot) dabei?"* (SL, 104)

Manchmal passiert es an der Kasse eines Supermarkts oder im Gedränge des Aufzugs, dass uns eine fremde Hand berührt, flüchtig und unbeabsichtigt, und dass uns diese Berührung mit einem fremden Menschen, besonders wenn er anderen Geschlechts ist, wie ein elektrischer Stromschlag durchfährt und uns eine Gänsehaut über den Körper jagt. Schon die zufällige, kleine Berührung kann uns elektrisieren. Wenn ein anderer Mensch, dem wir im Zug, im Lokal gegenübersitzen, mit dem wir im Gespräch sind, einen Moment lang seine Hand auf unsere legt, aber auch, wenn die Friseurin uns die Haare wäscht oder wenn der Arzt bei der Untersuchung oder die Schwester in der Klinik ihre Hand beruhigend auf uns legen, dann kann es sein, dass sich diese Berührung wie ein Lauffeuer in uns ausbreitet und intensive Gefühle und Phantasien in uns auslöst.

Wir sind berührungsintensive, berührungshungrige Wesen. Bereits die zufällige und kurze Berührung mit einem Fremden, umso viel mehr die gewollte mit dem Partner, erzeugen in uns heftige Empfindungen.

Der Mensch ist eine ausgesprochene Berührungskreatur, ein Streichelwesen. Wir haben kein Fell, keine Schuppen, keinen Panzer und keine Stacheln. Wir werden geboren mit nackter, höchst empfindungsintensiver Haut. Überall auf unserer Oberfläche sind wir sensibel. Unser ganzes Leben hindurch begleitet uns diese Empfänglichkeit für die Berührung. Wir sind eben nicht wie Stachelschweine, mit denen der Pessimist Schopenhauer in seiner berühmten Parabel die Menschen verglich, die, weil es kalt ist, einerseits die Nähe zueinander suchen, andererseits durch die Stacheln der anderen auf Abstand gehalten werden und sich schließlich zu einer mittleren Distanz zurechtruckeln, indem sie höflich miteinander umgehen. Es ist mehr als nüchternes Kalkül und Höflichkeit, die uns beieinander halten – auch wenn, worüber zu reden sein wird, die gemeinsame Berührung keineswegs immer gelingt.

In diesem Abschnitt geht es um die Berührung, die ursprünglichste und tiefste Seite des partnerschaftlichen

Austausches. Es geht um die Nähe, die unsere Körper suchen und finden, um das Anfassen, das Umarmen, das Spüren der Wärme des anderen, das Streicheln, das Küssen usw. Es geht auch um den Sex und um sein Verhältnis zum Berühren, zur Erotik. In aller Regel ist das das emotionalste aller Themen zwischen Partnern. Und zugleich ist es das heikelste. Bei kaum einem anderen Thema sind wir so engagiert, aber auch so verletzlich. Es ist wie ein Seismograph für unsere Beziehung: Wie können wir uns nahe sein? Wie viel Nähe brauchen wir? Wie viel Nähe geben wir uns?

Das Sich-Berühren und Berührt-Werden geht dem Reden voran. Die erste Sprache, die wir lernen, ist die Sprache der Berührung. In der eigenen Lebensgeschichte sind wir lange, bevor wir uns sprachlich ausdrücken können, angewiesen auf körperliche Berührung. Evolutionsgeschichtlich ist der Körperkontakt ungleich älter als der sprachliche. Die Berührung ist für das menschliche Leben elementar. Deswegen ist das Sich-Berühren die intensivste und wirksamste Form des Austausches zwischen Menschen.

Nähe und Liebe erfahren wir zuallererst körperlich, durch Berührung. So war es am Anfang unseres Lebens, so bleibt es bis zum Ende. Der „Nackte Affe Mensch" (Desmond Morris) ist angewiesen auf Berührung und Körperkontakt, auf heranrücken, sich anfassen, streicheln, halten. Auf knuddeln, kitzeln, kraulen, balgen, raufen. Auf ertasten, kuscheln, schmusen, schmiegen, knutschen, zueinander schlüpfen, beieinander liegen und ineinander finden. Als Kinder wollen wir gehalten, getragen und aufgefangen werden, auf den Schultern und auf den Knien reiten. Und auch als Erwachsene sind wir immer noch erpicht auf Händchen halten und Küsse geben, auf Einhenkeln und Umarmen und Drücken. Das alles wärmt die Seele. Das alles brauchen wir, damit wir nebeneinander leben und gedeihen können. Denn – dieser Spruch hing wie eine Überschrift im Eingang der alten Psychosomatischen Klinik Bad Herrenalb an der Wand – „Alle Wärme geht vom Menschen aus".

Umarmen können wir uns nicht selbst (allenfalls im übertragenen Sinn). Durch den Körperkontakt zu einem anderen erfahren wir am unmittelbarsten und eingängigsten, nicht nur, dass wir von ihm gewollt sind, sondern auch, dass wir sein dürfen wie wir sind. Die körperliche Nähe ist eine grundlegende Liebes- und Lebenserklärung zum anderen. Im Körperkontakt versichern wir uns: Wir sind uns wichtig. Wir gehören zusammen.

Das Körperliche erreicht uns unmittelbar. Es ist einfacher und stärker als Worte. Es berührt sozusagen auf direktem Weg unsere Seele. Wenn wir zueinander rücken, wenn wir uns berühren, berühren wir zugleich unser Inneres. Indem wir uns gegenseitig umarmen und drücken, nehmen wir uns wie wir sind, und es ist gut. Nach einem Streit glättet nichts die Wogen so gut wie die körperliche Berührung. Berührung ist ein fundamentales Lebenselixier.

Berührungen haben heilende Wirkung. Jede Mutter, jeder Vater praktiziert es, wenn sich das Kind wehgetan hat, jeder Mensch spürt es an sich selbst. In der Medizin ist es längst bekannt: Berührungen senken die Produktion von Stresshormonen wie Kortisol und fördern die Ausschüttung der Entspannungshormone Prolaktin und Oxytocin.

Jeder gute Arzt weiß das – trotzdem nehmen sich viele von ihnen, dem Zug der Zeit folgend, immer weniger Zeit für ihre Patienten und pflegen einen immer sterileren Umgang mit ihnen. Eine Entkörperlichung der ärztlichen Beziehung ist die Folge. Sie raubt den Heilungsmöglichkeiten des Arztes eins ihrer besten Werkzeuge. Zu Unrecht ist das Handauflegen verpönt. Es wird von einer Jahrtausende alten Erfahrung getragen und ist in seiner Wirksamkeit vielfach beschrieben und erprobt. Berührungen lassen Schmerzen geringer werden, sie wirken entkrampfend für Asthmatiker, können Hautkrankheiten entgegenwirken. Sie beflügeln die inneren Kräfte, vermindern Ängste und stärken nachweislich die Selbstheilungskräfte des Menschen. Berührungen sind Balsam für die Seele.

Aber verrückterweise gestatten sich viele Menschen davon nur wenig. In unserer Kultur berühren wir uns nur unter ganz bestimmten Umständen. Nur ganz am Anfang, im Bauch unserer Mutter und in gewissen Grenzen als Kleinkind bekommen wir – in der Regel – unbegrenzt davon ab. Später wird, vor allem in unserer Kultur, das Sich-Berühren enorm eingeschränkt. Später erlauben wir uns engere Berührungen, von einigen weitgehend ritualisierten Ausnahmen abgesehen, nur noch in der partnerschaftlichen Zweierbeziehung. Außerhalb der Zweierbeziehung kennen wir allenfalls flüchtige Berührungen: Wir geben uns mal die Hand, wir fassen uns mal kurz an den Arm und klopfen uns allenfalls mal auf die Schulter. Aber das macht nicht satt.

Wir leben, jedenfalls in der westlichen und industrialisierten Welt, in einer körperlich distanzierten Welt. Wir wahren Abstand voneinander. Eine vor allem in den USA verbreitete, inzwischen nach Europa geschwappte Hygiene-Ideologie verstärkt diese Einstellung. Viele Menschen haben Angst vor „Verkeimungen" und halten sich fern von möglichen Infektionsherden. Sie versuchen, ihre Wohnungen, ihre Küchen und Bäder, ihre Kleidung, ihr Essen und eben auch ihre Begegnungen mit anderen Menschen möglichst keimfrei zu halten.

Viele Menschen umgeben sich, mehr oder weniger aufdringlich, mit geruchlichen Abstandhaltern. Sie besprühen sich mit Wohlgerüchen; manche zum Glück nur dezent, andere nebeln sich ein. Sie meinen, sie könnten sich anderen Menschen nur wohlriechend zumuten, eingehüllt in aus ihrer Sicht angenehme Düfte, insbesondere, wenn sie erwarten, dass es zu einer körperlich näheren Begegnung kommen könnte. Sie empfinden ihren eigenen Körper (und den des anderen) offensichtlich als etwas Schmutziges, das immer erst einmal der Reinigung bedarf, dessen Eigengeruch man übertönen muss, und rücken sich mit scharfen Seifen, mit Deos, Salben, Ölen, Sprays und Desinfektionsmitteln zu Leibe. Nicht wenige betreiben eine überzogene Körperhygiene, sind zum Beispiel überzeugt, sich durch täglich mehrmaliges Duschen vom Körperdunst und überall drohenden Verunreinigungen abschirmen zu müssen.

Indirekt bestärken sie in sich eine ambivalente Komm-her-geh-weg-Einstellung. Mit für sie wohlriechenden Gerüchen locken sie andere Menschen an – und schaffen zugleich Abstand zu sich selbst, zum eigenen Leib, entfremden sich ihrer eigenen Körperlichkeit.

„Komm mir bloß nicht zu nah!" rufen viele Menschen anderen schon von weitem zu, wenn sie erkältet sind, und sei es auch nur ein bisschen. In vielen ist die Vorstellung tief verankert, wir würden, wenn wir uns zu nah kommen, insbesondere grippale Infektionskrankheiten auf andere übertragen. Allerdings ist die Luft, die wir atmen, immer geschwängert mit Myriaden von „Keimen". Jeder von uns ist eine dauernde Keimschleuder. Ob wir uns anstecken, hat weniger mit der Menge der Keime als mit unserer persönlichen Disposition und momentanen Immunabwehr zu tun. Es ist deshalb eine strittige Frage, wie sehr die Ansteckungsgefahr durch eine nahe Begegnung steigt – in jedem Fall vergrößert sich aber der Abstand zu anderen Personen und verstärkt die Isolierungstendenzen eines Menschen.

Das sind widerstrebende Kräfte in uns: Einerseits lechzen wir nach körperlicher Nähe, andererseits halten wir sie uns vom Hals. Einerseits springen wir sofort auf Berührungen an, andererseits gestatten wir sie uns nur unter sehr eingeschränkten Bedingungen. Man berührt sich nicht so einfach in unserer Kultur. Schon gar nicht, wenn man sich nicht kennt. Vielmehr empfinden wir ungewollte Berührungen mit fremden Menschen meist als unangenehm, und nur manchmal blitzen andere Gefühle durch, wie oben beschrieben. Kommen wir mal jemandem zu nah, etwa im Supermarkt an der Kasse oder beim Schlangestehen vor einem Einlass oder in der vollen Straßenbahn, dann entschuldigen wir uns. Anderenfalls ernten wir böse Blicke.

Die meisten Menschen achten peinlich auf ihre persönliche Intimdistanz. In unsrer Kultur umgeben wir uns unsichtbar mit einer 50 bis 80 Zentimeter breiten virtuellen Freihaltezone, mit der wir uns – wie Staaten durch die sog. Hoheitsgewässer ihrer Landesgrenzen – den von uns beanspruchten Privat-Raum abstecken. Diese Mindestdistanz ist eine Art Fluchtraum. Überschreitet ein anderer ohne unser Einverständnis diese Grenze, empfinden wir das als übergriffig und ungehörig.

Das war am Anfang unseres Lebens ganz anders. Aber nach Verlassen der Kindheit, meist spätestens mit Eintritt ins zweite Lebensjahrzehnt, erlauben wir uns (wiederum: in unserer Kultur) in der Regel körperliche Nähe nur noch unter bestimmten Bedingungen – etwa zur Begrüßung und Verabschiedung, gelegentlich als Ausdruck von Anteilnahme, bisweilen bei spontaner Begeisterung, manche beim Karneval oder beim Sport und in angeheiterten, besonders in alkoholisierten Situationen. Fast immer tauschen wir Nähe nur mit wenigen, uns nahestehenden Menschen aus, in einem gewissen Umfang mit den Eltern, bisweilen mit Geschwistern und Verwandten sowie mit Freunden und Freundinnen. Und eben in der Partnerschaft.

Je älter wir werden, desto schmaler werden die Möglichkeiten körperlicher Begegnungen. Nicht wenigen Menschen fehlt von Anfang an die regelmäßige, liebevolle Berührung. Sie leben jahre-, manchmal jahrzehntelang, ohne einem anderen nahe zu kommen. Wenn Menschen zu wenig Berührung erfahren, verhärmen sie, kriechen in sich zurück, verkrümmen sich, etwa im Schlaf, embryonal in sich selbst.

Vor allem machen sie sich unempfindlich. Sie bilden sich ein, andere Menschen nicht zu brauchen. Sie suchen sich Auswege, schaffen sich Ersatzlösungen, eine Katze, einen Hund oder anderes Getier. Manche schlafen mit Kuscheltieren. Oder sie stürzen sich in Arbeit. Oder sie betäuben sich mit Suchtmitteln. Denn die Sehnsucht nach körperlicher Nähe hört nicht auf. Noch auf dem Totenbett tut es gut, die Hand des Sterbenden zu halten.

Viele, nach meiner Einschätzung die meisten Menschen leiden an einer chronischen Unterversorgung ihrer körperlichen Nähebedürfnisse. Nach ihren Nähewünschen und Nähepraktiken befragt, äußern die meisten Menschen, dass sie sich mehr Nähe wünschten, unabhängig von ihrer sozialen Herkunft und Bildung, unabhängig von Alter und Geschlecht. Sie wünschen sich *mehr* Nähe, häufigere Nähe, variationsreichere, unkompliziertere und zärtlichere Nähe.

Nähe tut gut. Wir brauchen sie zum Leben. Sie löst die tiefsten und heftigsten Empfindungen in uns aus. Immer wieder sind wir auf der Suche nach Nähe, der Wunsch nach Nähe treibt uns an. Und zugleich ist der Zugang zu ihr oft höchst kompliziert. Merkwürdig!

Warum tun sich viele Menschen so schwer mit der Nähe? Was stellt sich einem Menschen in den Weg, der anderen nahe sein will? Was hindert ihn, sich einzulassen? Was macht Menschen so reserviert, wenn es um Nähe geht, obwohl sie ihnen gut tut? Wie kann es sein, dass manche meinen, sie seien überhaupt nicht für die Nähe gemacht, so dass sie ihr überall aus dem Wege gehen? Wieso werden manche gewissermaßen gegen die Natur zu Einzelgängern, scheuen Berührungen, halten selbst innerhalb einer Partnerschaft Abstand und lassen ihre Partnerin bzw. ihren Partner nur alle Jubeljahre mal näher an sich?

Es sind eine Reihe von Problemfeldern, die uns die Wege zueinander verbauen, die sich teils wie zäher Nebel, teils wie vermintes Gelände zwischen uns schieben. Wir wollen zwar und können nicht. Wir sehnen uns nach dem anderen und fühlen uns gehemmt. Teils sind es strukturelle, teils individuelle *Gründe, die uns die Berührungs-Wege zueinander erschweren oder verstellen.*

(1) Als erstes ist die oben beschriebene fatale und unaufhaltsame Verengung zu nennen, die in unserer Kultur körperliche Kontakte, je älter wir werden, beschränkt. Einfache, wohltuende Körperkontakte gehen

uns meist schon in der Kindheit, spätestens in der Pubertät verloren. Stehen uns die alten, natürlichen Berührungswege nicht mehr zur Verfügung, bleibt uns fast nur noch ein Mittel offen, unsere Sehnsucht nach dem anderen zu befriedigen: *die Partnerschaft.*

Fast alle Nähephantasien und Nähebedürfnisse konzentrieren sich ab einem bestimmten Alter auf die Zweier-Gemeinschaft. Die Suche nach einem Partner oder einer Partnerin wird dann zu einem permanenten, mächtigen Antrieb des Lebens. Wie finde ich einen Partner bzw. eine Partnerin? ist die Zentralfrage von heran-wachsenden jungen Menschen – und sie bleibt es auch später. Ihre Nähewünsche tauschen Jugendliche eine Zeitlang noch untereinander aus, hocken dicht beieinander, rangeln miteinander, fassen sich auch an; aber den eigentlichen, intensiven und bewusst herbeigeführten Austausch von Nähe erwarten sie sich nur von der Zweierschaft, die in eine Partnerschaft mündet.

Es ist für die meisten jungen Menschen das Ziel ihrer Sehnsüchte, einen anderen Menschen zu finden, mit dem sie endlich all das austauschen und teilen können, was sie an körperlichen Bedürfnissen in sich fühlen. Wenn sie sagen können: „Wir gehen miteinander", dann ist das wie ein Schlüssel für eine Tür, hinter der sich Wunderbares auftun kann. Die Abgeschlossenheit, die Exklusivität der Zweierbeziehung ist dann das Ziel aller Phantasien. Sie erlaubt den beiden intim zu werden. Erst die Intimität der Zweiergemeinschaft öffnet ihnen einen Weg zu befriedigenden körperlichen Berührungen.

Dass sich junge Leute (Gleiches gilt auch für Erwachsene) an die Nähe der Zweisamkeit in aller Regel erst vorsichtig herantasten, dass es meist zahlreicher Versuche und vieler Probehandlungen bedarf, um sich gegenseitig anzunähern und aufeinander einzulassen, ist neben anderem auch ein Ausdruck dessen, wie hoch die Erwartungen sind, mit denen sie sich begegnen. Sich nahekommen ist eben in unserer Kultur alles andere als selbstverständlich. Es benötigt meist einen hohen Aufwand und einen längeren Anweg. Es sind komplizierte, ungewohnte, beängstigende Gefühle im Spiel. Aber der lange ungestillte Hunger, der Heißhunger nach Nahesein und Berührung treibt sie immer neu an, sich darauf einzulassen.

Aber, wird mancher vielleicht einwenden, stimmt das heute noch so? Gibt es, vor allem im Zuge der Sexualisierung der Medienwelt seit den sechziger Jahren des vergangenen Jahrhunderts, nicht auch eine Gegenbewegung? Ist es nicht viel unkomplizierter geworden, sich kennenzulernen? – Das gilt für mich nur oberflächlich. Denn es ist nach meiner Überzeugung nicht leichter geworden, einen Nähepartner zu finden. Indem unsere Gesellschaft begonnen hat, Erotik und Sexualität zum frei aussprechbaren Thema zu machen, gaukelt sie uns nur vor, der körperliche Zugang zu einander sei einfach. Zwar beuten die modernen Medien das Thema ohne Ende aus, die raffinierte Bilderwelt von Kino, Fernsehen, Mediatheken und vor allem Werbung bringen es uns unter die Haut und erotisieren uns unentwegt; wir reden über Sex, nichts bleibt uns mehr fremd, auch ausgefallene

Möglichkeiten, uns zu begegnen, haben wir schon mal gesehen.

Aber letztlich hat die Veröffentlichung von Erotik und Sex den Zugang zur Nähe des anderen nicht leichter gemacht, eher sogar erschwert. Die Erwartungen aneinander sind dadurch nicht kleiner geworden. Das Wissen um all die Möglichkeiten, sich nahe zu sein, bepflastert die Phantasie vieler Menschen und steigert ihre Erwartungen aneinander. Alles das, was sich an Sehnsüchten in Menschen aufgestaut hat, soll nun in der Zweierbeziehung Platz finden. Die soll es bringen. Die soll uns unsre Wunschträume erfüllen. Umso dringender, aber auch folgenreicher wird es, den richtigen Partner, die richtige Partnerin zu finden. Letztlich hängt dann alles daran, ob es uns gelingt, eine Beziehung einzugehen, in der die Nähe endlich Raum hat, in der sie ohne den großen Aufwand der Partnersuche jederzeit erlaubt und verfügbar ist.

Die Folge liegt auf der Hand: *Es liegt ein großer Erwartungsdruck auf der Partnerschaft*. Weil der Austausch körperlicher Nähe, speziell auch die intime Berührung, nur in der Partnerschaft Platz hat, weil es außerhalb der Zweierbeziehung nur sehr spärliche Möglichkeiten gibt, sich körperlich nahe zu sein, konzentrieren sie sich fast ausschließlich auf den Partner. In der Partnerschaft hoffen wir uns alle tiefen Bedürfnisse nach Nähe, nach körperlichem Geben und Nehmen erfüllen zu können. Für viele Menschen spielt es bei der Partnerwahl deshalb eine große Rolle, „ob es im Bett klappt", ob sie „sexuell zueinander passen". Es ist nicht zuletzt dieser enorme

Erwartungsdruck, der viele Partnerschaften belastet, überlastet und nicht wenige von ihnen am Ende scheitern lässt.

Paare, die sich berühren, erleben das zunächst einmal als Glück, als wunderbare Wärmequelle. Paaren, die sich nicht oder nicht mehr genug berühren, geht demgegenüber das innere Feuer aus. Vielleicht funktionieren sie noch, aber es fehlt ihnen das, was ihre Augen strahlend macht und ihre Haut durchblutet.

Wenn Paare ihre Berührungsbedürfnisse allein auf den Partner konzentrieren, überfordern sie sich. Sie tun sich nichts Gutes, wenn sie ihre Sehnsüchte nach Berührung allein aneinander stillen wollen. Sie brauchen auch Berührungen mit anderen Menschen, außerhalb der engen Zweierbeziehung.

(2) Die Engführung unserer Nähewünsche auf die Partnerschaft hat noch eine weitere fatale Folge, die die körperliche Begegnung zwischen zwei Partnern sehr oft belastet. Weil körperliche Berührungen weitgehend nur in der Partnerschaft stattfinden, also auf die Intimität der eigenen Partnerschaft begrenzt sind, *fließen körperliche Berührung und Sexualität oft ineinander.*

Im Alltag vieler Paare bedeutet das, dass der Näheaustausch zum regelmäßigen Vehikel für den Sex wird. Es bedeutet, dass die Zärtlichkeit, das vielförmige Sich-Spüren, Sich-Anschauen, Sich-Anfassen, Sich-Anschmiegen, Sich-Wärmen, Sich-Umarmen ins Hintertreffen gerät, und die Sexualität bekommt eine erstickende Dominanz. Der

Sex als die aufdringliche, bedrängende Seite der Nähe hat die Tendenz, die Emotionalität zu erdrücken. Unseren zarteren Körperbewegungen geht vom Gewicht der übermächtigen Sexualität sozusagen die Luft aus.

So erleben es viele Paare. Männern wird nachgesagt, sie wollten immer nur das eine, und das sofort. Die männliche Sexualität wirkt zunächst einmal bedrängen-der. Aber auch Frauen können sie überbetonen. Und es betrifft das schwule oder lesbische Paar genauso wie das heterosexuelle. So kann gerade die Intimität der Paarbeziehung zu einer Verarmung der körperlichen Berührungen zwischen den beiden führen. Der Sex überrennt die Zärtlichkeit und frisst sie auf. Das Nähebedürfnis der Partner schrumpft zusammen auf den Sexualakt, auf das Abführen von Körperspannungen.

Darüber sind viele Partner unglücklich. Der Sex kommt ihnen zu schnell, zu heftig und zu gezielt ins Spiel. Er lässt keinen Raum für jenes sichermachende Beieinandersein, das sie aus ihrer Kindheit kennen. Selbst wenn sie noch zu jenen Paaren zählen, die Lust an der Sexualität haben, nimmt ihnen die Dominanz des Sexuellen, und insbesondere sein Ratz-fatz-Format, die Puste. Untersuchungen zufolge dauert der Sexualakt in Deutschland mit allem Drum und Dran im Durchschnitt kaum 8 Minuten. Dabei kommt die Zärtlichkeit nicht selten unter die Räder. Die Sensation der *Sexualität* überlagert alle sensiblen Empfindungen der *Sensualität*. Das begehrende Erotische wird übermächtig gegenüber dem zarten Emotionalen.

Viele Menschen ziehen sich dann zurück. Sie schirmen sich ab, nehmen Abstand voneinander, wenn sie die Erfahrung gemacht haben, dass der andere bei Berührungen immer gleich Besitz ergreift von ihrem Körper. Wenn er immer gleich mit ihr, mit ihm ins Bett will. Es zerstört die Lust.

Viele haben inzwischen ein verkümmertes Sensorium, haben nur noch begrenzte Empfindungen, wenn es um Nähe geht. Je seltener wir bestimmten Regungen in uns Raum geben, desto empfindungsärmer werden wir. Dann bilden wir uns ein, wir brauchten gar keine Nähe. In Wirklichkeit haben wir uns nur mit dem Mangel arrangiert. Natürlich ist das ein schrilles Alarmsignal für ein Paar, sich diesem Thema zu stellen und bessere Formen zu finden, miteinander Nähe auszutauschen.

Oft empfinden die Partner dabei unterschiedlich. Während der eine jede körperliche Berührung als Einstiegserlaubnis für den Geschlechtsverkehr nutzt, zieht sich der andere nach und nach zurück. Es wird ihm zu mechanisch, zu seelenlos. Wenn umgekehrt der andere den Sex nur zulässt, wenn umfängliche Vorbereitungen, atmosphärische Rahmenbedingungen, Annäherungen und Streichelaktionen die nötige Stimmung hergestellt haben, dann zieht sich der eine mit der Zeit zurück. Es wird ihm zu kompliziert, zu anstrengend.

Der Sex, damit er Spaß macht, damit sich jeder von beiden gern auf ihn einlassen kann, braucht das freie Spiel der offenen Begegnung. Wird er immer schon erwartet und geplant, zieht er sich zurück. Wird er verlockt, blüht er auf. Werden Bedingungen an ihn geknüpft, wird er beschwerlich, degeneriert zur Arbeit. Ist er frei und spontan, lässt er die Lust expandieren. Die Gewohnheit mit ihren an sie geknüpften Erwartungen ist der Feind der Sexualität. Der Sex braucht Raum für Einfälle. Man muss den Partner verführen. Auch nach 5, nach 10, nach 20 und 40 Jahren Partnerschaft gilt das noch. Sex ist wie eine Packung Streichhölzer. Man muss die Köpfe erst an den richtigen Stellen reiben, dann flammen sie auf.

Ohne Frage ist der Sex eine besonders intensive Form, wie wir uns nahe sein können. Geht er einem Paar verloren, verliert es das Feuer. Dann neigt es dazu, zur Pflichtengemeinschaft zu erstarren. Eine Partnerschaft ohne Sex kann vertraut und verlässlich sein, doch geht ihm meist das Fröhliche, das Spielerische, das Kreative verloren.

> *Für Herrn und Frau Blau naht der Tag ihrer Silberhochzeit. „Du, Rahel, ich hab mer was ausgedacht für diesen Tag! In der Früh wir gehen ins Stadtwäldchen." – „Und dann?", fragt seine Frau interessiert. – „Dann gehen wir ins Restaurant und essen ganz fein." – „Und dann?" – „Dann steigen wir auf den Schwabenberg und werden bewundern das Panorama." – „Und dann?" – „Dann gehen wir ins Caféhaus, wo spielen die Zigeuner." „Und dann?" „Dann laufen wir zurück den Weg nach Hause." „Und dann?", fragt die Frau aufs Höchste gespannt. „Dann? Dann wern mir die Fieße wehtun." (SL, 482)*

Andererseits kann man die Partnerschaft auch mit Sexualität erschlagen. Wenn ein Partner (oder in seltenen Fällen auch beide) den anderen permanent angeht, wenn er jede Gelegenheit nutzt, sich dem anderen sexuell zu nähern, wenn allen Wörtern sexuelle Untertöne beigemischt werden, wenn er jede Begegnung zum Auftakt für Sex macht, dann drohen die feinen, innigen Bewegungen des Körpers unterzugehen. Dann führt das zu einer ungeheuren Verarmung der Berührungen. Und dann wird es nicht lange dauern, bis sich der andere dagegen abschirmt. Die Überbetonung der Sexualität nimmt der Emotionalität die Luft zum Atmen.

Oft drückt sich darin eine Angst und Unfähigkeit aus, sich wirklich nahezukommen, die Nähe des Beisammenseins auszuhalten oder gar zu genießen. Der sexgeile, sexsüchtige Partner ist von einer wohltuenden, fröhlichen Sexualität genauso weit entfernt wie der Sex-Muffel oder Sexverweigerer. Beide lassen ihren sexuellen Regungen nicht jenen Spielraum, der ihnen Flügel verleiht und ihre Beziehung beglücken könnte.

Zärtlichkeit und Sex, Emotionalität und Erotik stehen in einem spannungsreichen Verhältnis. Die einen pochen auf die eine, die anderen auf die andere Seite. Die stärkste Position ist immer der Rückzug, die Verweigerung. Aber sie ist auch die frustrierendste. „Verlierer" sind Zärtlichkeit und Sex gleichermaßen. So sehr der Sex die Emotionalität braucht, damit er nicht zum Körperspannungsabfuhrverfahren degeneriert, so sehr ist es für den Gesamthaushalt der Nähe zwischen zwei Partnern wichtig, dass ihr Sex nicht zum alleinigen Vehikel ihrer

Nähebedürfnisse wird, sondern dass sie sich offenhalten für *die ganze Bandbreite der Berührungen*.

(3) Ein weiteres Problemfeld kommt hinzu. Viele Paare machen die Erfahrung, dass sie zu Anfang ihrer Beziehung einen sehr lebendigen Austausch von Nähe und Sex pflegten. Sie haben sich gern berührt. Sie waren scharf aufeinander. Sie genossen es, sich nah zu sein. Sie konnten nicht genug davon bekommen.

Und dann findet nach und nach eine merkwürdige Abkühlung statt, ihr Interesse an der Berührung nimmt ab, es erlahmt irgendwie. Es ist ein häufiges Phänomen, über das viele Paare klagen: Ihr Körperkontakt, insbesondere auch ihr sexueller Austausch, wird von einer unerklärlichen Berührungsschwindsucht heimgesucht, er dünnt mit fortschreitender Beziehungsdauer aus, nicht selten rapide, tendiert gegen null. Irgendwann hören die beiden auf, sich zu berühren.

Vielleicht bleibt noch der flüchtige Begrüßungskuss übrig oder ein zufälliges Beieinanderstehen. Aber ein innerer Austausch findet nicht mehr statt. Sie trennen die Betten, gehen zu verschiedenen Zeiten ins Bad und ins Bett, um sich nicht zu begegnen, scheuen die Nacktheit, schauen sich kaum mehr an, küssen sich nicht mehr, fassen sich nicht an, vermeiden es, sich nahezukommen.

Finden dann die Partner nicht mehr zueinander, sucht sich das Nähebedürfnis andere Wege. Manchmal verliert es sich einfach, wird gar nicht mehr wahrgenommen. Manchmal verlagert es sich nach außen. Es kann sein, dass der eine immer unempfindlicher wird für das Sexuelle, während der andere Schleichwege sucht, ihm Raum zu geben. Das ist ein unerschöpfliches Thema für Witze:

> *Kahn hat seinen Freund Levy eingeladen. Seine Frau hat schon seit Längerem ein heimliches Techtelmechtel mit Freund Levy und versucht ihm unter dem Tisch mit dem Fuß versteckte Signale zu geben. Aber Levy reagiert nicht. – Plötzlich wendet sich Kahn wütend an seine Frau und schreit sie an: „Rosalie, jetzt hör endlich auf mich zu treten! In Gegenwart meines Freundes esse ich, wie es mir passt!"* (SL, 494)

Der langanhaltende Frust über die eingeschlafene Sexualität wird zum Motor und auch zur inneren Rechtfertigung für die Fremdbeziehung: „Wenn du mir nicht gibst, was ich suche, dann hole ich es mir eben woanders!" Nicht selten erwacht dann die ausrangierte Sexualität zu neuem, ungeahnten Leben und zieht in der Regel all die krisenhaften Konsequenzen nach sich, die das Paar durchrütteln und an den Rand seiner Belastbarkeit führt.

Über die Gründe für den Rückzug des Körperlichen aus der Partnerschaft ist Ähnliches zu sagen wie im vorigen Kapitel bei der Frage, warum die Kommunikation zwischen Paaren einschläft. Was unsere Körperempfindungen betrifft, sind wir jedoch noch sensibler als was unser Miteinander-Reden angeht. Geht uns der körperliche Austausch verloren, leidet die Partnerschaft auch auf allen anderen Ebenen darunter

(4) Wie wir uns nahekommen oder uns anderen öffnen, welche Distanz wir brauchen oder schaffen, das hängt aber von nichts so sehr ab, wie davon, welche Nähe-Geschichte wir in uns tragen. Mehr als irgendwelche kulturell vorgegebenen Einschränkungen, stärker als der auf Partnerschaften liegende hohe Erwartungsdruck, wesentlicher als eine Engführung der körperlichen Berührung auf die Sexualität und nachhaltiger als der Rückgang der Anfangsbegeisterung ist für unser Nähe- und Distanzverhalten, *welche persönliche Geschichte wir mit dem Thema Nähe haben.*

Wie weit wir andere Menschen an uns lassen, hängt vor allem davon ab, welche Erfahrungen wir mit jenen Menschen gemacht haben, die uns nahekamen bzw. denen wir nahekamen – vor allem ganz zu Anfang unseres Lebens, also in der Regel vor allem mit unsern Eltern.

Wie unsere Mutter uns berührt hat, ist die erste, tiefste und meist nachhaltigste Nähe-Erfahrung in unserem Leben. Wie (und ob) sie uns an die Brust legte, wie sie uns auf dem Wickeltisch anfasste und ansah, wie lang, wie intensiv, wie innig und liebevoll dieser Kontakt war; ob er von äußerem Termindruck und von den Bedürfnissen und Pflichten der Mutter diktiert wurde oder ob sie Zeit für uns hatte; ob uns eine fröhliche oder traurige, eine gelassene oder gestresste, eine zufriedene oder verärgerte Mutter versorgte; ob Eintracht herrschte oder Krach. Unzählige Begegnungen mit unserer Mutter, mit unserem Vater sowie anderen Bezugspersonen, die unsere Lebensumstände bestimmten und von denen wir abhängig waren, verfestigen sich in uns zu inneren

Einstellungen und äußeren Verhaltensmustern, die wir dann unser ganzes Leben beibehalten. Auch wenn wir später an unsere Anfangsjahre keine bewussten Erinnerungen haben, sind die Beziehungserlebnisse der Anfangszeit für unser späteres Leben tonangebend.

Nicht immer lief alles glatt. In besonderer Weise prägen sich uns Ereignisse ein, die uns Angst machten oder verletzten. Das kann etwa ein Unfall gewesen sein, eine Klinikaufenthalt, der Tod eines Geschwisterkindes, familiäre Auseinandersetzungen, vielleicht ein gewalttätiger Vater oder eine verantwortungslose Mutter. Solche frühkindliche Erlebnisse sind besonders traumatisierend. Manche brennen sich uns in die Erinnerung ein. Aber nicht alle sind später noch fassbar. Es kommt vor, dass Menschen die Erinnerung daran verdrängt oder verloren haben. Sie spüren nur noch ihre langen Schatten. Die alten Verletzungen leben erst in uns auf, wenn wir in Beziehung gehen. Das Gedächtnis weiß nichts mehr von ihnen, aber das Gefühlsleben vergisst nicht und beeinflusst die Art, wie wir auf andere zugehen.

Im Lauf unserer ersten Lebensjahre unterliegen wir vielerlei Einflüssen, glücklichen und schwierigen. Die Mehrzahl von ihnen war wenig spektakulär. Würden die glücklichen nicht insgesamt überwiegen, gäbe es uns nicht. Trotzdem wächst keiner auf, der in seinen Beziehungserfahrungen nicht auch mit Ängsten, Verletzungen und Frustrationen zu tun hatte.

Unsere Berührungsgeschichte ist wie ein persönlicher Fingerabdruck. Jeder Mensch trägt seinen individuellen Stempel, hat seine eigene Geschichte, seine ganz persönlichen Eigenarten, wie er mit Berührungen umgeht. Je nachdem erlebt jeder von uns Berührungen und Nähe anders. Jedes Mal, wenn wir uns begegnen, wird jeder von uns mit der gesammelten Berührungsgeschichte des anderen konfrontiert – und umgekehrt. Es sind vor allem jene kindlichen Beziehungsbedingungen, die auch später unser Verhalten steuern, unsere kindlichen Sehnsüchte und Ängste. Mit unserem späteren, erwachsenen Beziehungsverhalten, vor allem in der Regulierung von Distanz und Nähe, antworten wir noch immer auf unsere kindlichen Erlebnisse.

Wie viel Berührung wir suchen und zulassen – das ist nicht nur eine Frage unserer momentanen Gefühlslage oder der jeweiligen Bedingungen des Augenblicks. Anfangs ist das noch nicht so deutlich. Wir lassen uns gern vom anderen mitreißen. Je länger eine Beziehung andauert, umso deutlicher setzen sich die alten Muster, Hoffnungen, Sehnsüchte, aber auch die alten Ängste und Verletzungen durch, die wir aus unserer Kindheit mitbringen.
So weit schauen die meisten Paare aber nicht zurück. Sie stellen später nur fest: „So bin ich eben." Was sie hindert, sich auf Nähe einzulassen, oder was sie antreibt, es so und nicht anders zu tun, machen sich viele Menschen nur oberflächlich bewusst. Sie suchen die Gründe eher im Verhalten des Partners und nicht in ihren eigenen Nähe-Mustern. Meist verstehen sie ihr Verhalten als Reaktion auf den Partner, die Partnerin: „Du lässt mich nicht! Du willst ja nicht! Mit dir kann ich nicht...!" oder

umgekehrt: „Du willst zu viel! Du machst es falsch!" Oder sie formulieren es neutral: „Wir passen nicht zusammen!" Sie fragen sich nicht, welches ihre eigenen Zugangsweisen zur Nähe sind: „Was vermeide ich? Wovor habe ich Angst? Was setzt mich unter Druck? Wie viel Nähe gestatte ich, wie viel suche ich?"

Wenn es mit dem Näheaustausch in der Partnerschaft hapert, versuchen die Partner meist erst einmal äußere Gründe zu finden. Sie machen die beruflichen Anforderungen verantwortlich (und stürzen sich in Arbeit); sie schützen die Kinder vor und verstecken sich hinter ihnen (manchmal auch im Ehebett); sie sind vielleicht müde und kaputt oder undisponiert oder haben „keine Lust" (und setzen sich lieber vor den Fernseher); sie fühlen sich verletzt (und gehen joggen oder in den Verein). Es gibt unzählige Varianten, wie jemand sich Nähe vom Leibe hält.

Einige Menschen haben sich so weit von den einstmaligen Bedürfnissen nach Nähe entfernt, dass sie das Gefühl haben, sie brauchten sie überhaupt nicht. Berührungen sind ihnen nicht angenehm. Man kann dann immer davon ausgehen, dass es sehr gravierende Erfahrungen gegeben haben muss, die ihnen bis heute den Weg zu Nähe und Berührung erschweren und versperren.

Alles das macht deutlich: Der Austausch der Nähe, so sehr wir uns danach sehnen, so viel wir uns davon wünschen, ja so unersättlich wir vielleicht auch sein mögen, ist für die meisten Menschen eine schwierige Veranstaltung. Obwohl wir die Berührung zwischen uns dringend brauchen, erleben wir den Zugang zu ihr als kompliziert und anstrengend. Was wir in der Enge der Zweierschaft als mangelnde Liebe und fehlende Offenheit des Partners deuten, ist jedoch oftmals viel älteren Ursprungs. Eigentlich setzt sich einer mit den alten unguten Erfahrungen seiner Kindheit auseinander.

Umso mehr drängt sich natürlich die Frage auf: Können wir unsere alten Muster, vor allem dort, wo sie unserem Berührungshunger im Wege stehen, irgendwie verlassen? Sind wir ihnen für ewig ausgeliefert? Können wir angemessene, erwachsene, unsern heutigen Bedürfnissen adäquate Formen entwickeln, um uns nahe zu sein?

Ich bin der Überzeugung: Wir können! Allerdings wird es nur klappen, wenn beide Partner es wollen. Das ist nach meiner Erfahrung meist der Fall. Will jedoch nur *ein* Partner etwas ändern, hat er keine Chance. Ich muss also zuallererst *meinen Partner gewinnen*, dass er sich mit mir zusammen auf den Weg macht. Wir müssen noch nicht wissen, wie. Aber *dass* wir es wollen, müssen wir wollen.

Will ein Paar aus seiner Berührungs-Isolation herauskommen, will es seine Nähebedürfnisse neu beleben, wird es zunächst eine offene und ehrliche Bestandsaufnahme machen und sich einer Reihe von *Fragen* stellen müssen:

- Wie ist die Lage bei uns, wie erlebst du dich, wie erlebe ich mich, wenn es um Nähe und Berührung geht?
- Wann, wie, wie gern und wie oft berühren wir uns?
- Ist Nähe, Emotionalität, Intimität und Sexualität für uns, für mich persönlich ein unbeschwertes oder ein schwieriges Thema?
- Wie sieht meine persönliche Nähe-Geschichte aus?
- Gab es in meinem Leben Erlebnisse, die meine Entwicklung besonders negativ beeinflussten, die mir Angst machen?
- Kann ich mit dir darüber reden? Was hält mich ab?
- Hätte ich mit dir gern mehr oder lieber weniger oder lieber anders Nähe, Intimität, Emotionalität, Sex?
- Was tue ich dafür, dass Berührung und Sexualität zwischen uns Platz hat, oder wie verhindere ich es?

Diese Fragen können dann zur Grundlage für eine Reihe von *konkreten Schritten* werden, mit denen ein Paar sich wieder näherkommen kann.

Sie gelingen in der Regel nur unter therapeutischer Begleitung. Weil es in der Art, wie wir uns berühren lassen und Berührung suchen, in hohem Maße um alte Muster geht, sind viele Menschen nicht in der Lage, sich ohne Hilfe aus ihnen zu lösen.

Darüber hinaus haben sich die beiden meist längst ineinander verkeilt. Längst sind Nähe und Sex zum Konfliktfeld geworden. Sitzt ein Paar erst einmal in den Schützengräben seiner körperlichen Isolation, dann wehrt es nicht selten alle Versuche des anderen Partners ab. Streckt der eine die Hand aus, schlägt der andere sie weg. Schaut der andere freundlich, guckt der eine umso grimmiger. Dabei sehnen sich beide eigentlich nach nichts so sehr wie nach der Berührung des anderen. Dann hilft oft nur noch ein Anschwung von außen, vielleicht in Form einer gemeinsamen Beratung oder auch einer Therapie. Diese kann in folgenden Schritten ablaufen:

- ➢ Es beginnt immer alles mit dem Hinschauen und Darüber-Reden. Das Paar wird sich einig, nicht mehr wegzusehen, seine Näheproblematik nicht mehr totzuschweigen, sondern darüber miteinander zu reden.
- ➢ Der zweite Schritt ist dann das Bekenntnis, dass jeder von beiden die Nähe des anderen trotz allem und immer noch möchte. Diese beiden Schritte entsprechen der *Säule eins*.
- ➢ Die Partner machen sich sodann bewusst, wie unterschiedlich sie das Thema erfahren und mit ihm umgehen.
- ➢ Sie sind bereit, diese Unterschiedlichkeit anzuerkennen, indem sie ihrem Partner ihre eigene Geschichte zum Thema Berührung, ihre gemeinsamen und ihre früheren Erfahrungen und vor allem ihre kindlichen Ängste und Vermeidungsstrategien erzählen und ihrerseits der Berührungsgeschichte des anderen Partners zuhören. Anstatt dem anderen sein Verhalten vorzuwerfen, bemühen sie sich, ihn

zu verstehen. Diese beiden Schritte entsprechen der *Säule zwei*.

Die letzten Schritte entsprechen dann der *Säule drei*:
- Die Partner machen sich bewusst, auf welche Weise jeder von ihnen Nähe, Berührung und Sexualität ermöglicht oder sie vermeidet. Sie tauschen sich darüber aus, was ihnen gut tut und was sie abhält, sich aufeinander einzulassen.
- Die beiden Partner befreien sich aus der Engführung ihrer Pflichten und machen aus ihrem Sex wieder ein Spiel.
- Die beiden Partner befreien sich aus der Engführung des Themas auf die Sexualität und geben der ganzen Bandbreite der Berührungen Raum.
- Die beiden Partner befreien sich aus der Engführung der Zweierschaft und tauschen auch mit anderen Menschen körperlich-emotionale Nähe aus.

Jeder dieser Schritte hat seine eigenen Schwierigkeiten, Widerstände und Fußangeln. Geht es um Nähe und Sexualität, sind wir besonders verwundbar. Viele Paare tun sich deshalb schwer damit, sich wieder anzunähern. Sie brauchen dafür glückliche Momente, etwa ein schönes gemeinsames Erlebnis oder eine Urlaubszeit. Allerdings können sich ihre Berührungserlebnisse schnell als Strohfeuer entpuppen, wenn sie nicht miteinander ins Reden und Reflektieren kommen.

Therapeutische Angebote können ihnen helfen, sich wieder aufeinander zuzubewegen. Insbesondere die *Bonding-Psychotherapie* bietet Menschen die Möglichkeit, sich mit ihrem Näheverhalten auseinanderzusetzen und neue Wege des Berührens zu erleben. Auch andere Angebote, etwa aus dem Bereich des *Tantra*, können manchmal gute Anstöße geben. In vielen Städten haben sich in den vergangenen Jahren sogenannte *Kuschelgruppen* gebildet, die einen äußeren Rahmen anbieten (meist einen mit Matratzen ausgelegten, freundlichen und warmen Raum, sowie eine die Regeln überwachende Leitung), in dem sich Menschen als Einzelpersonen, in der Regel als Fremde, ohne Anspruch auf irgendeine Verbindlichkeit körperlich begegnen können. Meist geben sie sich Regeln:

> Kuscheln nur mit ausdrücklichem Einverständnis des anderen.
> Jeder hat das Recht Nein zu sagen.
> Sex oder erotische Handlungen sind nicht erlaubt.

So wichtig und wünschenswert es ist, dass wir aus der weitreichenden Berührungsisolation herausfinden, so wichtig und nötig ist es auch, sich genau umzusehen, worauf man sich einlässt. Auf dem Gebiet der Näheanbahnung tummeln sich zahllose Anbieter. Denn mit den manchmal offenen, meist eher nur verschämt ausgedrückten Wünschen nach Berührung und Sex wird bekanntermaßen sehr viel Geld verdient. Seriöse Partnerbörsen, Kuschelgruppen und Massagepraxen stehen in Konkurrenz mit Sex-Salons und Eros-Centern, mit Swinger- und Erotik-Clubs, mit erotischen

Massageangeboten und üblichen Bordellen und natürlich dem weiten Feld der Porno-Angebote.

Wenn therapeutische Gruppen oder Einzelanbieter (etwa Massage-Praxen) sich auf diesem Markt platzieren oder damit in Berührung kommen, müssen sie sich bewusst machen, dass sie in einem Feld arbeiten, in dem oft sehr versteckte, aber zugleich intensive Emotionen mit-spielen. Vor allem müssen Angebote, die Menschen die Möglichkeit eröffnen, sich körperlich nahezukommen, sei es im Rahmen von Gruppen, Selbsterfahrung oder Therapie, sich mit diesem Begleitthema auseinandersetzen, das oft nur ausgeklammert, meist aber nicht thematisiert wird: der *Sexualität*.

Geht es um Körperlichkeit und Berührung, dann ist und bleibt die *Sexualität ein permanentes Hintergrundthema*. Bietet eine Therapie oder ein Gruppen-Angebot keinen Rahmen, angemessen darüber zu reflektieren, ist es nach meiner Überzeugung eher kontraproduktiv. Dann bleiben die sexuellen Motive der Begegnung verdeckt. Dann kann es zum Beispiel sein, dass die Teilnehmer einer Kuschelgruppe das Kuscheln und Berühren in Kauf nehmen, aber eigentlich und heimlich die sexuelle Berührung suchen. Deshalb ist immer die Frage: Wie ist das Verhältnis von Zärtlichkeit und sexuellem Verlangen, von Emotionalität und Sexualität?

Viele behaupten, Mann und Frau könnten sich nicht begegnen, ohne dass der Sex ins Spiel käme. Natürlich gibt es viele Situationen, die sexuellen Empfindungen oder gar Handlungen überhaupt keinen

Raum geben. Aber sobald ein äußerer Rahmen für eine persönliche Begegnung entsteht, stimmt der obige Satz. Vor allem in einer Kultur, die körperliche Nähe fast ausschließlich in die Zweierbeziehung verbannt hat, überlagert der Sex, wie schon beschrieben, schnell die nichtsexuelle Berührung zwischen Partnern. Wenn sich zwei, zum Beispiel während einer Kuschelparty oder im Rahmen eines Seminars oder Workshops körperlich nahekommen, schwingen auch sexuelle Gefühle mit hinein, weil unsere Sexualität nichts ist, was wir von uns abspalten könnten.

Daran ist auch überhaupt nichts unerlaubt oder schädlich. Die Frage ist lediglich,

> ➢ erstens, wie bewusst wir uns unsere Gefühle machen und ob wir sie offen aussprechen und reflektieren können;
> ➢ zweitens, wie weit wir unsere Bedürfnisse ausagieren und ob der Rahmen stimmt;
> ➢ drittens, wie einvernehmlich wir uns begegnen.

Unsere – oberflächlich betrachtet – vielleicht nur zärtlichen, unerotischen Berührungen besitzen fast immer eine zweite, verborgene Ebene, die voller unausgesprochener, aber höchst lebendiger Phantasien steckt. Das sexuelle Interesse an einem anderen wird in den allermeisten Fällen zunächst nur in Form von Augen-Blicken, von Anspielungen, ungenauen Berührungen und indirekten Angeboten transportiert. Genau das gibt dem Spiel der Geschlechter seinen Reiz, und wir empfinden es als aufregend. Wir können diesem Reiz nachgeben, wir können ihn aber auch übergehen.

Immer spielt das Sexuelle mit. Was aber für die einen Anreiz ist, kann für die anderen fatale Auswirkungen haben. Wenn Menschen, die in ihrem Leben sexuelle Übergriffe, Missbrauch oder Vergewaltigung erlebt haben, etwa in einer Kuschelgruppe den sexuellen Andeutungen eines anderen begegnen, können Berührungen in ihnen alte Ängste auslösen. Möglicherweise fühlen sie sich hilflos wie damals und unfähig, sich zu wehren. Ein Verbot oder die Ausklammerung der Sexualität schützt sie dann nur bedingt vor solchen Ängsten. Vielmehr bedarf es einer sicheren therapeutischen Begleitung.

Dass unsere Sexualität immer wieder zum heimlichen Motor für unsere Begegnungen wird, ist belebend, ist aufregend – und menschlich. Erst und immer dann entpuppt sich der sexuelle Impuls zum Problem, wenn er zudringlich und übergriffig wird; wenn er die spielerische Ebene verlässt und ohne Übereinkunft zielgerichtet wird. Dann beginnt er den anderen zu instrumentalisieren. Das gilt in der offenen Begegnung ebenso wie in der festen Partnerschaft.

Im freien Spiel dagegen kann sich unser sexuelles Begehren in seiner ganzen Kraft entfalten, kann unsere Berührungen zu magischen Momenten machen. Was der gemeinsamen Lust den nötigen Raum gibt, was unser Begehren unwiderstehlich macht, das sind die partnerschaftliche Ebenbürtigkeit und der freie Austausch, die zweite Säule der Partnerschaft. Anders gesagt: In der Sexualität brauchen wir uns als selbstbewusste, selbstgesteuerte, gleichberechtigte Partner, die sich auf Augenhöhe begegnen. Je ebenbürtiger das Paar, desto fröhlicher sein Sex.

Das ist übrigens der Grund, weshalb Partner, deren Sexualität völlig erstorben ist, die schon gar nicht mehr glauben konnten, dass sie Lust empfinden könnten, plötzlich, wenn sie einem anderen Menschen begegnen und einen sogenannten Seitensprung machen, sexuell geradezu explodieren können. Plötzlich sind alle Lebensgeister erwacht. Von allem Druck befreit können ihre Bedürfnisse wieder auferstehen.

So wichtig, so beglückend unsere sexuellen Erlebnisse sein können: Sie sind nur eine Variante unsres Berührungshungers. Wir brauchen, damit wir uns wohlfühlen, damit wir gesund bleiben, damit unsere Partnerschaft gedeiht, mehr. Wir brauchen immer wieder Berührung. Die Berührungen sind sozusagen die tägliche Nahrung, der Sex ist das pikante Menü.

Sich zu berühren bedarf allerdings besonderer Sensibilität. Lassen wir uns berühren, verzichten wir auf unsere Fluchtdistanz. Wir machen uns in einem bestimmten Umfang schutzlos. Wir öffnen uns für den Zugriff eines anderen. Wir lassen einen anderen an unseren Körper und eventuell an unsere nackte Haut, die dafür besonders empfänglich ist.

Wollen wir uns nahekommen, brauchen wir eine Atmosphäre der Zuneigung, einen Raum der Zärtlichkeit und Achtsamkeit. Berührt jemand einen anderen ohne dessen Zustimmung, überfällt er ihn mit seinen Nähewünschen, meint er, einen Anspruch auf den Körper des anderen zu haben, klaut er sich die Berührung, berührt er ihn zu hart, zu unvermittelt, wendet er Gewalt an, kann er schwere seelische Schäden anrichten und bleibende Wunden reißen. Fühlen wir uns hingegen liebevoll berührt und verführt, empfinden wir es als Glück.

Dass wir uns berühren, ist *das Herzstück der Partnerschaft*. Denn unsere Körpererfahrung ernährt zugleich unsere Seele. Berührung hat jeder von uns im Mutterleib erfahren. Unser ganzes Leben besitzen wir einen Japp danach. Berührt werden, angefasst, gestreichelt werden, die Wärme des anderen zu spüren, seinen Atem, seine Bewegungen, sein Schutzgeben und sein Schutzholen, sein Dasein und Dabeisein, das alles ist für uns lebenswichtig, damit wir blühen und gedeihen. In der körperlichen Berührung fühlen wir uns ohne Worte nah, ohne Erklärungen zusammengehörig und verbunden. Denn die körperliche Berührung spricht ihre eigene Wahrheit. Sie muss nicht begründet werden. Sie steht für sich.

Deshalb gilt der einfache Satz: *Willst du deine Liebe wieder entfachen, lass dich wieder berühren!* Dann erlebt deine Liebe Auferstehung. Und umgekehrt: Wo mich die Liebe meines Partners, meiner Partnerin erreicht, da bin ich berührt, da rücke ich an jemanden heran, da explodiert das Leben. Möchte ich wieder lieben lernen, muss ich mich von jemandem lieben, und das heißt: von jemandem berühren lassen. Das meint dieser einfache Satz: Lass dich berühren! – und deine Lebensgeister kehren zurück, deine Partnerschaft lebt auf, du wirst satt.

Du brauchst dafür kein Berührungsdiplom. Du brauchst es nur zu wollen und zuzulassen. Manchmal hilft es, erst einmal die kritischen Augen zu schließen, nichts zu reden und sich nur auf das Tasten einzulassen. Die Hände und die Haut nehmen anders wahr als die Augen. Dann kann es sein, dass du die Berührung, sofern sie nicht fordernd, nicht besitzergreifend ist, sondern leise und frei, wie einen Wärmeschub erlebst, wie Sonne nach Regentagen.

3.6 Gewohnheiten und Alltagsrituale

„Rabbi, warum tun sich die Menschen so schwer, das Leben zu nehmen, wie es ist?" Der Rabbi: „Sie glauben lieber an Wunder." „Wie das?" „Ich erzähle euch eine Geschichte."
Im Maschinenraum eines Passagierdampfers ist ein Feuer ausgebrochen. Es gibt keine Hilfe mehr. In einer halben Stunde wird der Kessel explodieren und das Schiff auseinanderreißen. An Bord befindet sich ein Zauberkünstler, der gerade die Passagiere zu einer Aufführung versammelt hat. Der Kapitän ruft ihn zu sich, erklärt ihm die Lage und bittet ihn, wenigstens eine Panik zu verhindern. Der Zauberer verspricht, sein Bestes zu tun.
Er betritt den Saal und verkündet: „Meine Damen und Herren, in einer halben Stunde lasse ich das Schiff hochgehen." Dann macht er seine Kunststücke, unterbricht nach einer Weile und sagt: „In einer Viertelstunde ist es soweit, dann lasse ich das Schiff hochgehen!" Wieder macht er weiter. „Noch 5 Minuten!" Und genau zur angegebenen Zeit gibt es eine ungeheure Detonation und das Schiff zerbricht in tausend Teile.
Ein Jude mit Bart und Kaftan hat ein Brett erwischt und treibt auf den Wogen. Da sieht

> *er auf dem Wellenberg gegenüber den Zauberer, ebenfalls an ein Brett geklammert, und ruft ihm erbittert zu: „Du meschuggener Zauberer! Etwas Besseres ist dir nicht eingefallen?"* (nach SL, 278)

„Du änderst dich nie!" giften sich Paare an. „Du bist vollkommen kritikresistent!" „Tausendmal habe ich dir schon gesagt, du sollst dies und das tun oder lassen, und nichts hat sich geändert!" „Bei uns läuft alles nur noch nach Schema F!" „Zwischen uns bewegt sich gar nichts mehr!" „Unsere Beziehung ist wie ein Hamsterrad". So klagen es frustrierte Paare gegeneinander ein. Auch an sich selbst, wenn er ehrlich ist, stellt mancher Partner fest: Ich nehme mir etwas vor, habe große Vorsätze, und lande nach einer Weile wieder im alten Trott.

„Der Mensch ist ein Gewohnheitstier", kalauerte der Dichter Gustav Freytag. Nichts definiert uns so wie unsere Gewohnheiten. Die „Macht der Gewohnheit" macht uns zu Wiederholungstätern. Sie lässt uns gleiche Orte aufsuchen, ähnliche Bedingungen schaffen und Situationen herstellen, die uns vertraut sind – auch wenn sie uns (und insbesondere unserem Partner bzw. unserer Partnerin!) gar nicht gut tun. Im Vertrauten kennen wir uns aus. Es reduziert unsere Angst.

Daran ist erst einmal nichts schlecht. Jeder Mensch trägt seine Eigenheiten als Profil mit in die Beziehung und jedes Paar schafft sich gemeinsame Umgangsformen und Zuständigkeiten, die mit der Zeit zu bestimmten Mustern und Ritualen gerinnen. *Dass* ein Paar Gewohnheiten und Rituale entwickelt, ist überhaupt nicht problematisch. Im

Gegenteil, es ist selbstverständlich und nützlich. Denn auf diese Weise entwickelt es ein Wir-Gefühl, eine Paar- oder Familien-Identität: „Bei uns machen wir das so!" Das verbindet und stärkt das Paar und die Familie. Es gibt ihr einen typischen Stallgeruch. Nur dann, wenn die Gewohnheiten zur Belastung werden, entsteht für ein Paar Handlungsbedarf.

Unser Partnerschaftsalltag besteht zu großen Teilen aus Wiederholungen. Weniger was wir an besonderen Projekten auf die Beine stellen, zu welchen speziellen Aktionen wir uns verabreden, sondern viel mehr, was immer wieder passiert, was unsern Alltag füllt, was uns tagtäglich beschäftigt, bestimmt über unser Leben. Nur zum kleineren Teil setzt sich der Austausch, den wir als Paar miteinander pflegen, aus einzelnen Unternehmungen oder besonderen Anlässen zusammen, zu denen wir uns jeweils verabreden und Zeit nehmen. Der viel größere Teil unserer Begegnungen wird von jenen unspektakulären Gewohnheiten und Alltags-Ritualen beherrscht, die sich im Lauf der Zeit zwischen uns herausbilden. Deshalb gilt: Wer mit ihnen unzufrieden ist und etwas ändern will, muss seinen Gewohnheiten zu Leibe rücken. Das ist nicht gerade einfach.

In diesem Kapitel geht es um den Alltag der Partnerschaft und um die Frage, welche Möglichkeiten wir haben, ihn zu verändern. Es geht um jenen Kleinkram, der täglich auf ähnliche Weise abläuft und eine Quelle von kleinen Glücklichkeiten sein, ebenso aber auch zur

Aneinanderreihung von Frustgefühlen werden kann, an denen sich Paare aufreiben.

Wie können wir jene Gewohnheiten entmachten und verändern, die uns nicht gut tun, und wie können wir solche Gewohnheiten etablieren, die unsere Beziehung fördern?

Schauen wir einem Paar einmal über die Schulter, wie sein Tag abläuft. Es beginnt mit dem morgendlichen Wecken und Aufstehen, den ersten Begegnungen im Bad, dem Herrichten des Frühstücks, dem Verhalten am Frühstückstisch. Das folgt gewöhnlich eingespielten Abläufen. Wie wir uns fühlen, wie wir uns zeigen, wie wir dabei miteinander umgehen, besitzt nicht selten Loriothaften Slapstick-Charakter. Ein heimlicher Beobachter könnte tiefe Einblicke in das Seelenleben unserer Beziehung gewinnen.

Es macht einen erheblichen Unterschied, ob wir mit Muße am Tisch sitzen oder in höchster Eile noch schnell eine Tasse Kaffee herunterspülen, ob wir uns miteinander unterhalten oder ob vielleicht das Radio dudelt oder der Fernseher läuft und unsere Aufmerksamkeit abzieht, ob Kinder das Geschehen bestimmen und wie wir letzte Verabredungen regeln. Dann das Auseinandergehen zur Arbeit bis zur Rückkehr von der Arbeit: wie wir uns verabschieden und begrüßen, wie wir anschließend unsere Zeit verbringen, uns zwischendurch eventuell kontaktieren, wie wir unsere Aufgaben und Pflichten erfüllen, den alltäglichen Kleinkram regeln, uns begegnen oder wieder auseinandergehen, wie wir nach der Arbeit bestimmten Hobbys und Freizeitbeschäftigungen nachgehen, schließlich wie wir den Abend verbringen, welche Rolle der Fernseher oder der PC oder die Musik spielen, welche Räume für persönlichen Austausch wir uns lassen, wie wir den Abend gestalten. Das alles läuft bei den meisten Paaren über weite Strecken Tag für Tag nach ähnlichem Schema ab und prägt ihr Partnerschaftsleben.

Und nicht nur unsere äußeren Lebensumstände mit ihren wiederkehrenden Abläufen, Verpflichtungen und Terminen, sondern natürlich auch die persönlichen Vorlieben und Gewohnheiten jedes Partners bestimmen über die Bedingungen unseres Zusammenlebens. Ob ich ein Langschläfer oder Frühaufsteher bin, ob ich fröhlich oder muffelig aus dem Bett steige, ob ich ein Schweiger bin oder eine Quasselstrippe, ob ich ein Schaffer bin, der Lust an der Arbeit hat, oder ein Bedenkenträger, der sich überfordert fühlt – das gibt unserer Partnerschaft ihr spezielles Gesicht und tritt sich nach und nach sozusagen zwischen uns fest. Es steuert unser Wohlbefinden oder lässt unsern Frustpegel variieren.

Auch die Art und Weise, wann und wie wir uns Zeit für einander nehmen, wie wir körperlich miteinander umgehen, wie viel Raum wir uns nur für uns zwei offenhalten, bekommt mit der Zeit etwas Gleichförmiges, Übliches. Es spielt sich zwischen uns ein. Wir gewöhnen uns daran. Jedes Paar kann dazu beliebig seine Beispiele beitragen.

Eigenheiten und wiederkehrende Verhaltensmuster gehören zu jedem Menschen, sie kleben gewissermaßen an uns. Mit unseren Ge*wohn*heiten richten wir uns in unserer Beziehung ein wie in einer *Wohnung*, in der nun die Möbel so stehen und die Bilder so aufgehängt sind, mit denen wir den Rahmen abstecken, innerhalb dessen unser Leben abläuft. Gewohnheiten sind so etwas wie der gemeinsame Nenner zwischen uns. In ihnen spiegelt sich die Schnittmenge unserer Partnerschaft. Sie regeln, wie wir uns, ohne uns allzu sehr in die Quere zu kommen, unser Zusammenleben gestalten. Nicht selten nehmen sie den Charakter von eingespielten Ritualen an.

Zwar ist jeder Tag neu, jede Situation ist ein klein wenig anders; trotzdem besteht das Allermeiste, was wir tun, aus Wiederholung, aus Redundanz und Routine. Es verfestigt sich mit der Zeit und verringert auf diese Weise unseren Aufwand. Damit entlasten wir uns. Mit Gewohnheiten gehen wir Konflikten aus dem Weg. Deshalb sind sie offensichtlich nötig. Müssten wir jeden Tag neu regeln, müssten wir unser Zusammenleben andauernd neu definieren und gestalten, wären wir überfordert.

Einen solchen Aufwand nehmen wir nur zu Anfang unserer Beziehung in Kauf. Später brauchen wir – sozusagen als Geländer – für die täglichen Erlebnisse und Begegnungen wiederkehrende Handlungsfolgen. Dabei setzen sich mit der Zeit jene alten Grundmuster durch, die jeder von uns aus seiner Vergangenheit mitbringt und in denen er vertraute Gefühle wiederholt. Mit der Zeit entwickeln unsere Gewohnheiten eine erhebliche Beharrungskraft. Sie werden veränderungsresistent; nicht nur, weil sie sich eingeschliffen haben, sondern weil in ihnen all jene Lebensmuster ihren Ausdruck finden, die wir von frühester

Kindheit an in Resonanz zu den Bedingungen unseres Umfeldes entwickelten und die wir dann wie ein Wegemuster in uns tragen. Jeder lebt sie aus als das Normale, selbstverständlich Gegebene. Wir folgen ihnen unbewusst.

Deshalb ist es ein typisches Merkmal für Gewohnheiten, dass sie sich mehr oder weniger schleichend etablieren. Unbemerkt, als stillschweigende Vereinbarungen und nur vage abgesprochene Übereinkünfte, verdichten sie sich zu gemeinsamen Verhaltensmustern. Obwohl sie sich tagtäglich auswirken, obwohl sie unsern Alltag beherrschen, nehmen die meisten Menschen sie erst einmal so hin und reflektieren sie nicht. Dabei sind sie ein Gradmesser für unser alltägliches Glück oder auch unsere alltägliche Portion Unglück.

Würden wir frühzeitig und genau genug hinschauen, würden wir merken, dass unsere Gewohnheiten nicht erst dann relevant werden, wenn sie unsere Partnerschaft beschweren und bedrohen. Lange ehe sie die Partnerschaft an den Rand ihrer Möglichkeiten bringen, prägen sie die Alltagsbedingungen unserer Zweisamkeit und steuern sie eventuell in eine ungute Richtung.

Was wir an Eigenheiten mit in die Beziehung tragen oder in ihr entwickeln, kann sehr dominante Auswirkungen haben. Eingefahrene Gewohnheiten lassen sich nur schwer korrigieren oder zurückfahren. Sie laufen weitgehend automatisiert ab. Der Partner muss sich mit ihnen abfinden. So muten wir uns dem anderen zu. „So bin ich eben!" sagen etliche und wollen damit gleichzeitig sagen: „und so bleibe ich auch!"

Allerdings – so viel Freiheit jeder von uns hat, auf seinen Eigenheiten zu bestehen und darauf zu pochen, seinen eigenen Lebensstil zu entfalten, so klar ist auch, dass, wie er sich verhält, auf seinen Partner, seine Partnerin eventuell eine große Wirkung hat. Zwar ist es meist so, dass jeder Partner die Gewohnheiten des anderen erst mit der Zeit wahrnimmt. Jeder von uns rutscht anfangs gewissermaßen in das Umfeld des anderen hinein und lässt sich erst einmal darauf ein. Die meisten Menschen versuchen, vielleicht viel zu lange, sich zunächst mit den Gewohnheiten des anderen zu arrangieren. Aber je länger desto mehr leiden sie auch unter ihnen.

Natürlich besitzen unsere Gewohnheiten unterschiedliche Relevanz für unsere Partnerschaft. Bestimmte Eigenheiten des anderen lieben wir und wissen sie zu schätzen, etwa wie er oder sie das Essen zubereitet und serviert, wie er oder sie die Wohnung gestaltet, das Auto packt, mit dem Hund umgeht, uns immer den Rücken krault. Manche Angewohnheiten kommen als liebenswerte Schrullen daher, als persönliche Marotten, die einem Menschen seine Eigenart verleihen und ihn unverwechselbar machen – etwa wenn einer seine Regale mit Stoffkatzen füllt oder wenn er seine Stifte auf dem Schreibtisch parallel legt, wenn er fünf Wecker braucht, um aufzustehen, wenn er sich immer erst zweimal durch die Haare fahren muss, eh er etwas sagt, und so fort. Andere Eigenarten haben unangenehme Nebenwirkungen, vielleicht zunächst nur für einen selbst – etwa wenn sich einer wund kratzt oder wenn er sich, bevor er etwas sagt, immer erst entschuldigt. Wieder andere Gewohnheiten vermitteln einem Menschen vielleicht subjektiv Wohlbefinden – etwa wenn er nach Hause kommt, sich erst einmal bis aufs Unterzeug auszieht, sich ein Bier zur Brust nimmt und vor den Fernseher fläzt, wenn einer ungebremst rülpst und furzt, oder wenn einer wie ein Wasserfall redet; aber sie nerven den Partner. Einige Eigenheiten allerdings bringen die Partnerschaft auch an den Rand ihrer Belastungsfähigkeit.

Am deutlichsten wird das bei solchen *Gewohnheiten, die Suchtcharakter besitzen*. Sie haben die Tendenz sich krebsartig auszuwachsen. Früher oder später belasten sie die Beziehung, nicht selten bis ins Unerträgliche. Auch wenn der Suchtmensch erst einmal die Vorstellung hat, es sei seine Privatsache, was er mit sich und seinem Körper, mit seiner Zeit oder seinem Geld macht, hat, was er tut oder lässt, immer eine große Rückwirkung auf seine Partnerschaft, seine Familie und sein Umfeld.

Das Rauchen verstehen viele Menschen so, als ginge es nur sie an und wollen nicht wahrhaben, dass sie nicht nur ihr Leben verkürzen und durch Krankheiten belasten, sondern ihr Umfeld zum Mitrauchen nötigen und schädigen. Oder dass sie stinken. Gleiches gilt für den Alkohol mit all seinen unguten Nebenwirkungen oder für andere stoffliche und nichtstoffliche Suchtwege, etwa wie viel einer einkauft, isst, arbeitet, spielt, am PC sitzt, Musik hört, fernsieht, wohin seine Aufmerksamkeit geht, woran er sein Herz hängt. Mit der Zeit verselbständigen sich solche Suchtwege und überwuchern, unterwandern und erdrücken die Partnerschaft insgesamt.

In vielen Partnerschaften sind solche suchtartigen Verhaltensweisen eine Quelle für dauernde Streitigkeiten, an denen sich die Partner wundreiben. Sehr oft leidet einer erheblich unter den Angewohnheiten des anderen. Aber sie finden keinen Weg, die Situation zu verändern. X-mal haben sie vielleicht beklagt und moniert, was ihnen nicht gefällt, immer wieder sind sie beim anderen auf Widerstand gestoßen.

Sie wissen schon, was ihnen nicht passt – und noch genauer, was der Partner bzw. die Partnerin ändern müsste, damit sie sich wohler fühlen könnten. Aber sie wissen keinen Rat, wie sie den anderen dazu bringen könnten, sich zu bewegen. Sie hängen fest. Sie fühlen sich wie ausgeliefert. Sie haben nicht die innere Erlaubnis, nicht den Mut und auch keine Idee, wie sie die Situation anders gestalten könnten.

Vielleicht spüren sogar beide, dass ihnen etwas fehlt, formulieren Vorsätze („Wir müssten mal wieder...") und treffen neue Verabredungen. Allerdings kehren sie häufig nach einer Weile zum alten Muster zurück. Nicht selten macht sich dann eine resignative Stimmung zwischen ihnen breit. Nicht wenige Paare arrangieren sich mit ihrer Unzufriedenheit, mit dem täglichen Krach.

Schaut jeder selbst auf seinen Alltag, dann gibt es kaum einen, der nicht eine erhebliche Packung Unzufriedenheit mit sich herumtrüge. In aller Regel haben

Paare diverse Streitgelände, auf denen sie sich beharken – manche Paare nur gelegentlich, manche unentwegt; manche sanft, manche bis zur Erschöpfung. Ich kenne kaum einen Menschen, der nicht ohne Mühe solche Reibungszonen und Minenfelder aus seiner Partnerschaft auflisten könnte.

So gerne würden wir den Partner oder die Partnerin verändern! Und wir wüssten, wie gesagt, auch ganz genau, wie und wann und wo er bzw. sie sich ändern müsste. Allein, das sind fromme Wünsche. Er tut's einfach nicht. Immer geraten wir an den gleichen Stellen aneinander.

Gewohnheiten, seien es die eigenen, seien es die des Partners bzw. der Partnerin, erleben wir oft wie ein Netz, in dem wir uns verfangen haben, das sich um uns schlingt und dem wir nicht entkommen können. Wir zurren und zerren vielleicht immer wieder an den Seilen, aber da bewegt sich nichts. Wir haben keinen Plan, wie wir die Knoten lösen könnten. Wir merken, wir sind da in etwas hineingerannt, das wir nicht loswerden. Viele Paare erleben ihre Partnerschaft wie eine Falle. Manche richten sich irgendwie ein, manche attackieren sich, manche resignieren und warten vergeblich auf bessere Zeiten

Währenddessen nagt an ihnen der Zweifel. Wie weit können, wie weit wollen sie sich mit dem anderen noch arrangieren? Irgendwann kommt die Frage auf: *„Wie lange will ich das noch aushalten? Wie viel Geduld ist nötig, wie viel ist zu viel? Was mache ich, wenn sich mein*

Partner, meine Partnerin überhaupt nicht bewegt? Wenn er oder sie überhaupt keinen Änderungsbedarf sieht? Welche Möglichkeiten habe ich noch, wenn die Eigenarten meines Partners bzw. meiner Partnerin für mich unerträglich geworden sind?"

Der gebräuchlichste Weg, jemanden zu einer Verhaltensänderung zu bewegen, ist, ihn mehr oder weniger stark *unter Druck zu setzen*. Jeder hat ihn erlebt, jeder wendet ihn auch wieder an. Mit Lob und Tadel, Liebe und Strenge, Zuckerbrot und Peitsche werden wir groß. Die meisten Menschen sind von der Wirksamkeit des Druckmachens überzeugt. Obwohl sie einst darunter litten, vertreten sie es ihren Kindern oder Untergebenen oder auch dem Partner gegenüber später selber.

Aber ich bin überzeugt, dass daraus keine guten Lösungen entstehen. Erzwungene Veränderungen belasten die Beziehung. Nur wenn jemand zustimmt, wenn er das Neue selber will, hat es eine Chance, sich zu etablieren – und auch das nur im Rahmen der eigenen inneren Widersprüchlichkeiten, von denen schon die Rede war. Nachhaltige und verträgliche persönliche Veränderungen brauchen Freiwilligkeit.

Deshalb gibt es, damit knüpfe ich an das an, was ich in den vorhergehenden Kapiteln sagte, aus meiner Sicht nur zwei realistische Möglichkeiten, einen Menschen, also auch *unseren Partner bzw. unsere Partnerin zu irgendwelchen Veränderungen in seinem oder ihrem Ver-*

halten zu bewegen. Sie gelten für unseren Partner ebenso wie für uns selbst.

(1) *Die erste* ist: Wir schenken ihm unsere Liebe und nehmen ihn oder sie, wie er, wie sie ist. Wir *lassen* ihn (bzw. sie). Wir stellen uns an seine Seite. Wir schauen ihn an und stellen fest: „Ah, so bist du! Ich habe es am Anfang noch nicht sehen können oder wollen, vielleicht nur ein wenig geahnt. Jetzt sehe ich deutlicher: So einer bist du. So eine bist du." Und sehenden Auges sagen wir Ja zu ihm, zu ihr. Trotz jener manchmal für uns unerträglichen Seiten, die er, die sie an sich hat.

Das hört sich an wie ein Paradox. Möchte ich, dass sich der andere ändert, muss ich *Ja sagen zu dem, was ist* – und darauf verzichten, ihn ändern zu wollen.

Aber indem ich Ja sage, entkrampfe ich meine Gefühle und unsere Beziehung. Ich mache mich weicher. Mir wird leicht. Ich steige aus meinem Ankläger- und Verfolgerverhalten aus. Ich verzichte auf Verbesserungsvorschläge und Vorwürfe und nehme ihn bzw. sie, wie er oder sie ist. Ich verzichte auch auf die großen Augen der stummen Anklage. Vielmehr schaue ich hin und sage: „So nehme ich dich, weil ich dich will und weil ich dich liebe."

Menschen brauchen, damit sie sich ändern können, ein akzeptierendes, wohlwollendes Umfeld, ein Jasagen zu sich selbst und ein Jasagen der anderen. Fühlen sie sich kritisiert, angeklagt, beschuldigt, verurteilt, werden sie rebellisch, machen sie „dicht". Es ist das Jasagen, das Zustimmen, dass dem anderen Raum gibt für Veränderungen. Nur das schafft eine Atmosphäre, in der sich der andere freiwillig bewegen – und vielleicht auch ändern kann. In der kein Druck mehr herrscht, in der sein kann, was ist. Ist die Veränderung nicht mehr die Bedingung für das Zusammenleben, ist er frei. Er *kann* sich ändern. Aber er muss nicht. Der *geliebte* Mensch ist frei sich zu ändern. Nur der geliebte.

Möglicherweise verändert sich der Partner aber nicht. Oder nicht so, wie ich es mir wünschen würde. Aber wenn ich ihn nehme, wie er ist, muss er sich ja nicht mehr ändern. *Ich* habe mich verändert.

Druck, Wenn-nicht-dann…-Aussagen, begleiten uns von Kindesbeinen an. Sie sind für fast alle Menschen der übliche Weg, beim anderen Veränderungen erzeugen zu wollen. So ist zum Beispiel die Schule weitgehend konstruiert. Aber es ist ein Weg, der vor allem in Dauerbezie-hungen, also in der engen Bezogenheit der Partnerschaft, zum Scheitern verurteilt ist.

Nun werden aber viele Menschen einwenden: „Das ist mir zu groß! Das sind vielleicht schöne Worte, hohe Ansprüche an mich selbst, aber so viel innere Stärke und Liebe bringe ich nicht auf. Ich halte das nicht durch, wenn mein Partner, meine Partnerin sich weiter so verhält."

Natürlich geraten wir bisweilen an unsere Belastungsgrenze, platzt uns der Kragen, werden wir ausfallend gegen den anderen. Aber ich sage: Unterschätze dich nicht! Schau dir an, wie du mit deinen Kindern umgehst. Denen gegenüber hast du diese Liebe, die immer neu anfängt. Jedenfalls gilt das oft und besonders für die ersten Jahre. Und dem Partner gegenüber kannst du sie auch haben. An deinen Kindern kannst du es besonders lernen: Nur wenn du zu ihnen stehst, obwohl sie sich verrennen, wenn sie deiner Liebe sicher sind, wenn sie sich gesehen, angenommen, unterstützt, verbunden fühlen, können sie sich gut entwickeln – und dabei auch Fehler machen. Nach und nach finden sie dann ihren Weg. Versuchst du, ihren Widerstand zu brechen, verlierst du den Kontakt zu ihnen.

Ja sagen zum anderen bedeutet ja nicht, meine ärgerlichen Gefühle, meine Verletztheiten, meine Ängste zu unterdrücken. Es bedeutet nur, dass ich aufhöre, den anderen verändern zu wollen. Dass ich ihm, bei allem Ärger, allem Streit, meiner Liebe versichere. Dass ich nicht weggehe. Wie ich es mit meinen Kindern auch mache.

Es geht nicht darum, dass ich alles gut finde, was er tut. Es geht auch nicht darum, es schweigend und demütig hinzunehmen. Sondern ich sage zugleich ja zu unserer Verschiedenheit und ja zu unserer Verbundenheit. Ich verzichte darauf, meinen Partner, meine Partnerin ummodeln zu wollen. Ich stelle keine Bedingungen. Ich nehme ihn an mit seinen guten und schlechten Gewohnheiten.

Es liegt dann an mir, wie ich mit seinen Macken umgehe. Es ist meine Entscheidung, wie viel ich mir zumute. Ich selbst muss mit mir klären, ob ich mit und neben dem Partner mein eigenes Leben leben kann oder ob ich mich selbst ausbremse.

Es kann natürlich sein, dass das, was mich am anderen stört, zu gewichtig ist. Das kann zum Beispiel dann sein, wenn es um ein süchtiges Verhalten geht und die Sucht das Kommando über ihn und dann auch unsere Beziehung übernimmt. Dann würde ein uneingeschränktes Ja zu ihm zur eigenen Selbstaufopferung. Es geht nicht darum, dass ich meinem Partner einen Freibrief ausstelle, sich über mich hinwegzusetzen. Sondern es geht darum, dass ich mich mit mir selbst versöhne, dass ich aufhöre, mein Glück am Verhalten des anderen festzumachen. Wenn ich darauf verzichte, ihn verändern zu wollen, bin vor allem *ich* der Gewinner. *Ich* werde frei.

Es kann natürlich sein, dass meine Liebe und mein Ja überhaupt nicht ausreichen, das Nein, das mein Partner (oder meine Partnerin) in sich selbst trägt und in der Beziehung auslebt, aufzulösen. Es kann sein, dass sein Nein zu groß und mein Ja zu klein ist.

Denn ich habe ja ebenfalls mit meinen eigenen Unzulänglichkeiten zu kämpfen. Ich bin womöglich verletzt und wütend, bin längst mit meinem Partner, meiner Partnerin in den Kampf eingestiegen, verkörpere nicht – auch wenn ich es mir einbilde – den guten, gerechten, freundlichen und liebevollen Teil unserer Partnerschaft. Ich habe vermutlich keineswegs immer die andere Backe hingehalten, sondern selber geschlagen und zurückgeschlagen. Vielleicht ist meine Liebe schwächlich und angekratzt.

Deshalb ist auch klar: Es gibt für die meisten Menschen Grenzen. Grenzen des für sie Erträglichen, Grenzen ihrer Leidensbereitschaft. Grenzen der Partnerschaft. Wenn meine Liebe den anderen nicht mehr erreicht, wenn er sie nicht annimmt, wenn er das Nehmen und Geben aufkündigt, wenn meine Liebe selber zu schwach ist, dann muss ich mich zurückziehen. Dann ist die Trennung die notwendige Konsequenz.

(2) Nun gibt es aber noch *einen zweiten Weg*, wie Partner sich ändern können, wie sie Gewohnheiten, die ihnen am anderen zu schaffen machen, abmildern oder partnerverträglich umgestalten können. Das ist *das partnerschaftliche Aushandeln*.

Es ist nach meiner Überzeugung *der eigentliche Weg der Partnerschaft*. Es ist das Losungswort für die partnergerechte Bewältigung von Konflikten. Aber auch für die Gestaltung des partnerschaftlichen Alltags überhaupt. Partner brauchen, damit sie ihren Alltag partnerschaftlich gestalten können, die Fähigkeit miteinander zu verhandeln.

Damit komme ich noch einmal auf das zurück, was ich am Ende des zweiten Kapitels zum Thema „erwachsen sein" und „ebenbürtig miteinander umgehen" angerissen habe. Es geht ums Verhandeln und Aushandeln.

Aushandeln ist kein konfliktfreies Sich-Einigen auf kleinstem gemeinsamem Nenner. Sondern es bedeutet, so lange streitbar miteinander zu verhandeln und nach einer gemeinsamen Lösung zu suchen, *bis beide zustimmen.*

Aushandeln ist anstrengend und geht über viele Runden. Man kennt diesen Prozess auch aus der Politik. Er ist äußerst mühsam. Er fordert einem oft letzte Kräfte ab. Aber es gibt (abgesehen von dem eben besprochenen bedingungslosen Akzeptieren des anderen) keine Alternative zu ihm. Viele Paare sind darin allerdings völlig ungeübt.

Aushandeln will gelernt und geübt sein. Aber es geht beim Verhandeln nicht darum, den anderen „möglichst geschickt" unter Wahrung der eigenen Vorteile zu etwas zu bewegen. Nicht die größte Schlitzohrigkeit erzielt die besten Resultate. Nicht dass ich meinen Partner, meine Partnerin möglichst raffiniert über den Tisch ziehe. Sondern es geht darum, einen ehrlichen Ausgleich zu finden. Nur der gewährleistet nachhaltig zu sein.

Den dafür nötigen, meist mühsamen Prozess des Aushandelns macht natürlich nicht jeder Partner oder jede Partnerin mit. Manche suchen lieber schnelle Lösungen. Manche sind „das ewige Gequatsche" leid, manche schaffen lieber vollendete Tatsachen oder halten sich nicht an Absprachen. Manchen ist es zu anstrengend, sich über „jeden Pups" verständigen zu müssen. Wenn einer der beiden nicht bereit ist, sich auf den Weg der Verhandlung einzulassen, kommt auch dieser Weg des Ausgleichs an sein Ende. Dann können nur noch die Waffen sprechen.

Dann ist die Partnerschaft am Ende und es ist Zeit sich zu trennen.

Insbesondere, wenn es um das Aushandeln jener für den Partner oft unerträglichen Gewohnheiten geht, die ein süchtiges Verhalten mit sich bringt, stößt der nichtsüchtige Partner oft auf heftigsten Widerstand. In aller Regel benötigen dann beide intensive Begleitung durch erfahrene Suchttherapeuten oder andere Fachleute. Dem Suchtverhalten des einen steht oft ein Ko-Abhängigkeitsverhalten des anderen gegenüber. Die gegenseitige Verstrickung macht die beiden meist unfähig zu irgendeiner konstruktiven Verhandlungsführung.

Im Übrigen gilt aber, dass die meisten Menschen, wenn sie merken, dass wenigstens einer von beiden ganz unzufrieden ist und dass ihre Beziehung auf der Kippe steht, schon bereit sind, hinzuschauen und nach besseren Lösungen zu suchen. Nur fehlt es ihnen dann sehr oft an den Mitteln und Wegen, an den Instrumentarien, mit denen sie ins Verhandeln kommen könnten. Um diese „Mittel und Wege" geht es im Folgenden. Was bedeutet es für unseren Partner-Alltag, wenn wir unsere Differenzen miteinander aushandeln?

Wie verhandelt man? Wie verhandelt man so, dass der andere mitmacht, nicht die Ohren versperrt und nicht die Türen hinter sich zuknallt? Diplomaten werden dafür geschult. Partner müssen es können. Niemand lehrt uns, wie wir verhandeln können. Gleichwohl ist es das A und O der Partnerschaft.

Im Folgenden formuliere ich ein *Modell für das partnerschaftliche Aushandeln*. Es hört sich für viele vielleicht erst einmal zu formal, zu künstlich an. Sie möchten sich nicht durch ein Redekorsett beengen lassen, möchten drauflosreden können. Aber dann regieren in der Regel schnell die Emotionen, und es setzt sich meist der Stärkere durch. Das ist nur eine Schein-Lösung. Deshalb brauchen Paare einen Rahmen, der auch den weniger redegewandten Partner sicher macht, dass er nicht überrollt wird:

> Zunächst einmal benötigen wir eine *Rahmenabsprache*. Wir verabreden uns zu einem möglichst ungestörten Gespräch, setzen uns einander gegenüber und vereinbaren eine maximale Dauer (erfahrungsgemäß nicht länger als anderthalb Stunden). Wir verabreden, nicht wegzulaufen oder das Gespräch zu torpedieren. Sodann läuft unser Gespräch nach folgendem Schema ab:
> Wir einigen uns auf das zu klärende *Thema* bzw. den Konfliktpunkt. Können wir uns nicht einigen, wird in der ersten Hälfte bzw. in einem ersten Gespräch das Thema des einen, in der zweiten Hälfte bzw. in einem zweiten Gespräch das Thema des anderen behandelt. Im Zweifelsfall entscheidet das Los, womit wir beginnen.
> Wir versichern uns, dass wir eine *Einigung* über den angesprochenen Sachverhalt anstreben. Sie ist dann erreicht, wenn (1.) wir beide uns vom anderen ver-

standen fühlen, wenn (2.) sich keiner übervorteilt fühlt, wenn (3.) jeder von uns alles gesagt hat, was er sagen wollte, wenn (4.) wir beide aus freiem Entschluss zustimmen. Das kann sich natürlich hinziehen und erfordert womöglich viele Gespräche.

➢ Wir sprechen *abwechselnd*. Wir geben uns zunächst eine Zeit (maximal 10 Minuten), in der jeder von uns seinen Standpunkt formuliert; erst der eine, dann der andere. Anschließend reden wir abwechselnd bzw. hören dem anderen zu. Jeder von uns hat in jedem Durchgang maximal 3 Minuten Redezeit. Jeder kann seine Redezeit voll nutzen, muss es aber nicht.

➢ Wir tragen unsere Gefühle und Eindrücke, ebenso auch unsere Positionen und Argumente in *Ich-Aussagen* vor. Das heißt, wir verzichten auf alle Arten von Feststellungen, Behauptungen und Deutungen über das Verhalten des anderen. Wir verzichten auf Anklagen, Vorwürfe und Drohungen. Wir verzichten auf Deutungen, Interpretationen, Wertungen und Abwertungen. Wir verzichten auf Beurteilungen und Belobigungen. Wir sprechen nur von uns selbst, wie es uns mit einem bestimmten Thema geht, was uns daran schwerfällt, warum es uns so stark betrifft, was wir uns wünschen. Das heißt: Wir machen uns selbst klar, was unsere eigenen Gefühle, Befürchtungen, Beweggründe sind und geben dem anderen Informationen über uns, die er nicht hat.

➢ In gleicher Weise lassen wir uns von unserem Partner, unserer Partnerin sagen, was sein oder ihr Hin-

tergrund für unser Thema ist. Wir bemühen uns, den anderen nicht (wie vielleicht üblich) misszuverstehen, sondern *das Thema aus seiner Sicht* zu betrachten.
- Wir suchen nach einer *Kompromisslösung*. Sie ist dann gerecht und dauerhaft, wenn keiner übervorteilt wird. Sie ist erreicht, wenn beide nach reiflicher Prüfung klar zustimmen.
- Wir *überprüfen* nach angemessener Zeit (je nachdem nach Tagen, Wochen, Monaten oder Jahren) unser Ergebnis und korrigieren es (mit gleichem Schema), wenn einer von uns beiden unzufrieden ist.

Bereits der partnerschaftliche Alltag braucht viele Verabredungen. Zahllose Berührungspunkte und gegenseitige Abhängigkeiten durchziehen ihn. Um sie partnerverträglich zu gestalten, müssen wir uns einigen, was jedem von uns zukommt. Da gibt es viel zu klären.

Wir müssen unsere Schnittmengen definieren: „Wie geht es uns mit der Art, wie wir unseren Alltag gestalten? Was ist meins, was ist deins? Was tue ich, was tust du? Was brauche ich? Was brauchst du? Was lehne ich ab, was du? Was freut mich, was dich? Was bringe ich ein, was bringst du ein? Wofür bin ich zuständig, wofür du? Was gelingt uns gut? Wie haben wir die Rollen verteilt? Worüber sind wir unzufrieden? Was hat sich klammheimlich eingeschliffen zwischen uns, worüber reden wir nicht oder nicht genug?"

Allein solche Fragen zu stellen, heißt schon, aus dem gewöhnlichen Trott herauszutreten. Allein das kann für ein Paar schon zur Initialzündung werden, nach besseren Alltagsregelungen zu suchen. Je klarer dann die Verabredungen und die Verantwortlichkeiten verteilt wer-den, je eindeutiger jeder von beiden ihnen zustimmt, desto besser für ein Paar.

Um die Mühe, sich über die vielen Alltagsaufgaben und -begegnungen zu verständigen, kommt kein Paar herum. Manche unterschätzen sie, halten sie für „albernen Kleinkram". Aber so abwertend spricht in der Regel nur jener Partner, der sich für die Alltagsarbeit nicht verantwortlich fühlt. Regeln die beiden ihre gemeinsamen Themen nicht offen, dann rumoren sie im Untergrund, wühlen sich sozusagen wie Maulwürfe durch den Partnergarten und setzen auf dem Rasen, wie es ihnen passt, ihre Haufen ab. Für erwachsene, gleichberechtigte Paare ist es ein Muss, sich über ihren jeweiligen Beitrag zur alltäglichen Partnerschaftsgestaltung zu vereinbaren.

Mancher ist im Aushandeln wendig und pfiffig. Zwar ist es überhaupt nicht schädlich, die eigenen Wünsche und Interessen im Auge zu behalten – so wie der Partner es auch kann. Aber es kommt darauf an, dass ich mit offenen Karten spiele, dass der andere die Abmachung durchschaut und dass er ihr bewusst zustimmt.

Die jüdische Witzkultur ist voll von Lebenserfahrungen, wie man durch geschicktes Verhandeln doch zu einem guten Ende kommen kann – wobei die Methoden von raffiniert bis rechtschaffen, von schlitzohrig bis gutgläubig reichen können.

Ein, wie ich finde, wunderschönes Beispiel für einen listigen Deal beschreibt folgender Witz, wobei offenbleibt, ob ihn die Gegenseite – in diesem Fall ist es das eigene Gewissen – dauerhaft akzeptiert:

> *Jankef hat ein Pferd gekauft. Auf dem Heimweg vom Pferdemarkt bricht ein Sturm los, er kann das Pferd kaum halten. In seiner Not gelobt er: „Gott, wenn das gut ausgeht, will ich das Pferd verkaufen und den Erlös für fromme Zwecke spenden!" Der Sturm legt sich.*
> *Jankef steht mit seinem Pferd wieder auf dem Pferdemarkt und hat ein Huhn im Arm. „Wollt ihr das Pferd verkaufen?" fragt ein Bauer. „Jawohl, aber nur zusammen mit dem Huhn". „Und was soll beides zusammen kosten?" „Das Huhn fünfzig Rubel und das Pferd fünfzig Kopeken."* (SL, 105)

Nicht jeder Deal dient dem beiderseitigen Vorteil. Nur dann ist er gelungen, wenn beide sich gesehen und verstanden fühlen. Der partnerschaftliche Alltag braucht konstruktive, ehrliche und verständliche Vereinbarungen, die beiden nützen und auf die sich jeder von beiden verlassen kann. Er braucht Verabredungen und Regel-Mechanismen, die nicht dauernd neu verhandelt werden müssen. Drückt sich ein Paar davor, schiebt es nötige Klärungen vor sich her oder will es den nötigen Streit darüber vermeiden, legt es seine Unzufriedenheiten innerlich auf die hohe Kante. Eines Tages werden dann die angesammelten Ärgerschecks ausgezahlt.

Zu den Dingen, die ein Paar zu regeln hat und die sich üblicherweise in Gewohnheiten verfestigen, gehören zuerst all jene *tagtäglichen Aufgaben und Pflichten*, die das äußere Funktionieren der Partnerschaft und den Familienbetrieb in Gang halten. Dabei kommt immer eine Fülle von Aufgaben und Verpflichtungen auf jedes Paar zu – Arbeiten, die meistens nicht besonders gern erledigt werden, die der eine oder andere gern vor sich herschiebt, die sehr oft Stressgefühle erzeugen.

Was Partner täglich an Gemeinschaftsaufgaben zu bewältigen haben, nimmt einen erheblichen Teil ihres Tages in Anspruch. Selten machen Paare sich das zu Anfang klar. Für jedes Paar, das zusammenzieht, das einen gemeinsamen Hausstand gründet, umso mehr, wenn es Kinder bekommt und eine Familie bildet, entstehen notwendige Aufgaben und Pflichten. Manche Paare machen sich über ihre Verteilung wenig Gedanken. Sie schlüpfen in die traditionellen Rollen.

Das kann klappen. Aber oft ist es auch eine Quelle tiefer Unzufriedenheit. Was Wunder, dass die Partner immer wieder in Versuchung geraten, sich zu drücken und die unangenehmen Aufgaben lieber dem anderen überlassen, der vielleicht ein größeres Ordnungs-, Sauberkeits- und Regelungsbedürfnis hat. Viele gehen dann nach dem Motto vor: „Wen's am meisten stört, der soll's halt in Ordnung bringen." Das führt sehr oft zu erheblichen Ungleichheiten und heimlichem Groll.

Geht es um die alltäglichen Aufgaben und Pflichten, dann geht es zunächst einmal um *das Aushandeln der*

Zuständigkeiten: Wer ist für was zuständig? Wie verteilen wir die unangenehmen Dienste? Sind unsere Verabredungen gerecht? Sind die Lasten gleich verteilt? Was machen wir, wenn einer von uns sich nicht an die Abmachungen hält? Wie kontrollieren wir uns?

Im Folgenden sind die üblicherweise wichtigsten Alltagsbereiche aufgelistet, für die Paare *Verabredungen* benötigen. Es sind auf den ersten Blick schlichte Stichpunkte; aber wer sich von der Banalität des Alltäglichen abhalten lässt, die kleinen Dinge zu regeln, dem fliegen die großen leicht um die Ohren.

Paare können die Zusammenstellung wie eine Checkliste lesen, mit der sie prüfen können, welche Lebensbereiche sie miteinander geregelt haben und ob sie mit den zwischen ihnen etablierten Verantwortlichkeiten zufrieden sind:

> ➤ Die Partner werden sich darüber einig, wie sie *das Verhältnis von Erwerbsarbeit und unentgeltlicher Arbeit* gewichten. Sie machen sich klar, dass alles, was sie verdienen, Familieneinkommen ist, also zur Hälfte dem Partner gehört. Das gilt gesetzlich für verheiratete Paare, es sei denn, sie hätten es in einem Partnervertrag anders geregelt. Es ist aber auch die Basis für einen partnerschaftlichen Umgang von allen Paaren, die sich auf Dauer zusammentun.
> ➤ Die Partner treffen Absprachen über *die Organisation des Haushalts* insgesamt. In welchen Bereichen darf und soll einer eigenmächtig

entscheiden, in welchen muss er sich mit dem anderen absprechen?
- ➢ Sie vereinbaren, wer dafür sorgt, dass Wohnung oder Haus aufgeräumt und wohnlich sind, wer zuständig ist, *Ordnung* zu schaffen, die Blumen zu versorgen usw.
- ➢ Sie klären die Zuständigkeit für das *Sauberhalten* von Wohnung, Haus, Küche, Bad, WC, Keller, Boden, für gute Luft und wohnliche Gestaltung; fürs Fenster putzen, Großreinemachen, Entsorgung des Abfalls.
- ➢ Sie klären, wer die *Gemeinschaftsdienste* wahrnimmt, etwa Flure, Treppen, Wege kehren; im Winter Schneeräumen;
- ➢ wer die Lebensmittel einkauft, das *Essen* zubereitet und kocht, die Küche sauber hält, das Geschirr spült, wegsortiert usw.;
- ➢ wer die *Kinder* betreut (sie versorgt und begleitet, Ansprechperson und Hilfe für sie ist, sie evtl. zu regelmäßigen Terminen wie Sportverein und Musikunterricht bringt und wieder abholt, wer Arztgänge mit ihnen macht, zu Elternabenden geht usw.);
- ➢ wer die *Wäsche* wäscht, aufhängt, trocknet, bügelt, einsortiert, aussortiert.
- ➢ Sie vereinbaren, wie sie die kleinen und die großen *Anschaffungen* planen und tätigen,
- ➢ wer die *Reparaturen* vornimmt, Handwerker besorgt und überwacht,
- ➢ wer das *Auto* pflegt und den Betrieb sichert,
- ➢ wer die *technischen Geräte* im Hause betreut.

- Sie einigen sich, wer bei der *Geschäftsführung* federführend ist (Geschäftspost, Behördenkontakte, Steuererklärung, Krankenabrechnungen, Betreuung und Kontrolle der Finanzen),
- wie sie die *Kontakte* nach außen (zu Nachbarn, Freunden, Verwandten) wahrnehmen,
- wer für die Gestaltung und Betreuung des *Gartens* zuständig ist (Rasen, Blumen, Hecke und Büsche schneiden, Nutzgarten versorgen),
- wer die *Tiere* versorgt
- und was sonst noch alles zu regeln ist.

Ein Paar, das den Familien-Laden einfach nur so laufen lässt und die Auseinandersetzung über seine Alltagsthemen vermeidet, tut sich nichts Gutes. Fast immer sammelt sich dann mindestens bei einem von beiden irgendein Unmut an. Trotzdem regeln nur wenige Paare die Alltags-Anforderungen bewusst und ausdrücklich, und noch wenigere überprüfen die einmal abgesprochenen Verabredungen in angemessenen Abständen.

Mindestens genauso wichtig ist es für die Partnerschaft, *wie die Partner ihren persönlichen Umgang miteinander regeln*. So nötig die Partnerschaft verlässliche, immer wieder zu überprüfende Regelungen für die täglich-alltäglichen Aufgaben und Pflichten braucht, so lebenswichtig benötigt das Paar Räume, in denen sich die beiden regelmäßig begegnen, sich aussprechen, sich berühren; wiederkehrende Gelegenheiten, bei denen sie sich zuhören, sehen, riechen, schmecken, etwas miteinander auf den Weg bringen.

Eigentlich ist das selbstverständlich, und ich habe in den vorangehenden Kapiteln ausführlich genug darüber gehandelt. Eigentlich wollen das beide Partner, ohne dass sie dazu einer Verabredung bedürften. Die meisten Paare überlassen es aber über weite Strecken dem Zufall, was sich zwischen ihnen ergibt.

Das ist ja auch zunächst einmal die stimmige Variante. Denn der Umgang miteinander ist besonders erfüllend, wenn er viele Freiräume hat, wenn er spielerisch ist, wenn er von vielen kleinen *informellen Begegnungen oder Aufmerksamkeiten* durchsetzt ist, die sich ungeplant über den Tag verstreuen. Unaufgefordert sagen sie sich die beiden damit: Ich bin dir gut. Wir sind im Fluss. Das ist tägliche Seelennahrung, ein Energiezufluss für die Zweisamkeit. Das kann zum Beispiel sein:

- ein freundliches Wort beim Aufstehen,
- eine zufällige Berührung der Körper im Bad,
- ein tiefer Blick in die Augen über die Kinder hinweg,
- eine liebe Bemerkung beim Abschied,
- ein zugeworfener Kuss beim Einsteigen ins Auto,
- ein kleiner Zettel mit einem Satz, den nur die beiden verstehen,
- ein unerwarteter Blumenstrauß,
- ein kleines Mitbringsel,
- eine spontane Umarmung,
- eine nicht abgesprochene Gefälligkeit – und tausend Dinge mehr.

Manche Partner mögen sich fragen: Wann hat es so etwas zuletzt zwischen uns gegeben? Wie unbeschwert sind unsere Begegnungen noch?

Klar ist: Wenn die Anforderungen des Alltags nur noch wenig Zeit übriglassen, wenn die Begegnungen der Partner spärlicher werden und die beiden plötzlich merken, dass sie sich viel zu wenig Zeit füreinander nehmen, spätestens dann brauchen sie auch verlässliche Begegnungsmuster, wiederkehrende Gelegenheiten und Räume, in denen sie aufeinander zugehen. Sie brauchen feste Vereinbarungen, für die sie sich nicht besonders verabreden müssen, die nicht in Frage stehen. Sie brauchen *Rituale*.

Solche festen Verabredungen und stabilen Begegnungs-Räume können zum Beispiel sein:

➢ das gemeinsame Frühstück, Mittag-, Abendessen;
➢ über die Woche verstreute gemeinsame Termine;
➢ ein gemeinsamer Spaziergang etwa nach der Arbeit;
➢ eine Zeit des Erzählens vor dem Schlafengehen;
➢ das gemeinsame Ins-Bett-Gehen.

Ein Paar muss natürlich herausfinden, was es braucht, um sich zu versichern: Wir sind in Verbindung. Wir haben uns gegenseitig innerlich dabei. Die folgende Zusammenstellung kann als Anregung dienen, hinzuschauen: Haben wir einen ausreichenden Austausch miteinander? Haben wir uns in unserem Alltag Zonen freigehalten, in denen wir uns nahe sind? Behandeln wir die Pflege unserer Partnerschaft unter ferner liefen oder geben wir ihr den Raum, der sie zu einem Kraftort machen kann?

> Nehmen wir uns *täglich* Zeit zum ungestörten partnerschaftlichen Austausch (etwa zum Spaziergang oder zum Glas Rotwein am Abend)? Tauschen wir uns ausreichend über unsere Erlebnisse und Gefüh-le aus, zeigen wir uns, dass wir uns wichtig sind? Erfahrungsgemäß ist dazu in der Regel täglich mindestens eine halbe Stunde Zeit nötig.
> Nehmen wir uns mindestens einmal *wöchentlich* Zeit für ein gründliches Gespräch, in dem wir uns erzählen, wie es uns geht und wie wir zueinander stehen? Erfahrungsgemäß sind dazu in der Regel mindestens anderthalb Stunden nötig, möglichst in Form des Zwiegesprächs.
Haben wir vielleicht einen wöchentlichen „Partnerabend" oder einen „*Partnertag*" eingerichtet, an dem wir ohne Kinder, ohne Eltern, ohne andere Personen etwas zusammen unternehmen (z.B. in die Sauna oder ins Kino gehen oder etwa unternehmen? Überhaupt: Pflegen wir unsere Beziehung durch regelmäßige gemeinsame Aktionen und Unternehmungen (z.B. tanzen gehen, spazieren gehen, Sport treiben, zusammen kochen oder essen gehen usw.)?
> Reservieren wir uns eine Zeit am *Wochenende*, in der wir etwas Gemeinsames unternehmen, z.B. zusammen wandern, ein Ausflug machen usw.?

- Pflegen wir gemeinsam und regelmäßige unsere Kontakte (z.B. Freundestreffen, Familienkontakte, Geburtstagseinladungen, Besuche)?
- Verbringen wir möglichst mehrmals *jährlich* eine mehrwöchige Zeit gemeinsam, in der wir uns besonders aufeinander einlassen (Urlaub)?
- Feiern wir unseren *jährlich* wiederkehrenden Partnerschaftstag (Hochzeitstag, Kennenlern-Feier) und begehen wir gemeinsam unsere Feste (z.B. den Geburtstag)?
- Gönnen wir uns eventuell zur Vertiefung unserer Partnerschaft *alle paar Jahre* eine Art Inventur unserer Beziehung (etwa mit Hilfe eines Partner-Seminars)?
- Erneuern wir *nach Krisen oder langen Ehejahren* unseren inneren Partnervertrag und bestätigen wir uns (eventuell schriftlich) unser Ja zueinander?

Die gemeinsamen Verabredungen gewährleisten den Partnern, dass sie in Verbindung sind. Sie erfüllen zwei für die Partnerschaft wesentliche Bedürfnisse: das nach Intimität und das nach Exklusivität. Sie sagen dem anderen: Du bist gemeint. Niemand anderes.

Die Partnerschaft, soll sie lebendig sein und bleiben, braucht solche Zeit-Räume, Auftank-Bereiche, die nur für die beiden Partner selbst reserviert sind, nur für das, was allein zwischen ihnen geschieht, was sie miteinander intim macht.

Es reicht nicht, wenn sie sich ein paar Minuten am Tag austauschen („Wie war dein Tag?") und schon auf dem Sprung sind zu etwas anderem. Es reicht auch nicht, wenn sie zusammen mit den Kindern den Tag verbringen. Das mag für die Familie schön sein, aber die Eltern sättigen sich auf Dauer nicht genug. Sie brauchen den Austausch Aug in Auge. Paare, die, etwa aus beruflichen Gründen, nicht am gleichen Ort wohnen, die sich nur ab und an sehen können und aufs Telefon oder elektronische Kommunikation angewiesen sind, können vielleicht eine Zeitlang damit leben, dass sie sich nur selten anschauen, berühren und direkt austauschen können. Auf Dauer geht das selten gut.

Das braucht Zeit. Gewiss muss jedes Paar dabei das für sich passende Maß finden. Aber nehmen sie sich nicht genug Zeit, werden sie nicht satt. Wenn sie glauben, sie könnten sich unter den Anforderungen ihres Berufs- und Familienlebens keine Pause füreinander gönnen, gilt das alte japanische Sprichwort: „Hast du's eilig, geh langsam." Es zahlt sich nicht aus, wenn du deine Beziehung kurz hältst. Du verschleuderst sonst deine beste Ressource.

Schluss: Die ganz normale Partnerschaft

> *"Schloime, du bist doch ein Gärtner. Ich hab einen Garten. Da blühen prächtig Phlox, Goldraute und Lupinen. Nur der Rittersporn geht mir immer wieder ein. Was kann man tun?"*
> *"Phlox, Goldraute und Lupine wachsen, sagst du?" "Ja, und in schönsten Farben!"*
> *Darauf Schloime: "Das muss man klären."*
> *Schließlich sagt er: "Wenn so schöne Blumen bei dir gedeihen – wozu brauchst du dann noch Rittersporn?" (SL,753)*

Es ist das Geheimnis *stabiler* Paare, dass die Partner ein klares Ja zueinander sagen (Säule 1). Es ist das Geheimnis *ebenbürtiger* Paare, dass sie sich selbst bejahen und das Andersartige des Partners als Bereicherung erleben (Säule 2). Es ist das Geheimnis *glücklicher* Paare, dass sie einen intensiven Austausch miteinander pflegen (Säule 3).

So lassen sich die voranstehenden Überlegungen in Kurzform zusammenfassen. Soll Partnerschaft gelingen, möchte jemand seine Partnerschaft wieder in Schwung bringen, kann er prüfen: Stehen meine Säulen fest? Wo bedarf es einer Renovierung oder Reparatur? Das kostet Mühe, aber diese Mühe lohnt sich. Eine zufriedene Partnerschaft ist wie ein dauernder Energiespender.

Das Drei-Säulen-Modell kann helfen, genauer hinzusehen, wo es bei einem Paar hapert. Es kann als Leitspur für eine Beziehungs-Inventur dienen. Das kostet Zeit, Kraft und guten Willen. Aber solange ein Paar zu seiner Beziehung ja sagt, lohnt es sich auch, dafür Aufwand zu treiben. Solange ist es für Veränderung auch nicht zu spät, gleich, wie lange die beiden schon zusammenleben.

Am Anfang der gemeinsamen Partnerschaft steht üblicherweise ein Versprechen. Es ist zugleich ein Selbstbekenntnis und eine Zusage an den Partner bzw. die Partnerin: „Ich will mit dir zusammensein! Du bist für mich der Richtige! Du bist für mich die Richtige!" Im Anhang (1) habe ich, entlanggegangen am Drei-Säulen-Modell und in komprimierter Form, eine solche *„Partner-Zusage"* formuliert.

Was sich ein Paar am Anfang zuspricht, geht oft mit der Zeit verloren. Aber ein solches Bekenntnis zueinander brauchen wir auch später. Wir brauchen es immer neu. Es ist wie ein innerer Energiespeicher und kann uns auch über schwierige Lebensphasen hinweg stützen. Nach einer überstandenen Krise etwa kann es die Partnerschaft neu justieren oder begründen: „So hast du mich. So nehm' ich dich."

Mit seiner Partnerschaft kommt man nicht zu Ende, so wie man mit sich selbst auch nicht zu Ende kommt. Alles, was lebt, ist in Bewegung, braucht Aufmerksamkeit und Nahrung. Alles was lebt, verändert sich. Was gestern stimmte, passt heute nicht mehr. Was gestern noch blühte, ist heute welk, wenn es nicht gegossen wird. Das Bild vom Ehehafen, in dem man, hat man ihn endlich erreicht, vor Anker gehen kann, verleitet zu der Vorstellung, nun sei die Hauptsache geschafft. Die reale Erfahrung belehrt eines Besseren: Jetzt geht es erst los.

Haben wir Ja zueinander gesagt, dann geht es anschließend darum, dass wir uns Tag um Tag zusammenraufen. Das hört ein Leben lang nicht auf – wenn wir vielleicht auch mit der Zeit im Umgang miteinander toleranter werden und unsere Auseinandersetzungen verträglicher.

Die im Anhang (2) angefügte „Checkliste für die Partnerschaft", in zahlreichen Partner-Workshops zusammengestellt und ausprobiert, kann einem Paar dabei helfen, seine Partnerschaft unter die Lupe zu nehmen: „Wo stehen wir? Was bedarf der Veränderung? Welche Themen haben wir ausgeklammert? Worüber sind wir besonders unzufrieden? Aber auch: Was klappt zwischen uns gut?" Ausgerichtet am Drei-Säulen-Modell kann die Liste dazu dienen, die persönlichen Reibungsflächen zuzuordnen und wesentliche von unwesentlichen Fragen zu trennen. Sie kann Anregungen geben, dass sich ein Paar seinen nicht geklärten Themen stellt.

Was ich am Beispiel der Partnerschaft mithilfe des Drei-Säulen-Modells ausgeführt habe, gilt, ich sagte es zu Anfang, nach meiner Beobachtung in abgestufter Weise für alle Arten von Beziehungen, mit denen wir im Leben zu tun haben. Sollen sie gelingen, brauchen sie ein (1) klares Ja zueinander, sie brauchen (2) Ebenbürtigkeit und gegenseitige Wertschätzung, und sie brauchen (3) einen regen Austausch. Es lohnt sich, die eigenen Beziehungen, Freundschaften, Kontakte daraufhin durchzugehen zu sichten, sie eventuell zu entrümpeln oder zu renovieren. „Sage ich Ja zu meinem Gegenüber? Hat er meine Wertschätzung? Fühle ich mich ebenbürtig? Gibt es zwischen uns ein stimmiges Geben und Nehmen?"

Das Drei-Säulen-Modell hat nach meiner Überzeugung auch nicht nur im Privaten Gültigkeit. Es gilt ebenso im öffentlichen Leben und in den Beziehungen zwischen sozialen und politischen Gruppen, zwischen Religionen, Völkern und Staaten.

Sicherheit im Zusammenleben zwischen Gruppen, Völkern und Staaten bekommen wir nicht dadurch, dass wir uns von anderen abgrenzen und sie abwerten. Abgrenzung erzeugt Angst erzeugt Abgrenzung. Der Andersdenkende, Andersglaubende, Anderslebende verunsichert uns. Sicherheit bekommen wir erst, wenn wir uns nahekommen und gegenseitig Ja zueinander sagen, ja sagen zum Andersartigen des anderen. Das gewährleistet die erste Säule.

Dieses Ja gelingt nur, wenn mit ihm gegenseitige Achtung und Wertschätzung verbunden sind, wenn also Gleichrangigkeit und Gleichberechtigung und gleiche Augenhöhe gegeben sind. Auseinandersetzungen zwischen sozialen, religiösen oder politischen Gruppen können erst dann befriedet werden, wenn dem Fremden, Andersartigen des Anderen Respekt gegenübergebracht wird: davon handelt die zweite Säule.

Und damit die Beziehung zu anderen Gruppen, Ländern, Völkern Leben bekommen, sich entwickeln und gedeihen kann, braucht sie einen ununterbrochenen Austausch miteinander, und das heißt konkret: Formen konstruktiver Konfliktlösungen, die Fähigkeit, miteinander zu reden und die körperlich-reale Begegnung (der „Berührung") von Mensch zu Mensch: das nimmt die dritte Säule in den Blick.

Das Partnerschaftsmodell, das ich hier vorgestellt habe, versteht sich als demokratisch-partnerschaftlich. Es gab und gibt auch andere Modelle, etwa interfamiliär-soziale (wenn zum Beispiel die Familie den Ehepartner aussucht) oder patriarchalisch-autoritäre (wenn zum Beispiel der Mann die Beziehung dominiert).

Wenn etwa, wie in muslimischen Kulturen noch verbreitet, Eltern die Partnerwahl bestimmen, muss das subjektiv nicht immer mit Machtbedürfnissen, Statussicherung oder einem Ehrenkodex verbunden sein; vielleicht überwiegt der fürsorgliche Wunsch, den Kindern die beste Zukunft zu sichern. Aber strukturell bedeutet es Ungleichheit und Abhängigkeit. Wenn Männer sich verantwortlich fühlen, für ihre Frauen mitzuentscheiden, mag das vielleicht die Frauen schützen und gut gemeint sein. Aber es hat keine guten Wirkungen.

Ich gehe von der prinzipiellen Gleichberechtigung und Gleichrangigkeit der Geschlechter bzw. der Partner aus, wie sie in unserem Grundgesetz und in den allgemeinen Menschenrechten festgeschrieben sind. Allerdings geistern auch in unserer Kultur noch teils erhebliche Reste nicht-demokratischer, nicht gleichrangiger Vorstellungen durch die Partnerschaften – etwa wenn Männer das selbstverständliche Recht für sich in Anspruch nehmen, das letzte oder wichtigere Wort zu sprechen, wenn die Aufgabenverteilung in der Partnerschaft traditionellen Rollenmustern folgt, wenn Frauen sich, teils bereitwillig, teils mit Widerstand, unterordnen. Wenn die Frau selbstverständlich bei der Heirat den Namen des Mannes annimmt und auf dem Türschild selbstverständlich der Name des Mannes steht.

Mag sein, dass manche Paare sich ungleich und abhängig eingerichtet haben. Vor allem bei älteren Paaren finden sich dafür noch viele Beispiele. Ich selbst habe aber nicht viele Partner kennengelernt, die bei genauem Hinsehen und Hinhören wirklich glücklich darüber gewesen wären.

Unser Leben, ebenso unsere Partnerschaft bleiben nicht stehen. Sie konfrontieren uns mit Veränderung. Paare oder Partner, die sich nicht bewegen, altern schnell. Von ihnen geht keine Kraft aus. Sie verknöchern, funktionieren allenfalls noch. Sie sind ohne Pfiff und Biss. Bei manchen beginnt dieser Vergreisungsprozess sehr früh.

Was uns frisch hält und herausfordert, ist die Veränderung. Manchmal nötigen uns äußere Ereignisse und neue Aufgaben dazu, unsere Partnerschaft neu zu sortieren; etwa berufliche Veränderungen oder Misserfolge, persönliche Enttäuschungen, Trennungen, Krisen, Krankheiten, Schicksalsschläge, Todesfälle. Manchmal sind es vor allem unsere Partnerkonflikte, die uns immer neue Klärungen und Veränderungen abfordern. Das macht die

Beziehung zwar anstrengend, aber in der Regel erleben wir genau das als erfüllend. Solange wir uns bewegen und im Prozess der Auseinandersetzung bleiben, solange wir uns nicht zurückziehen, sondern nach Lösungen suchen, wird unsere Beziehung uns tendenziell glücklich machen.

Paare, die die Mühe scheuen, sich darauf einzulassen, verbrauchen nach und nach ihren Fundus der Gemeinsamkeiten. Ihre Schnittmengen dünnen immer mehr aus, die Reibungsflächen vergrößern sich – bis sie irgendwann das Gefühl haben, sie passten nicht zueinander.

Aber das ist ein Irrtum. Sie passen genauso gut oder schlecht zusammen wie zu Anfang. Ob es miteinander gut geht, entscheidet sich allein daran, ob sie sich aufeinander einlassen und in Kontakt bleiben; ob sie bereit sind, sich dem Anderen im anderen zu stellen und über die entstehenden Dissonanzen zu verhandeln.

Wie es Paare oder Partner gibt, die ihre Partnerschaft verhudeln lassen, die ihre Unstimmigkeiten überspielen und jeden Veränderungsbedarf leugnen, gibt es auch Partner und Paare, die zu viel des Guten tun, die es zu gut machen wollen. Wenn einer (seltener alle beide) der Partnerschaft andauernd den Puls fühlt, mit nichts zufrieden ist, was der Partner bzw. die Partnerin tut, wenn er unentwegt am anderen herumnörgelt, immerzu Druck macht und Änderungen einfordert, dem anderen vielleicht vorhält, er täte nichts für die Partnerschaft – dann wird das Zusammenleben strapaziös. Wenn einer sich womöglich immerzu an Vorbildern misst, die es anscheinend besser machen: „Die Müllers bekommen es hin! Nimm dir mal ein Beispiel an denen!"; wenn einer nie Fünfe gerade sein lassen kann – dann steht der Partner unter Dauer-Beobachtung. Dann lauern auf ihn überall Fettnäpfchen. Das macht keiner ewig mit.

Vor allem für die Kinder ist das schrecklich. Sie bekommen den heimlichen Auftrag mit: „Du darfst keine Fehler machen!" „Du musst perfekt sein!" Für viele Kinder wird das später zu einem Scheiterprogramm.

Das Streben nach Vollkommenheit und Erleuchtung ist ein Fluch. Die Vorstellung, es könnte und müsste „irgendwann doch auch mal genug sein", ist ein Scheiterprogramm. Eine immer glattlaufende Beziehung ist nicht ehrlich zu sich selbst. Mindestens einer von beiden vergewaltigt sich selbst, passt sich zu sehr an, verdrängt seine Andersartigkeit, seine ärgerlichen Gefühle. Die Vorstellung von der harmonischen Partnerschaft ist eine Falle. Natürlich gibt es in einer Partnerschaft unvergessliche Augenblicke, magische Momente – aber es gibt ebenso persönliche Schlappen, Entgleisungen und Verzweiflungen.

Leben insgesamt, genauso auch unsere Zweierschaft, braucht deshalb die Erlaubnis, Fehler zu machen, in Krisen zu geraten und das Eingeständnis: „Ich habe Mist gebaut!" Beziehung braucht auch mal Querschläger, braucht auch mal Atempausen, braucht mal Ausrutscher. Wenn alles immer nur glatt geht, ist das grässlich langweilig. Es ist unmenschlich. Menschliches Leben ist durchwachsen.

Genau das macht seinen Charme aus. Denn das Fehlerhafte, das nicht Perfekte, das an sich selbst Leidende, weckt unser Mitgefühl und unsere Liebe. Das Strahlende, Große lässt uns vielleicht in Ehrfurcht erstarren, aber es macht uns mutlos. Ihm gegenüber stehen wir immer schlecht da. Es verleitet uns zum Schummeln, besser erscheinen zu wollen als wir sind.

> *Ein Priester und ein Rabbiner sitzen zusammen im Abteil, es entspinnt sich zwischen ihnen ein lebhaftes, nicht ganz konfliktfreies Gespräch. Sagt der Priester: „Ich hatte heute einen Traum. Ich schaute ins jüdische Paradies. Ringsum nur Schmutz und Durcheinander und ein schreckliches Gewimmel!" - „Das trifft sich erstaunlich", antwortet der Rabbi. „Auch ich träumte und sah ins Paradies, aber ins christliche: Ein herrliches Land, voll von Blumen, Düften und Sonnenschein – aber weit und breit kein Mensch!" (SL, 591)*

Besser wir verstehen unsere Partnerschaft wie eine Wanderung durch unterschiedliche Gegend: mal durch duftende Blumenwiesen, dann wieder durch Sumpfgelände, mal steile Berge hinauf, mal flache Staubstrecken, mal durch öde Landschaft, aber dann auch durch aufregende Naturschönheiten mit großartiger Aussicht, und manchmal auch versteckt durch stille Wälder. Bisweilen erleben wir Unwetter. Aber gelegentlich auch unvergessliche Sonnenuntergänge.

Im Kleinen werden wir groß belohnt. Das Schöne an einer Partner- Krise ist, dass wir, wenn wir uns von ihr nicht auseinanderbringen lassen, uns hinterher anschauen und wissen, was wir aneinander haben. Unser Austausch wird inniger. Wir wissen uns mehr zu schätzen. Danach sind wir gefestigter. Das Schöne am Streiten ist das endliche Versöhnen. Das Schöne am Anschweigen ist, wenn wir anschließend wieder ins Reden kommen. Das Schöne am Rückzug ist, dass uns, wenn wir wieder aufeinander zugehen, uns die Berührung umso tiefer anrührt. Dann erleben wir die Beziehung als besonders intensiv.

Unser Leben gedeiht am besten in den Niederungen der Fehlerhaftigkeit: Wir giften uns an und sind uns wieder gut. Wir schlagen uns und wir vertragen uns. Wir missachten uns und wir gewinnen Achtung vor unseren wunden Punkten. Wir laufen weg und wir kommen zurück. Wir schlafen darüber und gehen wieder aufeinander zu. So geht Partnerschaft. Sie beschert uns das „kleine Glück" derer, die mit beiden Füßen auf dem Boden bleiben, die nicht hehren Vorstellungen nacheifern, sondern die sich zu ihren Unzulänglichkeiten bekennen und wissen, sie leben: eine ganz normale Partnerschaft.

Anhang:

(1) Die drei Säulen der Partnerschaft
Gegenseitige Zusage für Partner

1 SICHERHEIT

1.1 *Ich bekenne mich zu dir.* Ich sage ja zu dir. Dich will ich. An deiner Seite ist mein Platz. Ich gebe mich dir so (unvollkommen), wie ich bin. Danke, dass du mich willst. Du kannst dich auf mich verlassen. Ich verzichte auf Hintertüren und Seitensprünge, auf Fluchtwege und Trennungsdrohungen. Ich bin gern mit dir zusammen.

1.2 *Ich anerkenne, dass du da bist.* Ich höre und sehe, dass du ja zu mir sagst, dass du mich willst und dich an meine Seite stellst. Ich nehme dich so (unvollkommen), wie du bist. Du bist der / die Richtige an meiner Seite. An meiner Seite hast du deinen Platz. Ich verlasse mich auf dich. Ich danke dir, dass du bei mir bist.

2 EIGENSTÄNDIGKEIT UND EBENBÜRTIGKEIT

2.1.1 *Ich gehöre zu dir, aber ich gehöre nicht dir.* Ich bin anders als du. Ich komme woanders her, bin anders geworden und erlebe die Welt anders als du.

2.1.2 Ich stehe auf Augenhöhe neben dir. Ich bin gleich wert und wichtig. Ich stelle mich nicht vor dich, nicht hinter dich, nicht unter dich, nicht über dich.

2.1.3 Ich gehe neben dir eigene Wege. Ich bin der Liebe wert auch ohne dich. Ich darf anders denken, fühlen, mich verhalten als du.

2.2.1 *Du gehörst zu mir, aber du gehörst mir nicht.* Du bist anders als ich. Du kommst woanders her, bist anders geworden, erlebst die Welt anders als ich.

2.2.2 Du stehst auf Augenhöhe neben mir. Du bist gleich wert und wichtig. Du stehst nicht vor mir, nicht hinter mir, nicht unter mir, nicht über mir.

2.2.3 Du gehst neben mir eigene Wege. Du bist der Liebe wert auch ohne mich. Du darfst anders denken, fühlen, dich verhalten als ich.

3 AUSTAUSCH UND AUSGLEICH

3.1.1 *Ich gebe dir alles, was ich habe.* Ich gebe mich dir als deine Frau / deinen Mann. Ich gebe dir, was ich habe: das Materielle, Fähigkeiten und Kenntnisse, Überzeugungen und Einstellungen, das Geistig-Intellektuelle, das Miteinander-Reden, das Emotionale, das Körperliche, das Sexuelle. Ich schenke es dir gern. Ich gebe es dir kostenlos und ohne Bedingungen.

3.1.2 Ich erweitere dein Leben und schenke dir das andere, was du nicht hast.

3.2.1 *Ich nehme von dir alles, was du mir gibst.* Ich nehme dich als meinen Mann / meine Frau. Ich nehme von dir, was du mir gibst: das Materielle, Fähigkeiten und Kenntnisse, Überzeugungen und Einstellungen, das Geistig-Intellektuelle, das Miteinander-Reden, das Emotionale, das Körperliche, das Sexuelle. Ich nehme es gern. Ich lasse mich von dir beschenken und bereichern.

3.2.2 Du erweiterst mein Leben und schenkst mir das andere, was ich nicht habe.

(2) Checkliste für die Partnerschaft

Vorbemerkung:

Diese Liste entstand aus den Erfahrungen, Themen und Problemen sehr vieler Paare. Sie soll eine Anregung sein, die eigene Partnerschaft genauer anzusehen, die schwierigen Themen zu benennen und sich selbst auf die Spur zu kommen. Jede Partnerschaft hat Problemzonen. Keine ist perfekt, Gott sei Dank. Aber es kann hilfreich sein, immer wieder zu überprüfen: *Was genau sind bei uns die Konfliktpunkte? Was möchte ich verändern?*

Anleitung zum Umgang mit der Checkliste:

Jeder Partner liest die folgende Liste durch. Es ist auch möglich, dass sich das Paar nur einen Abschnitt vornimmt. Jeder streicht zunächst allein für sich jene Fragen Themen an, die er/sie für wichtig und klärungsbedürftig hält. Anschließend tauschen sich die Partner darüber aus, was sie angestrichen haben. Sie können sich dann vereinbaren, ein gemeinsam für wichtig gehaltenes Thema oder erst das des einen, dann das des anderen zu besprechen.

Bei Themen, die konfliktbeladen sind, benötigen die Paare in der Regel einen **Rahmen**, der ihnen hilft, dass sie nicht in ein Streitgespräch abrutschen. Diesen Rahmen kann ihnen das sog. **Zwiegespräch** geben, das für diesen Zweck etwas **modifiziert** wird:

(1) Die Partner verabreden sich für eine *ungestörte Zeit* (60, max. 90 Minuten); sie setzen sich gegenüber. Sie verabreden sich, nicht wegzulaufen oder das Gespräch auf andere Weise zu torpedieren.

(2) Jeder von beiden wählt sich aus der Liste *ein Thema* aus, über das er sprechen möchte.

(3) Die Partner behandeln erst das Thema von Partner A, dann das von Partner B.

(4) *Sie wenden die Regeln des Zwiegesprächs an*, reden aber *in kürzeren Intervallen*:
Zunächst redet Partner A von seinem Thema und äußert dazu alle Gefühle (**2 Minuten lang; man kann auch 3 Minuten vereinbaren**); Partner B achtet auf die Zeit und hört nur zu. Dann antwortet Partner B auf das, was von Partner A gesagt hat (3 Minuten), Partner A achtet dabei auf die Zeit und hört nur zu. Dann wieder Partner A 3 Minuten und so fort.

(5) Falls erforderlich, wird *nach 30 (45) Minuten das Thema gewechselt*; jetzt ist Partner B mit seinem Thema an der Reihe. Das Schema bleibt das gleiche (abwechselnd ist jeder dran).

(6) **Einzige Regel (die unbedingt einzuhalten ist!)**: Rede nur in **Ich-Aussagen**! Das bedeutet: Du gibst dem anderen Auskunft darüber, was du denkst und fühlst. Vermeide also alle Du-Aussagen (z.B. „du machst immer...; du hast noch nie...; du verstehst mich nicht...; dir ist anscheinend ganz egal, ob ich..." usw.). Rede nur im Ich-Stil (z.B. „ich bin traurig, wenn du..; mich ärgert, dass du...; es tut mir weh, wenn ich...; ich brauche, wünsche mir von dir, dass du...; ich spüre, dass ...; ich freue mich, wenn du..."). Wenn dir ein Du-Satz unterläuft, merkst du es daran, dass dein Gegenüber unruhig wird und sich dagegen wehren will. **Dann korrigiere dich**, indem du sagst: Das ist allein **meine** Sicht der Dinge, so empfinde **ich** es, so geht es **mir**. Du kannst es ganz anders erleben.

1 Zeichen der Verbindung setzen (Säule 1)

- Die Partner sagen sich ein verlässliches Ja zueinander ☐ja ☐z.T. ☐nein
- Die Partner bekennen sich *öffentlich* zueinander, z.B.:
  - sie bewohnen eine gemeinsame Wohnung ☐ja ☐z.T. ☐nein
  - sie schließen die Ehe (lassen sich evtl. kirchlich trauen) ☐ja ☐z.T. ☐nein
  - sie lassen sich kirchlich trauen ☐ja ☐z.T. ☐nein
  - sie tragen einen Ehering ☐ja ☐z.T. ☐nein
  - sie tragen einen gemeinsamen Namen ☐ja ☐z.T. ☐nein
  - sie leben in Gütergemeinschaft und führen eine gemeinsame Kasse ☐ja ☐z.T. ☐nein
  - sie setzen sich gegenseitig zu Erben ein ☐ja ☐z.T. ☐nein
  - Sie stellen und setzen sich sichtbar (öffentlich) zueinander ☐ja ☐z.T. ☐nein
  - Die Partner verstehen sich als eigene Familie ☐ja ☐z.T. ☐nein
  - Die Partner haben gemeinsame Kinder ☐ja ☐z.T. ☐nein
- Die Partner sind sich einig, ob sie Kinder haben wollen ☐ja ☐z.T. ☐nein
- Die Partner entwickeln ein Wir-Gefühl ☐ja ☐z.T. ☐nein
- Die Partner sind sich treu ☐ja ☐z.T. ☐nein
- Die Partner feiern ihre Feste (Geburtstage, Hochzeitstag usw.) ☐ja ☐z.T. ☐nein
- Die Partner entwickeln Familientraditionen (Feste, Feiern, gemeinsame Essenszeiten und -regeln usw.) ☐ja ☐z.T. ☐nein
- Sie tauschen gern Zeichen der Verbundenheit aus (z.B. Geschenke) ☐ja ☐z.T. ☐nein
- Sie pflegen gemeinsame Beziehungen zu Verwandten und Freunden ☐ja ☐z.T. ☐nein
- Die Partner achten die früheren Partner ihres Partners ☐ja ☐z.T. ☐nein
- Sie achten die Liebe und die Verpflich-

tungen ihres Partners gegenüber den mit in die Beziehung gebrachten Kindern ☐ ja ☐ z.T. ☐ nein
- Sie haben keine partnerrelevanten Heimlichkeiten voreinander ☐ ja ☐ z.T. ☐ nein
- Sie teilen alles, was sie haben und halten nichts Wichtiges zurück ☐ ja ☐ z.T. ☐ nein
- Sie übernehmen alle Rechte und Pflichten der Familie gemeinsam ☐ ja ☐ z.T. ☐ nein
- Sie tragen die Lasten und Schicksalsschläge des Partners mit ☐ ja ☐ z.T. ☐ nein
- Die Partner fühlen sich verbunden durch
  - eine gemeinsame Lebenseinstellung ☐ ja ☐ z.T. ☐ nein
  - gemeinsame religiöse Überzeugungen ☐ ja ☐ z.T. ☐ nein
  - eine gemeinsame Geschichte ☐ ja ☐ z.T. ☐ nein
- Die Partner fühlen sich verbunden durch gemeinsame Interessen:
  - geistig-intellektuelle Interessen ☐ ja ☐ z.T. ☐ nein
  - politische oder soziale ☐ ja ☐ z.T. ☐ nein
  - musische oder kulturelle ☐ ja ☐ z.T. ☐ nein
  - sportliche ☐ ja ☐ z.T. ☐ nein
  - sonstige Interessen
    .... ☐ ja ☐ z.T. ☐ nein
- Die Partner führen den anderen in ihre Familie ein ☐ ja ☐ z.T. ☐ nein
- Die Partner betrachten sich als Glied der Familie des anderen ☐ ja ☐ z.T. ☐ nein
- Sie pflegen Kontakte zur eigenen und zur Familie des anderen ☐ ja ☐ z.T. ☐ nein
- Die Partner achten die Herkunftsfamilie des anderen ☐ ja ☐ z.T. ☐ nein
- Die Partner lösen sich aus ihren Herkunftsfamilien ☐ ja ☐ z.T. ☐ nein

2 Eigenständigkeit fördern (Säule 2)

- Ich erkenne an, dass jeder von uns unterschiedlich wahrnimmt, fühlt, denkt, sich Unterschiedliches merkt und wichtig findet ☐ja ☐z.T. ☐nein
- Ich erkenne an, dass jeder von uns ein Recht auf Eigenständigkeit hat ☐ja ☐z.T. ☐nein
- Ich erkenne an, dass jeder von uns für sich selbst verantwortlich ist ☐ja ☐z.T. ☐nein
- Ich fühle mich in der Beziehung ebenso wichtig wie mein/e Partner/in ☐ja ☐z.T. ☐nein
- Ich halte das, was mein/e Partner/in in die Beziehung einbringt, für weniger wichtig ☐ja ☐z.T. ☐nein
- Ich fühle mich von meinem/r Partner/in ernst genommen ☐ja ☐z.T. ☐nein
- Ich nehme meine/n Partner/in ernst ☐ja ☐z.T. ☐nein
- Ich empfinde mich mit meinem/r Partner/in auf gleicher Augenhöhe ☐ja ☐z.T. ☐nein
- Ich trage die größere Verantwortung für unsere Partnerschaft ☐ja ☐z.T. ☐nein
- Ich überlasse die schwierigen Sachen eher meinem/r Partner/in ☐ja ☐z.T. ☐nein
- Ich verstecke mich gern etwas hinter dem anderen ☐ja ☐z.T. ☐nein
- Wir stehen innerlich nicht vor-, nicht hinter-, sondern nebeneinander ☐ja ☐z.T. ☐nein
- Ich suche in meinem/r Partner/in *nicht* die Mutter/den Vater, der oder die mir Stütze und Schutz bietet bzw. gegen den/die ich rebelliere ☐ja ☐z.T. ☐nein
- Ich suche in meinem/r Partner/in *nicht* das Kind, das ich umsorgen und betreuen muss und dem ich sage, wo es langgeht ☐ja ☐z.T. ☐nein
- Ich habe das Gefühl, ich hätte in meinem/r Partner/in ein Kind an meiner Seite ☐ja ☐z.T. ☐nein

- Ich habe das Gefühl, mein/e Partner/in übernimmt gern die Mutter bzw. Vaterrolle ☐ ja ☐ z.T. ☐ nein
- Ich zeige mich meinem/r Partner/in als Mann/als Frau ☐ ja ☐ z.T. ☐ nein
- Jeder von uns entwickelt pflegt eigene Interessen, Pläne, Hobbys ☐ ja ☐ z.T. ☐ nein
- Jeder von uns pflegt eigene Freundschaften ☐ ja ☐ z.T. ☐ nein
- Wir verhandeln und verabreden miteinander, wo wir Eigenbereiche nur für uns benötigen (z.B. ein eigenes Zimmer; bestimmte Zeiten oder Tätigkeiten) ☐ ja ☐ z.T. ☐ nein
- Wir betrachten das, was der Partner an Eigenem in die Beziehung einbringt, mit Respekt ☐ ja ☐ z.T. ☐ nein
- Wir erleben das Anderssein des anderen als Bereicherung ☐ ja ☐ z.T. ☐ nein
- Jeder von uns nimmt seinen Beruf bzw. seine Beschäftigung wichtig ☐ ja ☐ z.T. ☐ nein
- Jeder nimmt den Beruf und die Tätigkeiten des anderen wichtig ☐ ja ☐ z.T. ☐ nein
- Wir verhandeln und verabreden miteinander unseren jeweiligen Anteile an der finanziellen Absicherung der Familie ☐ ja ☐ z.T. ☐ nein
- Wir verhandeln und verabreden, wie viel jeder von uns an unbezahlter Arbeit (z.B. Hausarbeit) einbringt ☐ ja ☐ z.T. ☐ nein
- Wir achten darauf, dass unser Aufwand gleich und gerecht verteilt ist ☐ ja ☐ z.T. ☐ nein
- Ich verzichte darauf, den anderen mit Eifersucht zu verfolgen, ihn zu überwachen, zu kontrollieren oder auszuspionieren ☐ ja ☐ z.T. ☐ nein

3 Räume für Nähe schaffen (Säule 3,1)

- Die Partner sorgen dafür, dass Geben und Nehmen zwischen ihnen im Gleichgewicht sind ☐ja ☐z.T. ☐nein
- Die Partner interessieren sich für das, was der andere tut, fühlt, denkt und erlebt ☐ja ☐z.T. ☐nein
- Die Partner geben sich gegenseitig das, was der andere nicht hat ☐ja ☐z.T. ☐nein
- Die Partner geben ihrem *Hunger nach Emotionalität* Raum:
  - sie tauschen sich regelmäßig über das aus, was sie bewegt ☐ja ☐z.T. ☐nein
  - sie nehmen sich Zeit füreinander ☐ja ☐z.T. ☐nein
  - sie gehen achtsam und liebevoll miteinander um ☐ja ☐z.T. ☐nein
  - sie zeigen sich einander ungeschützt ☐ja ☐z.T. ☐nein
  - sie spielen gern miteinander ☐ja ☐z.T. ☐nein
  - sie unternehmen gern etwas miteinander, z.B. ausgehen, wandern, kochen, Sauna gehen, Kino gehen, Freunde besuchen ☐ja ☐z.T. ☐nein
  - sie sagen sich öfter, dass sie sich lieben und was ihnen am anderen gefällt ☐ja ☐z.T. ☐nein
  - sie sagen sich immer wieder intime Dinge und haben süße Geheimnisse ☐ja ☐z.T. ☐nein
  - sie erzählen sich gern Geschichten ihrer Liebe ☐ja ☐z.T. ☐nein

- Die Partner geben ihrem *Hunger nach körperlicher Berührung* Raum:
  - sie lassen sich vom anderen berühren (Hände, Gesicht, Körper…) ☐ja ☐z.T. ☐nein
  - sie berühren den anderen (Hände, Gesicht, Körper…) ☐ja ☐z.T. ☐nein
  - sie schauen sich in die Augen ☐ja ☐z.T. ☐nein
  - sie haben Lust auf Zärtlichkeit ☐ja ☐z.T. ☐nein
  - sie machen sich schön für den anderen ☐ja ☐z.T. ☐nein

- Die Partner geben ihrem *Hunger nach Erotik und Sexualität* Raum:
  - beide Partner zeigen sich begehrlich und begehrenswert ☐ja ☐z.T. ☐nein
  - sie schaffen sich Gelegenheiten zur Intimität ☐ja ☐z.T. ☐nein
  - sie verlocken den Partner zur Intimität ☐ja ☐z.T. ☐nein
  - sie lassen sich vom anderen verlocken ☐ja ☐z.T. ☐nein
  - sie überlassen die Initiative nicht dem anderen ☐ja ☐z.T. ☐nein
  - sie verzichten darauf, vom anderen Intimität einzufordern ☐ja ☐z.T. ☐nein
  - sie übernehmen Selbstverantwortung für ihr Wohlbefinden ☐ja ☐z.T. ☐nein
  - sie finden Formen der intimen Begegnung, die beiden wohltun ☐ja ☐z.T. ☐nein
  - sie gestalten ihren Sex einvernehmlich ☐ja ☐z.T. ☐nein
  - sie tauschen sich oft über ihre Intimität aus ☐ja ☐z.T. ☐nein
- Die Partner geben ihrem *Bedürfnis nach sonstigem Austausch* Raum:
  - sie tauschen ihre geistigen Interessen aus ☐ja ☐z.T. ☐nein
  - sie tauschen ihre besonderen Fähigkeiten und Fertigkeiten aus ☐ja ☐z.T. ☐nein
  - sie tauschen ihre politischen, und gesellschaftlichen Interessen aus ☐ja ☐z.T. ☐nein
  - sie tauschen ihre sozialen Interessen aus ☐ja ☐z.T. ☐nein
  - sie lassen sich teilhaben an dem, was ihnen wichtig ist ☐ja ☐z.T. ☐nein

4 Konflikte konstruktiv lösen (Säule 3,2)

- Die Partner bleiben miteinander in Kontakt ☐ ja ☐ z.T. ☐ nein
- Die Partner verzichten auf die Androhung, sich zu trennen ☐ ja ☐ z.T. ☐ nein
- Sie verzichten auf die Anwendung jeder Form körperlicher Gewalt ☐ ja ☐ z.T. ☐ nein
- Die Partner nehmen sich Zeit zur Klärung strittiger Themen ☐ ja ☐ z.T. ☐ nein
- Die Partner bleiben auch über strittige Themen weiter im Gespräch ☐ ja ☐ z.T. ☐ nein
- Sie verschweigen sich nichts Wichtiges ☐ ja ☐ z.T. ☐ nein
- Sie warten nicht sehnsüchtig, bis der andere den ersten Schritt tut, sondern werden selber aktiv ☐ ja ☐ z.T. ☐ nein
- Die Partner machen den anderen nicht für ihre eigenen ärgerlichen Gefühle verantwortlich, sondern prüfen, welche alten eigenen Wunden in ihnen aufgerissen wurden ☐ ja ☐ z.T. ☐ nein
- Sie übernehmen Verantwortung für ihren Anteil des Konflikts ☐ ja ☐ z.T. ☐ nein
- Die Partner verzichten darauf, den anderen mit Eifersucht zu verfolgen, ihn zu überwachen, zu kontrollieren oder auszuspionieren ☐ ja ☐ z.T. ☐ nein
- Die Partner entwickeln verlässliche und konstruktive Formen der verbalen Auseinandersetzung (eine *„Streitkultur"*) ☐ ja ☐ z.T. ☐ nein
- Die Partner erklären sich grundsätzlich bereit, wenn einer von Beiden es will, zum nächstmöglichen Zeitpunkt mit ihm zu reden ☐ ja ☐ z.T. ☐ nein

- Die Partner verabreden sich zu regelmäßigen *Zwiegesprächen* (o.ä.) ☐ ja ☐ z.T. ☐ nein
- sie halten sich an die vereinbarten Zeiten ☐ ja ☐ z.T. ☐ nein
- sie halten sich exakt an die Regeln ☐ ja ☐ z.T. ☐ nein
- sie sind bereit, dem anderen aufmerksam zuzuhören ☐ ja ☐ z.T. ☐ nein

- sie laufen nicht weg ☐ja ☐z.T. ☐nein
- sie torpedieren das Gespräch nicht durch Zwischenrufe, Unmutsäußerungen, gelangweiltes Verhalten und dergleichen ☐ja ☐z.T. ☐nein
- sie reden in Ich-Aussagen und verzichten auf Du-Aussagen ☐ja ☐z.T. ☐nein
- sie verzichten auf Drohungen, Vorwürfe, Deutungen, Ratschläge ☐ja ☐z.T. ☐nein
- sie geben umfassend Auskunft über ihre Gefühle ☐ja ☐z.T. ☐nein
- sie teilen dem anderen mit, was sie sich von ihm wünschen ☐ja ☐z.T. ☐nein
- Die Partner sind bereit, miteinander zu verhandeln und Kompromisse zu suchen ☐ja ☐z.T. ☐nein
- Sie sind bereit, miteinander verlässliche Vereinbarungen zu treffen ☐ja ☐z.T. ☐nein
- Die Partner suchen eine Lösung, der beide zustimmen können ☐ja ☐z.T. ☐nein
- Die Partner wollen die Versöhnung ☐ja ☐z.T. ☐nein
- Sie halten die getroffenen Vereinbarungen ein ☐ja ☐z.T. ☐nein

5 Den Alltag regeln (Säule 3,3)

- Die Partner tragen alle Aufgaben und Lasten der Familie gemeinsam   ☐ja ☐z.T. ☐nein
- Die Partner verhandeln und verabreden miteinander, wie sie die notwendigen Aufgaben und Pflichten für die Familie aufteilen und verabreden ihre Zuständigkeiten für:
  - Haushaltsführung, Ordnung schaffen, Sauberhalten der Wohnung   ☐ja ☐z.T. ☐nein
  - Essen, kochen, einkaufen etc.   ☐ja ☐z.T. ☐nein
  - Kinderbetreuung, Begleitung, Elternabende etc.   ☐ja ☐z.T. ☐nein
  - Wäsche waschen etc.   ☐ja ☐z.T. ☐nein
  - Geschäftsführung, Behördenverkehr, Krankenkassen, Steuer etc.   ☐ja ☐z.T. ☐nein
  - Reparaturen, Auto, Technisches   ☐ja ☐z.T. ☐nein
  - Garten und Grundstück   ☐ja ☐z.T. ☐nein
  - Anschaffungen   ☐ja ☐z.T. ☐nein
  - Kontakte nach außen   ☐ja ☐z.T. ☐nein
  - Haustiere   ☐ja ☐z.T. ☐nein
  - Sonstiges...................................   ☐ja ☐z.T. ☐nein
- Die Partner suchen nach gerechten Lösungen, die jeden von beiden gleich belasten bzw. einen vergleichbaren Aufwand kosten   ☐ja ☐z.T. ☐nein
- Die Partner überprüfen ihre Vereinbarungen von Zeit zu Zeit und korrigieren ungleiche Belastungen   ☐ja ☐z.T. ☐nein
- Die Partner pflegen ihre Beziehung durch regelmäßigen Austausch, sie nehmen sich Zeit füreinander und zeigen sich gegenseitig, dass sie sich wichtig sind   ☐ja ☐z.T. ☐nein
- Die Partner pflegen ihre Partnerschaft durch regelmäßige gemeinsame Unternehmungen, z.B. singen, musizieren, meditieren, spazierengehen, wandern, Fahrrad fahren, Saunagehen, tanzen, ins Kino, Konzert, Theater, zu Veranstaltungen gehen, Freunde

besuchen oder einladen usw.usw.   ☐ja ☐z.T. ☐nein
- Die Partner pflegen *regelmäßige Formen des partnerschaftlichen Austauschs („Rituale")*, zum Beispiel:
  - sie nehmen sich ausreichend Zeit zum *täglichen* Austausch von Nähe   ☐ja ☐z.T. ☐nein
  - sie nehmen sich *wöchentlich* wiederkehrend Zeit für eine gemeinsame Unternehmung (z.B. einen Abend, ein ausgedehntes Mittagessen) nur für sich, ohne Kinder, ohne Eltern, ohne andere   ☐ja ☐z.T. ☐nein
  - sie verbringen wenigstens einmal *jährlich* eine mehrwöchige Zeit gemeinsam, in der sie sich besonders aufeinander einlassen (Urlaub)   ☐ja ☐z.T. ☐nein
  - sie feiern *jährlich* wiederkehrende *Feste* (z.B. Hochzeitstag)   ☐ja ☐z.T. ☐nein
  - sie holen sich immer wieder neue Impulse für ihre Partnerschaft (etwa durch ein Partner-Seminar; eine Paarberatung)   ☐ja ☐z.T. ☐nein
  - sie erneuern *nach Krisen oder langen Ehejahren* ihren inneren Partnervertrag und formulieren (am besten schriftlich) ihr Ja und ihre Beziehung zum anderen   ☐ja ☐z.T. ☐nein

(3) Regeln für das Zwiegespräch
(nach Michael Lukas Moeller)

(1) Rahmen
Das Zwiegespräch braucht (möglichst einmal pro Woche) anderthalb Stunden (alternativ: eine Stunde) ungestörte Zeit füreinander.
Dazu verabreden wir:
1.1 einen Ort, an dem wir ungestört sind;
1.2 den (regelmäßigen) Zeitpunkt des Treffens;
1.3 die genaue Dauer;
1.4 nicht wegzulaufen oder das Gespräch irgendwie zu sabotieren;
1.5 einen zeitnahen Ersatz-Termin, falls etwas dazwischenkommt, und möglichst noch einen zweiten Ersatztermin.

(2) Ablauf
Im Zwiegespräch sprechen die Partner abwechselnd so, dass erst der eine Partner 15 (alternativ: 10) Minuten spricht und der andere zuhört. Dann spricht der andere und der erste hört zu.
Die Gesprächszeit ist für beide Partner gleich lang. Nimmt einer von beiden sie nicht völlig in Anspruch (indem er schweigt), wartet der andere trotzdem, bis die Zeit des anderen um ist. Erst dann ist er an der Reihe.

(3) Inhalt
Das Zwiegespräch ist inhaltlich in keiner Richtung festgelegt. Jeder Partner äußert sich frei nur zu der einen Doppel-Frage: **„Was bewegt mich im Moment (besonders)?"** und **„Wie geht es mir an deiner Seite?"**
3.1 Die Partner können sich auch vorher auf ein spezielles Thema einigen, etwa: ... im Blick auf unsere Sexualität? Oder: ... unsern Umgang mit Geld? Oder: ... unser Streitverhalten? Oder: ... die Kinder usw..
3.2 Jeder Partner redet grundsätzlich nur von sich. Er gibt dem anderen Auskunft über das, was ihn bewegt, gibt

ihm also Informationen über sich, die der andere nicht hat („Ich-Sätze").

3.3 Deshalb verzichten die Partner auf jede Aussage über den anderen („Du-Sätze"), auf Vorwürfe und Anklagen, auch auf jede Kommentierung, Analysen, Deutungen und Beurteilungen dessen, was der andere gesagt oder getan hat. Auch auf alle Arten von Ratschlägen.

3.4 Die Partner verzichten ebenso auf „man"-Sätze, passivische Formulierungen (etwa: „Hier wird nicht die Wahrheit gesagt" o.ä.) und Fragen an den Partner.

(4) Abschluss

Das Zwiegespräch sollte nicht über die verabredete Zeit hinaus verlängert werden. Es ist kein Konflikt-Klärungsgespräch, aber Konflikte werden leichter lösbar. Sein Ziel ist: Es verbessert die Atmosphäre und den gegenseitigen Respekt.